U0880301

权威·前沿·原创

皮书系列为
“十二五”“十三五”国家重点图书出版规划项目

北京国际城市发展研究院社会建设研究重点项目
北京市社会发展研究中心西城区街道发展研究重点项目
北京国际城市文化交流基金会智库工程出版基金资助项目

街道蓝皮书
BLUE BOOK OF
SUB-DISTRICT OFFICE

北京街道发展报告 No.1
月坛篇

THE DEVELOPMENT OF BEIJING'S SUB-DISTRICT OFFICES No.1:
YUETAN CHAPTER

主　编／连玉明
执行主编／朱颖慧

社会科学文献出版社
SOCIAL SCIENCES ACADEMIC PRESS (CHINA)

图书在版编目(CIP)数据

北京街道发展报告. No.1. 月坛篇 / 连玉明主编
. -- 北京：社会科学文献出版社，2016.8
（街道蓝皮书）
ISBN 978-7-5097-9315-2

Ⅰ.①北… Ⅱ.①连… Ⅲ.①城市道路-城市建设-研究报告-西城区 Ⅳ.①D669.3

中国版本图书馆 CIP 数据核字（2016）第 135147 号

街道蓝皮书
北京街道发展报告 No.1 月坛篇

主　　编 / 连玉明
执行主编 / 朱颖慧

出 版 人 / 谢寿光
项目统筹 / 邓泳红　郑庆寰
责任编辑 / 郑庆寰

出　　版 / 社会科学文献出版社 · 皮书出版分社（010）59367127
地址：北京市北三环中路甲 29 号院华龙大厦　邮编：100029
网址：www.ssap.com.cn
发　　行 / 市场营销中心（010）59367081　59367018
印　　装 / 三河市东方印刷有限公司

规　　格 / 开 本：787mm × 1092mm　1/16
印 张：18　字 数：269 千字
版　　次 / 2016 年 8 月第 1 版　2016 年 8 月第 1 次印刷
书　　号 / ISBN 978-7-5097-9315-2
定　　价 / 98.00 元

皮书序列号 / B-2016-502

《北京街道发展报告 No.1 月坛篇》
编　写　组

总　策　划	艾　丽　连玉明　朱颖慧
主　　　编	连玉明
执行主编	朱颖慧
副　主　编	焦　扬　吴　佳　高继龙　秦坚松
核心研究人员	连玉明　朱颖慧　焦　扬　高继龙　秦坚松 吴　佳　朱永明　李　帅　张　涛　朱盼盼 黄　亮　梅　杰　姚　林　侯竣耀　龙荣远 赵　昆　孟芳芳　姜思宇

主编简介

连玉明 著名城市专家，教授、博士，北京国际城市发展研究院院长，北京市人民政府专家咨询委员会委员，北京市社会科学界联合会副主席，北京市哲学社会科学京津冀协同发展研究基地理事长、首席专家，基于大数据的城市科学研究北京市重点实验室主任，大数据战略重点实验室主任，北京市社会发展研究中心理事长。

研究领域为城市学、决策学和社会学。近年来致力于大数据战略和生态文明理论及实践研究。主编《社会管理蓝皮书：中国社会管理创新报告》(2012/2013/2014)、《贵阳蓝皮书：贵阳城市创新发展报告》等专著60余部。主持编制了北京市西城区、朝阳区、门头沟区和贵州省贵阳市“十三五”社会治理专项规划。

摘　要

基层治则国家治。街道在城市和国家治理体系中处于基础性的地位。在北京市落实首都新定位、建设国际一流和谐宜居之都的历史进程中，西城区任务艰巨，使命光荣。近年来，西城区围绕做好“四个服务”，坚持“抓街道、街道抓”，深入推进区域发展转型和管理转型，不断深化街道社区管理体制改革，落实街道加强区域党建、统筹辖区治理、组织综合执法、指导社区建设等职能；15 个街道立足自身优势，融入发展大局，积极探索首都基层治理体系和治理能力现代化之路，其丰富实践为首都城市治理创新提供了鲜活的经验，具有重要的借鉴意义和理论价值。

《北京街道发展报告 No. 1 月坛篇》以“四型月坛”“四个服务”为主题，坚持理论探索与实践研究相结合，重点围绕和谐社区建设、数字化学习型社区建设等内容展开理论研究。同时，立足月坛区域发展实际，针对工作人口、社区居民进行公共服务情况问卷调查，对月坛街道的社区自治体系、社会治理体系、社会服务体系等重点领域进行深入调查研究，梳理和总结了“大部制”工作法、“无围墙”养老模式、三维数字流动人口管理系统、区域协同共建等先进经验和做法。

在此基础上，本书提出，月坛街道要以“四型月坛”为统领构筑新形势下“四个服务”工作新体系，即继续深化“学习月坛”建设，构架“四个服务”的执行力体系；继续深化“服务月坛”建设，构架首都基层国际一流和谐宜居环境体系；继续深化“数字月坛”建设，构架大数据背景下“智慧社区”的技术支撑体系；继续深化“人文月坛”建设，构架与中央办公区功能相符的公共文化体系。

Abstract

Well – governed localities give rise to a well – governed country Sub – district holds a foundational position in a city and country's governance system. In the historical process of implementing Beijing's new positioning as the nation's capital and building a world-class harmonious and livable city, Xicheng District takes on monumental tasks and glorious mission. In recent years, Xicheng District centering on the principles of "Four Services" and "Governing street, self-governance," has pressed ahead with regional development and management transformation, deepened reform on sub-district community management system, implemented Party construction and coordinated governance at the sub-district level, organized comprehensive law enforcement, and provided guidance to community construction. 15 sub-districts based on their own advantages have integrated into the grand development framework, proactively exploring the path of achieving the modernization of grassroots governance system and governance capacity, as its rich practice has provided fresh experience in urban governance innovation for Beijing. These experiences carry great value of reference and theoretic significance.

The Development of Beijing'Sub – district Offices No. 1: Yuetan Chapter undertakes theoretic research on harmonious community and digital learning community construction, led by the themes of "four-type Yuetan" and "Four Services" combining theoretical exploration with real-life practice. At the same time, in light of local development condition, it conducts public service questionnaire survey on working population and residents accompanied by in-depth research on the key areas of community self-governance system, social governance system, and social service system, and sums up such advanced experience and practices as "super ministry" working method, "wall-free" elderly care model, 3D digital migrant population management system and regional coordination joint construction.

On the basis, the report concludes that Yuetan Sub-district should forge "four-service" work system under the framework of "four-type Yuetan", i. e. deepening the construction of "learning Yuetan", forging system that implements "four services" and deepening the construction of "Service Yuetan" developing world-class harmonious and livable environment system at the grassroots level; deepening the construction of "digital Yuetan" and forging technical support system for "smart community" under the context of Big Data; deepening the construction of "cultural Yuetan" and forging the public cultural system commensurate with functions of Central Government Administrative Zone.

目　录

Ⅳ 调研报告

Ⅴ 案例报告

CONTENTS

Ⅲ Theory Reports

Ⅳ Survey Reports

V Case Reports

代前言　街道治理需要顶层设计

王　奇*

一　基层探索与顶层设计相融合实现“四型月坛”建设目标

地区发展方向的确定基于地区的功能特点，基于服务对象的现实需求。月坛街道地处北京市中心城区，辖区内大部分社区属于建成区，与其他街道相比，区域特点鲜明。首先是首都功能集中。月坛街道是中央党政机关的集中区域，有副部级以上中央单位23个，政治文化活动频繁，月坛街道在社会治理中具有特殊的资源优势和政治优势。同时，这也意味着月坛使命光荣，责任重大，必须以更高的标准履行首都“四个服务”的职责，区域发展要体现首都“四个中心”的定位。其次是人口素质高，社会结构复杂。由于月坛街道是中央政务办公的聚集区域，区域内人口受教育程度普遍较高，接受过大专以上教育的人口占街道总人口的49.7%；辖区还居住有36个少数民族8999人，占总人口的6%。与此同时，由于地处北京市的老城区，月坛同样面临老龄化时代到来带来的巨大挑战。月坛地区社会结构具有人口结构老龄化、就业结构高层化、社会阶层差异化等鲜明的特点。这些特点导致月坛街道的社会需求不仅具有养老服务这类普遍性需求，而且更加显现了个性化特征。这主要体现在，高层次人群在满足了衣食住行等生活需求后，也开始更加关注自身的发展，重视自身权利的表达和民主权利的保障。

在空间资源有限前提下，月坛如何满足普遍性的需求和个性化的需求，

* 王奇，中共北京市西城区委月坛街道工作委员会书记。

协调达成不同利益需求间的平衡点，维护区域的稳定并推动社会不断发展，这对月坛街道领导来说是一个高难度的命题。正是基于这样一些特点，月坛街道确立了“四型月坛”这一发展目标，即“打造人文型月坛、发展数字型月坛、构筑学习型月坛、创建服务型月坛”。从现在来看，月坛街道当初制定“四型月坛”的发展目标既符合过去的现实需求，同时也适应了未来的发展要求。

“打造人文型月坛”是挖掘地区软实力和加强精神文明建设的根本需要。近年来，街道不断挖掘地区的传承文化，编辑了《穿越幸福时差》系列书籍，以月坛地区的优秀党员、居委会工作者和志愿者等为题材，展现身边平凡人中不平凡的事迹，发挥情感的亲和力和凝聚力，提炼社区居民的共同价值取向，建立共同的生活理想和信念，打造月坛文化，奠定月坛街道精神文明基础，推动地区和谐发展。

“发展数字型月坛”解决为民服务的手段问题。信息化建设是基础，也是科技发展的必然趋势，利用信息化的科技手段，能够进一步促进政府职能的转变，优化和提升政府的服务效能。随着大数据应用技术的不断成熟和深化，月坛地区信息资源的不断整合和开发利用，管理服务和需求之间将更加贴近。

“构筑学习型月坛”是提升区域发展的核心驱动力。基于人的发展的需要，通过打造学习型机关、学习型社区、学习型家庭，运用数字化建设打造的学习平台，提供持续且丰富的学习资源，优化地区人民的综合素质，更新组织的发展理念，满足个人和组织发展的需要，使不论是街道还是个人在发展中都能汲取不竭动力。

“创建服务型月坛”是月坛街道的一个永恒追求。为民服务是党和政府的本质体现，建设人民满意的服务型政府是一条永在探索中前进的道路。街道办事处在力求为居民和驻区单位做好服务的同时，还重视营造“人人为我，我为人人”的氛围，形成政府、企业、社会组织、公民全员参与服务和管理的局面。

街道工作直接面对老百姓，发展方向决定着群众实现利益的多与少、地区发展的快与慢、综合品质的高与低。街道工作的重点基本是固化的，工作只有延续和提升，不需要太多的创新口号，否则会冲淡工作的重心和思路。因此，“四型月坛”这一目标从来没有改变或者弱化。

二　提高基层治理水平要“双轮驱动”

街道办事处是区政府的派出机关，充当城市政府与城市居民之间的桥梁，但随着社会的发展，新时期、新环境，社会事务的日益复杂以及居民对于公共服务需求的不断升级，都使得街道办事处必须承担大量的综合社会职能，街道虽然不是一级政府，但实际上承担着一级政府的职能和责任。街道办事处作为城市基层政府的“末梢神经”，是政府治理和服务的“最后一公里”。治理和服务是街道工作的两大重心。治理是否到位、服务是否满意，是衡量街道工作好坏的标准，治理到位和服务满意是社会和谐稳定发展、城市高效运行的基础和必要条件。做好街道工作，必须处理好治理和服务的关系，治理和服务这两者相辅相成，其中服务是关键，社会治理的核心是治“人”，关键是得“人心”，要以服务得民心。必须扭住“治理”和“服务”这两个轮子，街道工作和地区发展才会加速驶入快车道，朝着“四型月坛”的目标顺利前行。当前我国的很多社会矛盾都是因为民生服务没有做到位，百姓的需求没有得到解决，城市治理亦是如此：环境优美了，没有人愿意去破坏；住房条件改善了，没有人愿意去私搭乱建。治理是寓于服务当中的，这也是服务型政府建设的本质要求。街道工作的服务到位，才能得到百姓和单位的认同，从而更加支持党和政府的管理工作。月坛街道抓住社会治理体制改革的机遇，针对当前街道治理体制上下不顺畅的现实，以管理服务机制创新推进体制改革，在“大部制”改革等方面做出了不少有益的探索。

在街道管理体制机制方面，自2004年起月坛街道就进行“大部制”改革探索。改革一开始，月坛街道办事处成立了“七部二室一厅”[①]，通过分

① “七部二室一厅”，即党群工作部、组织人事部、统筹发展工作部、城市管理工作部、公共安全工作部、社区事务工作部、社会保障工作部、街道办公室、纪检监察工作办公室、公共服务大厅。

工整合打破了街道内部机构分工过细，部门之间交叉管理、干部承担工作量苦乐不均、工作关系各自为政的情况。有利于降低管理成本，加大统筹协调力度，增强工作方式的灵活性。然而，随着社会的不断变化，街道工作面临的形势和任务也在不断更新，在职能剥离的基础上，需要依托地区队、站、所的协同支持，需要更多的社会组织和志愿者队伍参与，同时需要整合辖区单位的资源共享共建。构建更加开放、更高效率、更多元合作的工作机制和社会管理体系显得尤为迫切。

2011 年，月坛街道在“七部二室一厅”基础上，开始实施中心制，成立了“两部七中心”①，2013 年，街道进一步整合资源，将“两部七中心”进一步整合优化成为现如今的“八个中心”，即党群工作中心、综合指挥保障中心、纪检监察中心、综治维稳中心、城市管理中心、社会建设与社会动员中心、社会保障中心、社区服务与老龄事务中心。

中心制运行过程中，为了强化社会治理和为民服务职能，2013 年，街道又对“八个中心”的职能进行明确，整合划分为四大职能，即督办和指挥职能、策划和执行职能、发现和评价职能、监督和检查职能。四个职能相互联系、相互制约又相互依存。综合指挥保障中心承担督办和指挥职能。策划执行部门具体落实社会服务和治理各项任务，由党群工作中心、综治维稳中心、城市管理中心、社会保障中心、社区服务与老龄事务中心等五个中心承担。社会建设与社会动员中心承担发现和评价职能，主要通过推进社区居民自治、社会调查队专业调查以及征求人大代表和政协委员意见建议等途径发现、评价策划执行为民服务工作中的困难问题及工作成效。纪检监察中心通过对工作纪律的执行、工作程序的合法性的全程跟踪，监督检查，切实推进各项为民服务工作廉洁高效、顺利有序进行。

通过对各中心进行职能的有效划分，街道社会治理工作组织结构更清晰，工作流程更加顺畅，克服了部门职能的零散和碎片化。同时，一项职能

---

① “两部七中心”，即党群工作部、组织人事部，综合管理指挥中心、纪检监察与综合投诉中心、综治维稳中心、城市管理中心、社区建设与社会动员中心、社会保障中心、社区服务与老龄事务中心。

由多个中心承担，使各中心职能作用发挥更加凸显，并有利于形成密切配合、相辅相成、相互制约的完整的职责体系。在中心制的运行过程中，街道推动各中心积极协调，开放运作，相互衔接，持续互动，使街道大部制建设日趋成熟，在“四型月坛”建设中体现出更加清晰的体制保障，有效地促进了社会治理中多元主体合作共治，尤其是在发挥外部资源整合作用、共建共享中更加顺畅有效，初步形成了以民需为导向、以服务为核心、以街道统筹为重点、以公众参与为基础、以信息化手段为支撑的多元参与、良性互动的社会治理格局。

在抓提高优化服务水平方面，月坛街道深刻感受到，百姓享受国家改革开放带来的成果和福祉需要依靠街道办事处才能落地。月坛地区有近4万名老年人，养老不仅是社会面临的问题，而且是牵扯家庭很多精力的难题，做好养老工作能够起到为社会和家庭减压的作用。针对辖区特征，月坛街道在养老工作上下了很大功夫，大力发展文化养老和探索建立“无围墙”居家养老模式。月坛地区70%的老年人生活能够自理，他们退休后生活内容单一，更多的是需要得到精神文化生活的满足，街道以文化养老为理念，提供丰富多彩的文化活动和产品，来满足这部分老年人的需求；在养老机构有限的情况下，对于剩余30%年岁已高、生活不能自理的老年人，街道探索实施“无围墙”养老服务，通过和专业社会组织的合作，整合养老服务资源，让老年人足不出户就能够享受到养老机构的专业服务。

此外，月坛街道在满足群众基本公共服务基础上，不断完善社会服务，制定相应的鼓励政策，加大资源共享力度，统筹辖区资源为居民服务；注重培育和发展社会组织，以空间换服务，创新培育社会组织的新理念，成立月坛社区建设协会，以专业化的社会组织培育社会组织，打造发展社会组织的新模式，以项目促发展，提高社会组织的服务能力。政府整合了企业、社会组织、志愿者等社会服务资源，通过信息化的技术手段不断完善点对点服务机制，在搭建起产品、服务与居民需求之间的信息平台的同时，也促进了企业、社会组织、志愿者之间的互动。

三　系统推进基层社会治理需要“三驾马车”共同发力

实现“四型月坛”的目标，需要系统推进，持之以恒，内在和外在的根基都要牢固。当前，我们全面深化社会治理体制改革，社会体制的改革趋向治理主体多元化、治理模式民主化、治理机制规范化和法治化的方向发展。如果说“治理”和“服务”是发展动力的话，那么抓好办事处组织规范化建设、推动社会和谐化发展、引导社区民主化建设就是发展的根基。我们要从政府单向管理向政府主导、社会多元主体共同治理转变。政府是社会治理的主导，街道办事处作为政府的派出机构，在基层社会治理中发挥着重要作用，要强化街道领导社区事务的核心地位和能力，干部队伍的素质能力是关键，要着力提高干部素质，用科学态度、先进理念、专业知识、法治思维去做好城市治理和社会服务。

人具有社会属性。改革开放以来，回归社会的“自由人”迫切需要再组织化，对于在社会治理中长期“缺位”的社会而言，这时候更需要发挥好党的组织优势，发挥好党的战斗堡垒作用，用党建凝聚人。月坛街道对上是市区两级政府涉及的众多管理部门，对下是辖区内众多的驻区单位及百姓需求，靠的就是强化党组织和街道办事处领导地区事务的核心地位，突出党员的先锋模范作用。通过发挥党组织的领导和动员作用，将党员队伍、公务员队伍、社会工作者队伍、义工队伍组织起来，把社会组织、业委会、物管公司、各类协会等，全部纳入治理和服务范围，最大限度地联系和凝聚各领域的党员力量，形成“一核多元”的治理架构，实现辖区事务协同联治、辖区资源共享的良好局面。

社区层面需要进一步探索和完善基层群众社区自治，把完善社区治理结构与培育社会组织作为重要着力点，加快实施政社分开，将适合由社会组织提供的公共服务和解决的事项，交由社会组织承担，支持和发展志愿服务组织。同时，重构基层社会治理的基础，社区内各利益主体通过民主协商的方式共同来处理社区公共事务，并使社区呈现自我教育、自我管理、自我服务、自我约束的发展状态。当然，这有赖于居民自愿合作和对权威的自觉认同，这就又回到前面提到的，获得公众合作和认同的关键是以服务得民心。毛主席那句“为人民服务”在任何时期都很适用，是我们党和政府从未改变的执政核心思维和理念！

总 报 告

General Report

B.1

以“四型月坛”为统领构筑新形势下“四个服务”工作新体系

摘 要： 月坛街道是中央政务办公集中区域。2004年以来，月坛街道围绕“四型月坛”目标，不断强化服务理念，内部重构工作机制，外部整合服务资源，持续打造人文型月坛，发展数字型月坛，构筑学习型月坛，创建服务型月坛，走出了一条科学的品牌化发展道路，有效提高了地区治理水平。在落实首都新定位和京津冀协同发展新形势下，月坛街道有必要重新审视地区发展面临的外部环境与内部条件，探索推动地区治理水平再上新台阶的新路径。本文在全面总结近年来月坛街道治理成果基础上，运用SWOT工具系统分析了地区发展优势、劣势、机遇和挑战，并给出了发展建议。

关键词： 四型月坛 四个服务 工作体系

一 月坛街道历史沿革

月坛街道是西城区 15 个行政区域之一，因京城著名的“五坛”之一——月坛而得名。所谓“五坛”就是古代举行祭祀、誓师等大典设的祭台，多用土和石头等建成。北京是六朝古都，历朝历代的皇上为祭祀建设了不少祭坛，但“五坛”非常有名。“五坛”分别是南城的天坛、北城的地坛，东城的日坛，西城的月坛，皇城的社稷坛。从老北京城版图看，“五坛”是按《周易》设立的，南北东西都是相互对应的，体现了天地日月人关系。

月坛，又名夕月坛，是明清皇帝祭月和祭诸星座的场所，始建于明嘉靖九年（1530 年），主要建筑有遣官房、拜台、天门、钟楼、具服殿、神厨、祭器库、宰牲亭、棂星门等。祭坛拜台 14 米见方，高 1.5 米，白石砌筑，四周有壝墙和棂星门。时过境迁，如今这“五坛”已成为京城重要的文化遗产和名胜古迹，有的“坛”现在已改为公园，月坛也是如此。到北京解放时，月坛基本上已荒弃。1955 年，政府投资将废园修整，辟为公园，在外坛增建了嫦娥奔月雕塑和以咏月为主题的大型诗碑碑廊，但面积较小，类似现在的街心花园，游人可以自由出入。20 世纪 60 年代，在坛址建了电视发射塔。1983 年，月坛公园进行扩建，将原来的果园并入园内，修了天香庭院、揽月亭、爽心亭等景观。月坛是首都著名的古典园林之一，全国重点文物保护单位，明清坛庙古建筑，遗憾的是祭月的“坛”已不复存在。月坛地区具有丰富的文化底蕴，除月坛外，区域内分布白云观、明北京城墙遗址、清真永寿寺等历史文化古迹。

月坛地区发展历史情况是，北京解放后成立了乡政府，当时在月坛地区内有真武庙乡政府、南营房乡政府、三里河乡政府及百万庄乡政府一部分。1956 年，乡政府改为街道办事处，真武庙乡政府改为西单区真武庙街道办事处，南营房乡、三里河乡和百万庄乡的一部分合并成了西单区南营房街道办事处。1958 年 9 月，成立月坛街道办事处（原西单区真武庙街道办事处和南营房街道办事处的一部分合并组成西城区月坛街道办事处），驻月坛南街53号，当时有32个社区居委会，同年12月成立街道党委。1960年4月，月坛街道办事处改名为人民公社，街道党委改为公社党委。1962年，恢复街道党委名称。1968年1月，月坛街道成立革委会，党委、革委会合为一体，实行一元化领导。1990年4月29日，中国共产党北京市西城区月坛街道委员会改建为中国共产党北京市西城区月坛街道工作委员会，简称月坛街道工委，为中国共产党北京市西城区委员会的派出机构。

月坛街道办事处现驻地为西城区三里河一区5～7号。街道位于北京市中心区域西城区的西南部，辖区面积为4.13平方公里，东起复兴门南、北大街及阜成门南大街中心线西侧，与金融街街道相接；西至三里河路中心线东侧，与海淀区羊坊店街道相邻；南到莲花池东路北侧，与广内、广外街道相望；北抵月坛北街中心线，与展览路街道比邻。辖区内有复兴门外大街、三里河路、南礼士路、月坛南街、月坛北街等11条主要大街和56条街巷，其中三里河路和复兴门外大街是国家重大活动和外国贵宾出入国宾馆的必经之路。街道下辖26个社区（见表1），其中以中央国家机关和部队、院校住宅区为主体的独立型和组合型社区有16个，以中央、市属国家机关

表1　月坛街道社区情况

社区类型	社区情况
16个以中央国家机关和部队、院校住宅区为主体的独立型和组合型社区	一是国家发改委、财政部、原一机部、原二机部、原商业部等中央国家机关住宅区形成的三里河一区、二区、三区一、三区三等社区
	二是铁道部机关住宅区形成的铁二、一，铁二、二，铁三，铁四等社区
	三是国家广电总局机关住宅区形成的广一、广二社区
	四是一机部汽车局住宅区形成的汽南、汽北社区
	五是解放军二炮后勤部住宅区形成的二炮社区
	六是以中国人民公安大学住宅区为主体形成的公安社区
	七是以国务院有关部委领导干部和各界知名人士为主体的南沙沟社区
	八是以中华全国总工会住宅区为主体的全总社区
10个以中央、市属国家机关及企事业单位的居民区为主体的综合型社区	白云观社区、真武庙社区、西便门社区、木樨地社区、复外社区、复北社区、南礼士路社区、社会路社区、月坛社区、三里河社区

及企事业单位的居民区为主体的综合型社区有10个。此外，月坛地区有1所大学（中国人民公安大学），铁二中、八中分校等6所中学，育民、中古等6所小学，4所幼儿园。

二　月坛街道地区治理新进展

月坛街道地区以楼房建筑为主，共有楼房1098栋、624.6万平方米，平房5314间、13.7万平方米。现有户籍人口154157人、40980户，常住人口116543人，流动人口36818人，工作人口7万余人。月坛街道区域构成有其鲜明特点。第一，月坛是中央国家机关政务办公集中区，副部级以上的中央单位有国家发改委、国家信访局、国家财政部、国家工商总局、国家新闻出版广电总局、中华全国总工会等23个。同时，国家部委工作人员住宅区较多（见表1）。第二，月坛高低端两方面人群特点均比较突出，地区离休干部5000余人，接受过大专以上高等教育的人口占总人口的49.7%，是北京市学历水平较高的地区之一。另外地区低保、残疾、重点人等困难群体比较多，约占地区人口8%，高低端差异较明显。同时，地方所属产权建筑较少，中央单位产权建筑较多，地区社区活动、办公场所建设较为落后。第三，月坛是一个老龄化较严重的街道，其中60岁以上的老年人约占居民总数的20%，已提前达到国际人口老龄化的标准。第四，月坛各种群体人员比较复杂，辖区内有回族、满族、蒙古族、朝鲜族等36个少数民族，少数民族人数为8999人，占总人口的6%。三里河社区、广电总局第二住宅区两个具有民族特征区域，涉及宗教问题等群体性不稳定的因素较多。辖区习练“法轮功”人员具有在册人员多、重点人员多、刑释解教人员多等特点。月坛街道是街道管理体制改革探索者。1994年，街道办事处成立初期，街道工委设书记1人，副书记2人；设科室9个：工委办公室、组织部、宣传部、武装部、团委、妇联、纪工委、工会和老干部科，实有26人。2004年，为进一步推进政府治理与服务职能到位，街道承担了西城区街道体制改革试点任务，实行“大部制”。到2013年街道“大部制”先后经历三次改革（见图1），街道的主要工作职能进一步清晰化，不仅解决了干部职数少的难题，而且减少了职能交叉的现象，街道工作形成了合力，大大提高了工作效率。

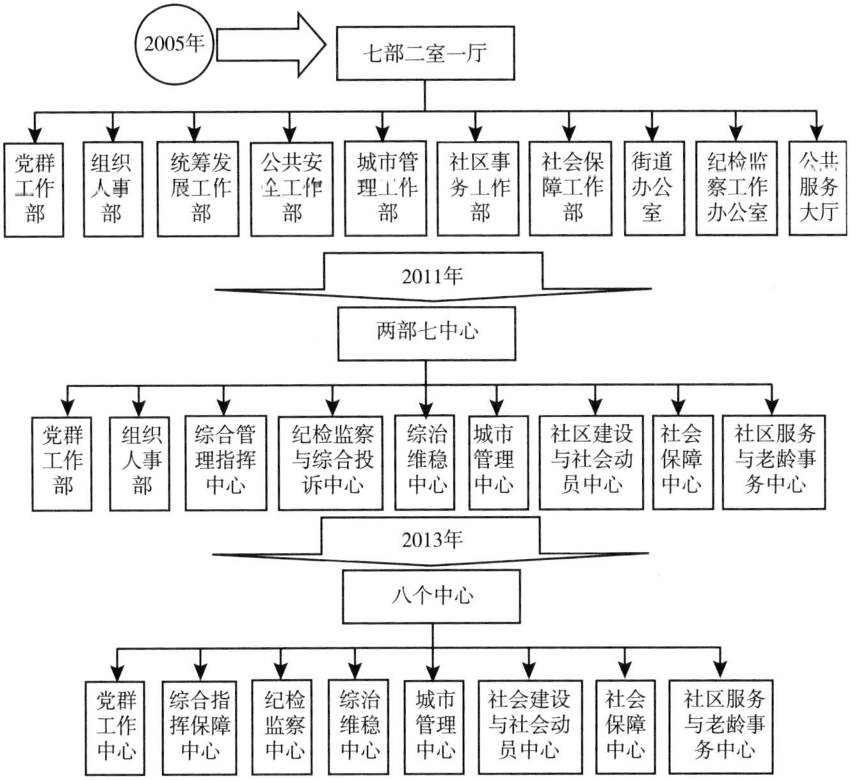

图1　月坛街道“大部制”改革三个阶段

月坛街道是西城区基层创新的实践者。月坛街道作为综合实验区试点街道，各项试点性工作较多，每年承担市、区试点工作10余项。月坛地区是西城区国家级科技引导社区发展综合实验区之一。实验区试点项目包括卫生与健康促进示范工程、普教现代化教育工程、科普教育示范工程、教育社区化工程、警务自动化报警网络系统工程、全民健身计划工程六项示范工程项目；涉及办公室自动化、小区物业化管理、卫生清扫专业化等试点内容。月坛街道先后被授予北京市“十佳街道”和“城市绿化花园式办事处”称号，被国家民政部授予“中国街道之星”的荣誉称号。

月坛街道是街道实施品牌化战略的开拓者。2004 年起，街道领导班子立足街道的实际和特点，紧紧围绕西城区九次党代会上提出的发展主题和“经济强区、文化兴区和环境优区”的“三区”战略，在全面分析区域特点的基础上，经过反复调查研究，确立了“打造人文型月坛、发展数字型月坛、构筑学习型月坛、创建服务型月坛”的“四型月坛”发展目标。“十二五”时期以来，月坛街道进一步围绕“四型月坛”建设目标，聘请专家在细致调研的基础上，形成具体工作方案，进一步厘清工作思路，以这一目标为中心部署街道各项工作，将工作体现到为民服务中，使老百姓真正地受益。同时，街道不断创新体制机制改革，不断提高社区建设水平。十多年来，月坛街道主要领导更替，街道中心工作年年都有新变化，但“四型月坛”一直是街道和地区共同推进的目标，以这一目标为中心部署街道各项工作的思路始终没变，各项指标与月坛居民需求越来越近，已经成为月坛街道品牌。

（一）城市管理精准化，全面提升环境质量

月坛地区分布着中央、市、区等多类型单位，承载着中央政务区的首都核心功能，也显现出多元化的区域特征。在充分调研基础上，街道明确了“融合辖区居民的生活理想和发展诉求，立足区域特色，创新思路、集中民智、多元参与，致力打造一个相辅相成、协调发展的‘四型月坛’”发展目标。充分利用“大部制”优势，充分发挥城市管理中心部门联动、统筹协调作用，通过中心牵头，部门联动，各司其职、各负其责、协调配合、齐抓共管，加强城市治理，持续改善环境，地区环境品质全面提升。采用联合执法“六位一体”工作机制，整合街道、城管、公安、防火、工商、社区各部门工作力量，协同联动，结合环境秩序“灭脏、清障、治污、拆违、治乱、撤市”六大战役，妥善处置城市管理相关问题，提高环境秩序管控水平，推进地区城市管理科学化、精细化、精准化发展，确保月坛地区整体环境质量的科学、均衡提升。

1. 精心谋划，老城区“1 + X”违法建设治理取得突破

街道统筹资源，精心谋划，以违法建设治理“1 + X”思路为主线（“1”即拆违工作，“X”即在拆违的同时解决的各类民生工作），在做好违法建设治理的同时，全方位考虑居民困苦，对符合政策要求的相对人采取多种途径解决实际困难，切实改善居住条件。合理规划小区环境，努力消除违建滋生土壤。

一是建立组织机构，推进各项任务。为确保治理违法建设工作高效开展，月坛街道制订了严厉打击违法建设专项行动工作方案。成立了以街道主要领导为组长，主管领导为常务副组长，街道有关科室和地区城管、公安、交通、工商、卫生、防火等职能部门的负责人为成员的月坛街道打击违法建设专项工作领导小组。建立街道处级领导“包社区”制度，指导、监督各社区做好违法建设整治相关工作。

二是明确工作责任，动员各方力量。街道分层次召开严厉打击违法建设工作动员部署会。召开地区管委会会议布置环境整治及违法建设专项治理行动；召开街道科长以上工作部署会议，街道工委书记对各职能站所、各科长以上干部提出工作要求——把环境整治及拆违工作作为街道的中心工作，全力以赴，在人力、物力、财力方面给予全力保障，同时建立机构，按工作计划，严密组织，细化台账，分类汇总，会商研究难点问题，各部门按照职责积极配合，扎实推进违法建设专项治理工作稳步、深入、高效开展；在社区召开严厉打击违法建设工作动员部署会，各社区建立以社区书记、主任为中心的违法建设治理责任制，对新生违法建设要第一时间上报街道拆违办，同时配合街道制定并完善违法建设基础台账，判明重点违法建设，协助街道划分好违法建设拆除阶段。强调社区在违法建设整治过程中的重要性，确保长期、稳步、持续推进违法建设的治理，并积极配合街道拆违办做好违法建设相对人工作。

三是创新工作方法，切实保障和改善民生。在违法建设治理中，街道主要领导给予高度重视，亲自主抓，全面统筹，提前制订工作预案及拆后规划方案。从街道城管科、社保所、社区办、民政科、残联等部门抽调人员组成

工作小组，会同城管分队、派出所形成合力共同开展工作。全面摸排违建搭建人的具体情况，逐户分析问题，分工解决难题。同时，月坛街道注重引导住户合理依靠政府解决困难，坚持做到拆除违建与解决群众实际困难相结合，协助符合条件的居民办理廉租房实物配租，对特别困难的部分住户提供民政临时救助。

四是完善推进机制，保障有序开展。地区有较多历史遗留违法建设，其中一些存在严重的建筑安全和消防隐患。这些违法建设属社会发展不同时期的遗留问题，成因复杂，街道为及时分析解决问题，确保工作有序开展，在每周的书记主任联席会上，街道领导班子坚持专题研究违法建设专项整治工作；同时，建立拆违办公室工作例会制度和与街道相关科室、地区职能站所的定期会商机制，总结本周工作进展情况，分析遇到的重点、突出问题，明确工作重点任务，遇到重点事项和突出问题及重大情况时，不定期召开会商会议，共同研究、分析、解决相关问题。

五是拆除违建，严控新生违建。街道加大对新生违建的打击力度。通过城管热线、社区上报、巡查发现等多种渠道，严控新生违法建设，确保新生违建“零容忍、零增长”目标的实现。一旦接到相关举报或线索，第一时间到现场，按照制订的相关计划和要求，拆除新生违法建设。

2. 协同共管，辖区环境秩序明显优化

注重各方协同，实现共建共享。依托城市治理中心平台，统筹辖区城市治理资源，有效调动驻地单位及各社区参与环境建设、城市治理工作的积极性和主动性，打造齐抓共管、资源整合、共同参与、成果共享的城市治理新格局。积极探索符合月坛地区作为老建成区区域特点的违法建设综合治理工作模式，在违法建设得到有效治理的同时，居民的生活和居住环境能够得到有效提升。推进城市治理监督员进小区活动，逐步将城市管理的触角延伸至大院和小区。同时，努力发动群众广泛参与地区环境建设，形成自我治理、自我服务的长效机制，有效提升地区整体环境建设水平。月坛街道进一步拓展地区管委会工作职能，通过街道组织引导，调动驻区单位的积极性，促进驻区单位主动参与到环境建设工作中，探索与地区单位建立日常沟通协调机制。

做好改造项目，推进惠民工程。月坛街道加强开展以街巷环境整治、老旧小区整治、街道为民办实事相关项目为重点的环境建设“惠民”工程。对真武庙头条、地藏庵小区、莲花池东路等区域院落进行地面硬化、拆违、更换雨水管线、绿化补植、维修车棚等建设，同时，开展环境整治、绿化改造、公共厕所改造、弱电架空线入地等项目，切实改变居民生活环境。开展老旧小区节能保温及抗震加固改造工作。

加强综合整治，不断优化环境。开展主要街巷的环境秩序综合整治，对非法占道经营和“黑车”等扰乱市场秩序的违法行为进行重点打击。通过黑车治理“脉冲行动”，连续性出击、查扣各类违法车辆。积极开展“百日整治”行动，拆除违章地锁、违章地桩，收缴暂扣各种违法经营车辆；联合西城区市政市容委完成复兴门外大街以北到月坛南街月坛地区范围内街巷的架空线路入地基础工程。同时，积极创建市级生活垃圾分类达标小区、首都绿化美化花园式社区和首都绿化美化先进单位，使城市环境建设水平得到不断提高。

加强环境秩序建设。结合节庆活动等重要时间节点，开展深入持久的街面环境秩序净化行动。组织开展环境秩序检查，督促有关单位和相关责任人落实“门前三包”责任，规范商户店外环境秩序；联合城管、公安等部门对南礼士路地区、西单万方商场区域、兴达区域等重点区域进行联合执法和联合检查，查处无照游商、倚门售货等扰乱环境秩序的违法行为；拆除在月坛北街、月坛西街等街巷违法设立的户外广告牌匾；充分发挥社区民主自治作用，动员社区志愿者、社区物业、社区保洁服务人员及社会单位，开展卫生死角和白色污染的治理和集中清理活动；调动地区环卫力量，加强对道路街巷及重点保障区域的日常保洁，对违法小广告、非装饰性树挂等影响市容环境秩序的突出问题进行清理整治。规范沿街门店“门前三包”秩序，联合城管、公安、工商等部门查处无照游商等环境秩序违法行为，清除违法设置的广告牌匾，清理违法小广告，整治卫生死角、脏乱点，清理暴露垃圾、无主渣土、白色污染，处置群众来信来访反映环境及城市基础设施的问题。

3. 科技引领，城市可持续运行体系逐步完善

加强用水单位管理，提升公众参与意识。严格按西城区用水计划编制下达办法，完成年度街管户用水计划指标下达工作，对辖区内37家用水单位发放了红色及普通预警通知书。利用节水宣传周活动，组织26个社区召开了“城市节水宣传周”活动工作布置会，向各社区传达西城区节水办对节水宣传周活动的工作要求。号召各社区充分调动自身资源和优势，做好城市节水宣传周活动，并及时上报活动信息。制作宣传展板在26个社区进行巡展；发动各社区设立宣传站点，制作节水知识黑板报、宣传标语、悬挂横幅，深入开展节水宣传工作；并在公安社区设立专门节水宣传栏，营造节约用水的宣传氛围。同时，会同西城区节水办为地区部分小区内近百余户居民进行节水器具换装，有效提高地区居民积极参与节水、护水行动的意识。

构建运转高效的应急体系，努力提高突发事件处置能力。中心按照安全第一、全民动员、全力抢险、减少损失的方针，坚持预防为主、政府主导、专业处置与社会广泛参与相结合的原则，修订了月坛街道地震应急预案、在春节及“两会”等重大活动期间对地下空间进行安全检查。通过举办“3·1”国际民防日和“5·12”减灾防灾地震宣传周等活动，让居民增加防灾意识，掌握防灾知识。汛期到来前，对人防工程中的防汛设施和防倒灌设施进行了排查。建立较为完备的防汛抢排险及突发事件处置队伍，落实好安全迎汛方案及防汛抢排险应急预案，遇中雨以上降水时，安排中心干部到岗防汛值班。做好雨中巡查及突发事件应急处置，并通过甘雨桥水闸提闸演习，不断提高对极端恶劣天气等公共突发事件的应急处置能力。

以垃圾分类主题宣传实践活动为载体，推动城市环境可持续发展。街道依托“做文明有礼的北京人、垃圾减量、垃圾分类从我做起”主题宣传实践活动，全面贯彻落实《北京市生活垃圾管理条例》，深入开展北京市垃圾分类达标小区创建活动。在加强日常检查、督促指导已创建完成的十余个达标小区的垃圾分类工作质量和效果并接受市、区专项检查验收的同时，积极部署推动北京市垃圾分类达标小区创建工作。

（二）社会治理体系化，协同推动和谐共赢

月坛街道认真贯彻落实党的十八大精神，围绕新“三区”战略目标，以及建设“活力、魅力、和谐”新西城发展要求，进一步加强社会领域党建，不断完善街道“中心制”运行体制，将更多的辖区单位纳入日常的服务管理工作体系中，不断增强社区自治活力，培育和发展社会组织共同参与服务辖区建设。不断完善党委领导、政府负责、社会协同、公众参与、法治保障的社会治理格局。

1. 党建统领，社会建设能力不断增强

大力推进区域化党建工作，建立议事协调机制，促进地区单位协同共建。街道成立了月坛地区党建联合会，构建了以街道党工委为核心，社区党组织为基础，辖区单位的党组织和党员共同参与、资源共享、共建共享的区域化大党建格局，截止到2014年底，共有成员单位36家。党建联合会将区域内不同隶属关系、不同行业领域党组织发动、联合、组织起来，形成区域一体化的党建工作格局，共同解决地区发展中的矛盾与困难。月坛街道专门成立了发展服务办公室，沟通、服务驻区单位，整合驻区单位的资源和需求。街道、社区和驻区单位之间信息沟通更加畅通，驻区单位可以及时了解自己所在区域的发展动向；街道、社区和驻区单位之间需求对接更加密切，辖区成员单位党组织作为主要的参与力量，各部委领导每年都会进一步深入社区，送场地、送资金、送服务，并和社区联合开展形式多样的共建活动，为和谐街道建设提供支持和帮助；街道也及时了解驻区单位的需求并给予支持和帮助。通过近年来的探索和实践，党建联合会建设取得了显著成效：增强了区域活力，凝聚了合力，促进了党员作用的发挥，资源实现互补，促进了区域整体和谐进步。

开展“参与式协商”社区民主自治模式工作的相关探索。街道充分发挥党的领导、政府主导和社区居委会的主体组织作用，以健全完善社区治理格局、创新社区议事协商机制为目标，以搭建社区议事平台、扩大社区成员有序参与为重点，完善社情民意表达和收集机制、协商机制、决策机制、办

理机制和评价机制，努力提高社区治理能力和民主自治水平。

大力培育地区社会组织并发挥其功能作用。制定《月坛街道向社会力量购买服务试行办法》，通过明确职责分工、购买领域以及操作规程的方式，让越来越多的社会组织购买、承担服务项目，共同参与辖区建设，形成更紧密的政社合作关系。充分发挥月坛社会调查队作用，圆满完成辖区第三次全国经济普查任务，为加强和改善地区宏观调控，提供科学准确的统计信息支持。另外，建立具有月坛特色的“全响应社会服务管理指挥分中心”这一城市运行管理指挥枢纽。把城市管理监督、地区监控、楼门院长信息系统、非紧急救助系统、机关应急值守、居民热线以及地区职能站所联动机制纳入全响应服务管理指挥分中心中，以应急管理为核心形成指挥高效、反应灵敏、处置迅速的综合指挥体系。同时，开展全响应指挥调度应用系统与街道内部办公系统的整合，通过统一办公门户和用户认证平台完善以“多渠道沟通、一平台分办、高效率处置”为实现形式的“全响应”社会服务治理新模式。

2. 综合施策，社区自治功能明显提高

街道对社区党组织、居委会、服务站人员通过分阶段、有步骤的培训，不断深化社区工作者队伍建设，切实保证了队伍稳定，提升集体领导、民主决策和科学议事质量，提高班子的执行能力、协调能力和解决问题能力。通过推行《社区专职工作者联系册》《社区服务站岗位指导意见》《楼门院长使用手册》，加快社区服务站标准化建设，进一步规范和方便职能部门在社区开展工作，规范工作流程、建立工作台账。推进公共服务进社区，实现对街道行政事务和政府需要进入社区的各类事务的系统管理。先后组织月坛街道辖区内780户居民进行问卷调查，制定诊断指标135项，对自治问题进行诊断，不断提高社区自治能力。创新推进楼门院长信息传递系统建设和应用，实现民需民愿、社情民意等各方面诉求的及时收集与妥善办理。

3. 枢纽带动，各类社会组织健康发展

一方面，建立《月坛街道社会组织服务楼管理制度》《月坛街道社会组织2010～2015年发展规划》《月坛街道社区社会组织培育发展指导意见》

等各项规章制度，推进社会组织科学化、规范化运转。指导悦群社工事务所扩大业务范围和服务人群，促进社工类社会组织在项目运行中成长。同时，筹备街道志愿者联合会和街道社会组织联合分会，实现对社会组织及志愿者基本情况分类建档，方便更好地服务居民、解决困难和化解矛盾。

另一方面，释放群团组织的作用与能量，街道工会顺利完成社区工会联合会、街道工会联合会、街道总工会的组建和选举工作，进一步加大对地区工会会员统筹力度。街道工会制定了《月坛街道专职工会社会工作者管理规定》，并完成工会经费税务代收、非公企业数据统计、“京卡互助服务卡”发放、“和谐劳动关系单位”创建等工作。妇联聚集了各界妇女，积极组织开展各项活动，面向弱势困难妇女群体做好送温暖工作，并启动“手拉手联盟”项目，更加有效地对地区单亲生活困难母亲、家庭进行帮扶。团工委与悦群社工事务所合作，开展驻校社区心理疏导教育工作，从专业角度监控教师、学生的心理状况，积极干预和引导，降低未成年人受伤害比率。

4. 安全发展，社会和谐稳定基础更加坚实

强化协同联治。街道发挥综治维稳中心作用，以综治维稳中心为平台，联合多个职能部门进行联合执法，通过协同作战，形成了现在的联调联治联处的有效工作局面。街道对多警种、多方力量进行整合，发挥督察督办、协调各方的作用，对市级挂账整治重点地区——儿童医院、区级挂账整治重点地区——国家发改委门前、街级挂账整治重点地区——长安商场门前及周边地区进行持续不断地整治，地区治安环境秩序得到改善。

强化群防群治。重点敏感期间，组织各类志愿者和执法力量共同参与安保工作，圆满完成了维稳任务。同时，充分发挥综合监控中心职能在城市日常管理中的重要作用，利用211个前端图像信息监控，配合社会维稳和安保力量，实现对地区大街面的常态管控。

强化安全理念。在辖区内深化“国际安全社区”理念，结合安全社区五年规划要求，进行老年人心理慰藉和居家安全教育培训，在10所学校开设心理辅导课程；有效推进街道安全工作数字化进程，对街道隐患排查记录预警分析系统进行二期开发，加强“防、控”一体化工作体系建设，做好

校园安全防范工作。通过采取指导人员调整、围墙加高加固、安装监控探头、消除安全隐患等措施，完善街管两所幼儿园建设；创新公益法律服务方式。开设“法之月坛”大型公益法律服务活动，授课和咨询服务免费为居民提供。代表西城区接受北京市“五五”普法检查验收，工作经验在全区推广。及时发现各类安全隐患并督促整改，有效把各类安全隐患控制在萌芽状态。推行人大代表社区接访制度，更直接地了解社情民意。西城区人大经联组代表专题调研、集中研讨、综合分析提出的老旧小区整治的提案成为人大常委会议案。通过此种方式，截止到2014年底，老旧小区中已有多栋老楼纳入“十八部委联建办”的改造计划。

（三）公共服务均衡化，系统延伸服务链条

从2013年起，为进一步学习深入贯彻落实党的十八大精神，推进全面小康社会和中国特色社会主义社会建设，月坛街道高度重视辖区居民需求多元化的发展趋势，不断创新思路，强化工作措施，以适应辖区公共事务与公共服务日益复杂的环境，不断完善公共服务体系、创新公共服务模式、提高公共服务水平，各项工作取得了新的进展和成效。

1. 一站受理，公共服务平台日趋完善

为进一步强化服务效能，月坛街道不断完善公共服务大厅“一站受理”服务平台的打造。一是街道公共服务科与13个业务科室重新签订了《月坛街道全程业务代办委托书》，使涉及12个科室的49项便民服务事项落地公共服务大厅窗口，并将以“e窗式”方式办结的服务事项纳入大厅办理，真正将便民、利民落到实处。二是规范运作程序，为居民提供优质便捷服务，街道重新设计并印制了三大类，共九种告知单，将办事所需材料、办理流程等关键信息有针对地一次性告知服务对象，降低了办事群众往返的时间和人力成本。升级完善后的计划生育服务证告知单更具有实用性，得到了群众的广泛好评。三是实行“等候服务”管理，在大厅为大家提供了休息座椅，体现政府服务的人性化。同时，依托技术手段，为居民搭建快速信息通道，借用Flash技术，将重要通知、业务提示等以幻灯片

的形式在液晶电视上进行全天循环播放，方便群众及时了解窗口办事项目、办理时间等相关信息。在不让群众长时间辛苦等待的同时，又较好地保证了大厅的办公秩序。

2. 党群联动，公共服务网络纵深延伸

延伸服务链条，强化三级网络建设，将公共服务进一步向社区延伸。街道以学习服务型科技应用示范区项目为依托，整合党务、政务、社会事务、公共服务和社区服务资源，将治理和服务向虚拟社区及新的人群延伸。做实区、街、居三级网络服务，将街道大厅为民服务事项及 71 项“为居民办实事类”项目向社区延伸，对 26 个社区进行统筹规划。在调查摸底的基础上，街道通过面授、操作演示、陪练、答疑和具体辅导等方式，指导社区服务站使用“北京市西城区街道社区办事服务平台”，促进了网络平台服务方便群众作用的发挥。

发挥商务楼宇“五站合一”（商务楼宇工作站涉及党建、社会事务、工会、团建和妇联五方面服务管理职能）实效，为楼宇企业搭建社会服务桥梁。以需求为导向，将政务服务前置，促进企业发展。工作中，月坛街道工委注重党组织、工会、共青团、妇联和社会各职能部门的联动，引领“五站”主管部门根据自身特点打造特色，拓宽服务领域，为楼宇内企业提供诸如流动党员组织关系转接、安全维稳、维权、帮扶青年创业就业、维护妇女权益等一系列长效服务。

3. 以民生为本，公共服务体系更趋优化

一是探索养老服务社会化模式，不断完善养老体系，为老服务项目不断拓展。为 80 岁以上老人办理了居家养老（助残）券申请及发放手续。就老年人迫切需要解决的就餐问题，街道积极整合辖区资源，和驻区单位开展共建共筑、资源共享，仅广电总局新 302 食堂办卡就餐人数就有千余人，全年累计就餐送餐 16 万余人次。开发国家发改委第二食堂、华天餐饮有限公司、品牌连锁粥店等 8 家餐饮服务组织加盟，养老（助残）餐桌工作实现全覆盖。吸纳 40 余家辖区内社会服务组织加盟为老送餐、医疗康复、修车等 108 个服务项目。同时，面向 26 个社区招募 63 名养老（助残）志愿者，建立月坛玖久缘文化养老中心，积极参与开展养老（助残）精神关爱服务。举办“文化养老论坛”，探索联合社会力量推进为老服务工作。整合资源打造社会组织联盟，整合社会组织在养老工作方面发挥了重要作用，汽南社区的“无围墙养老”品牌由8家社会组织整合联盟打造，各自发挥优势和进行资源互补为老年人提供各类型的养老服务，将养老院的服务延伸到家庭，并在部分社区建立了“无围墙养老服务中心站”。

二是着力改善民生，就业和社会保障网络不断延伸。街道积极拓展渠道，促进地区就业资源共享。认真落实再就业优惠政策，每年有千人实现就业，努力开发社区就业岗位和创业项目，高度重视“4050”人员和零就业家庭动态脱零，安置特困人员进入公益组织。增加一老一小、无业居民大病医疗保险办理和药费报销；为无保障老人养老办理补助；向残疾人、特困家庭、单亲特困母亲、低保户等特殊人群发放各类救助、补助等慰问金百万元。街道采取挂牌督办、跟踪问效等手段切实加强群众监督，有效推进群众满意“折子工程”进度。建立总面积为853平方米的综合性残疾人服务机构——“益智园”，为残疾人提供就业指导、职业培训、康复训练、文体活动等服务项目。街道根据市区功能定位和地区发展实际，科学谋划“十二五”规划，积极适应新形势、新要求，推进“四型月坛”的健康发展。除此之外，计生工作扎实抓好户籍和流动人口计生工作，开展生育关怀行动，落实计划生育家庭奖励扶助制度，努力实现稳定低生育水平、提高出生人口素质的目标。民政工作对地区贫困家庭情况进行调研，有针对性地对贫困家庭实施个性化救助，完善救助体系、规范社会救助机制，不断提高对贫困家庭的综合保障和救助能力。

三是创新安全治理模式，建立社会化联防联控安全网络。月坛街道自2007年获评“国际安全社区”以来，不断深化“国际安全社区”理念，在安全生产、社会治理、居民生活等领域，推广安全文化，强化平安意识，夯实安全工作基础，形成街道、社区、单位和居民共同参与事故与伤害预防和安全促进工作，做到“人人参与、人人共享”。加强物防、技防、人防的有机结合，创新安全管理工作模式，进一步完善月坛地区四张防控网络（见表2），切实发挥其功能和作用，形成横向到边、纵向到底的安全工作格局。

表2 月坛地区四张防控网络

防控网	工作方法
第一张网	整合利用驻区部委70个单位的保卫处的1000名安保力量，辖区单位治安防控实行“门前三包”，街道办、驻区单位和派出所通过月坛专用电台的专用频段及时进行信息沟通，街道办每周一向各驻区单位通报近况和阶段性重点防控事项，各驻区单位一旦发现问题也可及时通过电台向街道办和派出所上报，不定期进行反恐演练
第二张网	辅警力量进一步扩充，将交通协管、停车员、文明乘车员、邮政报亭售卖员、保洁员、电梯工、修车人等都发展成为发现问题的信息员，制作工作联络牌，建立培训、上报和奖励机制
第三张网	组织各单位抽出专人成立街道的消防志愿者队伍，进行专业培训并配备消防设备
第四张网	发动各社区积极分子做好看门护院的工作，利用街道开发的楼门院长系统，楼门院长发现问题和隐患及时上报，街道也可及时发送通知和安全预警信息

资料来源：西城区月坛街道办事处。

4. 优化标准，公共服务水平逐步提高

深入了解居民需求，街道从多个指标入手设计了内容翔实的调查问卷，由大厅工作人员随机发放给100位被服务对象，旨在了解百姓诉求、倾听百姓意见。

创新工作方法，加强案例整理和业务能力培训。针对部分服务事项业务流程发生变化等问题，收集、汇总日常服务事项的特殊案例，将服务流程、服务标准整理编制成《公共服务大厅培训资料汇编》，供大厅工作人员对照学习。

实行标准化管理，强化队伍建设。编写了《月坛街道办事处窗口岗位工作手册》《月坛街道公共服务大厅管理岗位工作手册》。完善了《学习管理制度》《公章管理制度》《考勤管理制度》《电脑日常管理制度》《廉政制度》《会议制度》等多项规章制度。制订了《月坛街道公共服务礼仪培训工作方案》、编写了《月坛街道公共服务大厅服务礼仪规范》手册，同时，在大厅人员中开展了行政服务礼仪知识答题的活动。

（四）基层党建规范化，凝聚力量素质再造

月坛街道以大力开展党的群众路线教育为契机，抓好为民服务、为民办事的作风问题，真正做到为民、务实、清廉，以班子会开进社区、处级领导包社区、常态开展“访民情、听民意、解民难”工作为形式，使街道工委办事处更加深入基层、贴近群众、倾听民生、解决民需。在了解民需的基础上，月坛街道建立起区域化大党建的协作机制，探索建立社区“大党委”和楼宇党建等模式，进一步强化区域化党建的组织领导力量和阵地建设。

1.“十个一”民生工作法强化党群、政群血肉联系

月坛街道坚持并完善理论中心组学习制度，围绕学习贯彻党的十八大精神，加强理论学习，提高理论水平。始终将搞好团结、发挥整体力量放在重要地位，班子成员、正副职之间做到常沟通、多商讨，互相支持，相互配合，真正做到坦诚相见、开诚布公，班子的凝聚力得到进一步增强。深入开展调查研究，注重把调查研究与解决实际问题结合起来，有针对性地明确思路、制定对策，用实际行动为群众解决困难、化解矛盾，提高了班子的科学决策水平和解决实际问题的能力。尤其要以政务能力建设年为契机。通过落实处级领导联系社区，推行机关干部作为社区席位制委员等制度，深入开展“访民情、听民意、解民难”工作，并形成了“十个一”民生工作法：建立一个民情日记本、一张居民连心卡、一批守望相助岗、一支民生信息员队伍、一支民生联络员队伍；每月召开一次社区议事会、每季度举办一次恳谈会；设立一个民情电子信箱、一条民情热线、一份民意转交督办单。依托“十个一”民生工作法，畅通沟通渠道，收集汇总居民意见优先纳入年度街道“折子工程”。

2.“权力运行流程图”推进权力公开透明

街道领导班子认真贯彻落实党风廉政建设有关规定，大力开展理想信念、党风党纪、廉洁从政和艰苦奋斗等教育，切实增强党的观念和党性修养，不断提高“一班人”自我警示、自我防范的思想意识。将推进廉政风险防范管理与勤政廉政、廉洁自律相结合，通过进一步查找风险点、分析形

成原因，提高行政工作效率。在谋大事、议大事、抓大事的过程中，“一班人”能够按照民主集中制原则，集体研究、充分酝酿、科学决策，在重大问题决策、重要干部任免、重大项目投资决策、大额资金使用等敏感问题上，始终做到有章可循、有据可依，纪检部门全程监督管理。尤其在干部的选拔和任用上全部实行竞争上岗，全程委托第三方——西城区领导人才考评中心组织笔试、面试，实行综合考评，并引入“360度民主测评”模式进行全方位的测评。在提交工委会讨论前，书面征求纪检监察部门对干部任免的意见，实行党风廉政建设“一票否决”制度，落实选人用人关口前移，杜绝“带病提拔”现象，得到广大机关干部的认可，没有听到任何意见或异议，树立了一个清正、廉洁、高效、务实的班子形象。尤其在政务能力建设年活动中，重新梳理街道工委、处级领导职权，制定了工委职权行使流程图、工委纪检流程图、党的建设流程图、干部任免流程图，对工委各项职权运行进行了规范。各科室梳理行政职权71项，整理主任办公会、行政班子成员内部职权8项，经区政府权力公开透明运行办公室审批，确定街道办事处行政职权57项，并绘制完成了权力运行流程图，进一步推进权力公开透明化。

3. 党建标准化建设引领基层党建工作科学化

一是实施社区党组织分类定级评定，激发基层党组织和党员活力。积极推进社区党组织领导班子公推直选和社区“大党委”工作的落实，分类指导各社区完成党组织换届工作，并有针对性地搞好分类培训，提高整体素质能力。深入开展基层组织建设年活动，对基层党组织集中开展分类定级评定，达到基层党组织提升整改、晋位升级的目标。月坛街道不断增强基层党组织和党员队伍活力，在基层党组织、党员中深入开展创先争优活动，充分发挥党组织战斗堡垒作用和党员先锋模范作用。

二是以全覆盖标准抓好楼宇和非公党组织建设。月坛街道在辖区楼宇中全部建立党支部，实现了党的组织全覆盖，并按照“四有两上墙”（有组织机构、有机构牌子、有办公地点、有活动场所，组织机构上墙、工作制度上墙）标准，加强非公企业党组织规范化建设，推动街道社会领域党建工作再上新台阶。街道积极推进街道楼宇党建工作，在商务楼宇安装触摸屏信息驿站，引入互动式社区学习服务平台，融合党建、行政、社会组织等各类管理与服务资源，广泛开展楼宇党建服务活动。

三是实施社区党委联络委员制度，发挥党组织在社区自治中统领作用。月坛街道着重抓好社区党组织的自身建设，以及对自治组织的领导管理工作，保证社区各种自治组织健康有序发展。各社区在开展重大活动、决定重要事项之前，社区党委都要进行认真讨论，广泛征求党内外居民的意见，确保正确方向。为了更好地指导社区的党务工作，街道工委建立了社区党委联络委员队伍：街道机关选出德才兼备的优秀党员干部，通过换届选举，当选为社区党组织的委员。他们通过深入社区一线，参与社区党组织会议和研究决策社区重大事项，在指导社区党务建设，协助社区党组织把握社区建设正确方向和帮助社区解决实际困难等方面，做了大量的工作，得到了各社区党组织的认可和好评。

（五）社区自治网格化，有效激发家园意识

1. 社区文化提升居民归属感

坚持以文化育文明，丰富社区文化，居民文明素质日益提高。通过举行“新西城体验行”、《穿过幸福时差》读后感征集、“百姓爱心故事”征集等活动，深入挖掘辖区群众中蕴含的月坛精神和文化素养，在居民中培育传播月坛精神。结合学习实践科学发展观活动，充分发挥社区百姓宣讲团作用，先后在12个社区为800多名党员群众宣讲，将科学发展观内化为推进社区发展和党员群众工作生活的理论武器。历时一年零十个月编制完成全国首部社区志，记载26个社区发展历程和特色，共50多万字、380幅图片，填补了城市方志的空白，扩展了区县方志的内涵，增添了地方志的品种。通过《人文月坛》社区周报、周报网络版及“读者之家”“三网合一”的形式，开辟利用社区传媒搜集民意民需的新渠道。

坚持以双拥带文明。除在辖区开展国防教育外，驻区部队与地区单位、学校和26个社区签订共建协议，广泛开展共建活动，协调地区单位和社区

在八一建军节和春节对驻军进行慰问并发放生活用品。对军、地退代管人员进行了多次走访慰问并发放慰问金和义务兵补助金。通过这些活动的开展有力推进了军地“心连心、同呼吸、共命运”的鱼水之情。

坚持以活动促文明。整治改造以来首次在月坛公园举办“中秋节游园赏月文化活动”。先后委托相关事业和社会组织团队成功承办和组织了“和谐杯”乒乓球比赛、“我的社区我的家”第二届文艺会演、“文明新风满西城”摄影大赛、“五五普法”文艺演出等活动。

2. 社区民主激发社会活力

分阶段、有步骤对社区党组织、居委会、服务站人员进行培训，不断深化社区工作者队伍管理，并对一些有空缺位置的社区及时健全班子队伍，切实保证了队伍的稳定性。大力开展“走千户访千人”社区专职工作者大练兵活动，解决居民实际需求，搜集整理典型事例。引导居委会按时上报听证会、议事会情况，了解民情、解决民需，解决居民提出的问题。同时，大力推动楼门院长信息系统，通过落实“三级报告制度”和“四级处理机制”，实现了及时发现问题并有效解决问题这两个目标，并与城市管理网格一起，组成了街道社会管理及服务中平面网格与立体网格交织的更为全面、扎实的大网格，从而让管理服务的覆盖面更大，缝隙更小，实现了居民自治全覆盖，民政部部长李立国在调研中对这一探索给予了高度评价。

对社区各类社会组织进行规范化管理。围绕民生、社会服务功能、社会管理等问题，全方位进行社区需求调研，找准 11 种热点难点等问题的需求，为解决地区民生问题提供依据，为今后社会组织发展及培育找准方向。按照社会组织评估 3 级指标体系，对街道注册类社会组织进行规范化指导，并以汽南社区建设协会为典型，围绕国家社会组织 1 ~ 2A 级配套文件规定，汽南社区建设协会进行西城区四星级社会组织申报工作，并以此推进街道整体社会组织的规范化和制度化建设。同时，筹建月坛地区志愿者联合会，整合各类志愿者资源，为各类志愿者提供一个发展和服务的工作平台。

创新社会动员方式，延伸社会治理触角。以空间换服务，将 1600 平方米的原办公楼，作为社会组织培育基地，为有发展潜力的社会组织提供办公用房、活动场地、物业服务等保障。以社会组织培育社会组织，将社区建设协会定位为业务枢纽和党建龙头，并授权负责社会组织服务楼的日常管理，对地区居民需求进行调查和分析，对入驻社会组织的服务领域、项目申报等给予引导和把关，对政府购买服务的项目进行绩效评估。以项目促发展，不断加大政府购买服务力度，把一部分专业性强，社会组织更擅长做的工作，以项目购买的方式，交给社会组织承接，形成更大的政社合作态势。用志愿服务打造文化养老特色品牌，扶持玖久缘文化养老中心、月坛—首博“社区文博学院”、文体协会、书画协会、老年协会，购买文化养老服务项目，列入“无围墙敬老院”居家养老服务“菜单”，满足老年人文化情趣、精神慰藉的需求。同时，引导老年人参与“老有所为”的活动，组建星月艺术团、银帆艺术团等21支街道老年文体团队，启动老年文体团队“进社区入家庭”活动，为地区行动不便的老年人提供公益演出等精神关怀服务。

健全常态化志愿服务机制，不断开发富有特色的志愿服务项目和工作品牌。制定《月坛街道深入推进治安志愿者星级管理规定的实施办法》，对全街道治安志愿者实行星级管理，街道治安志愿者分会根据不同星级定期为志愿者提供家政等方面的公益反哺服务。目前正在开发志愿者积分管理平台，通过上勤时间累计、情报信息报送条数累计换取积分，通过积分换取社会服务项目，充分调动地区治安志愿者的积极性，激发志愿者参与社会治理热情。

以活动为载体，提高居民社区事务的参与率。充分利用社区公益金，开展适合社区不同年龄、不同层次人群的各类活动，让更多的社区居民参与到社区事务中。居民在社区事务决策共管的过程中，激发了居民的家园意识和对主体身份的认同，使得社区自治工作充满了活力。以队伍为依托，推进社区自治工作。积极发挥居民代表、楼门院长、志愿者队伍这三支社区自治工作队伍的重要力量，26个社区全部成立了社区文化体育协会、社区养犬自律协会、社区志愿者协会（开展社区治安、为老、维权等志愿服务活动）、共驻共建协会、青少年教育协会五个公益协会。

以服务为基础，畅通沟通渠道，引导群众有序参与公共决策。在总结月坛街道楼门院长信息沟通系统的社区民生工作经验的基础上，制定并在社区推行了“十个一”民生工作法，切实提高社区的履职能力、响应能力、创新能力和服务能力，进一步畅通了民意沟通的渠道，调动了居民参与社区事务的热情，实现了自我服务、自我管理。

（六）机关建设效能化，不断强化党政执行力

1. 改进工作作风，提高管理效能，机关自身建设不断加强

一是在提高干部队伍素质上，街道积极构建多元的干部培训渠道，健全干部经常性教育培训机制，创新干部教育培训模式，着力打造善于领导科学发展的高素质干部队伍。街道以提高机关干部实际工作能力为重点，组织完成机关公务员的初任、任职、更新知识和专门业务四类培训和事业编工作人员的业务培训；建立全面协调可持续的干部锻炼培养机制，完善后备干部培养制度，推行和完善公推公选竞争性选拔干部方式，加大竞争性选拔干部的比例，形成公开、民主、择优的选人用人机制。加大干部培养性交流、换岗性交流和需求性交流的力度，适时安排青年干部到上级对口部门进行锻炼等，提高干部队伍素质能力。

二是在关心干部生活上，街道积极为干部身心健康发展创新条件，营造和谐融洽的工作氛围，凝聚团队力量，打造政治过硬、业务熟练、作风优良的干部队伍。加强团队建设促进街道干部的身心健康，加强沟通和交流。同时，街道领导积极为干部解决日常生活中的困难，急干部之所急，想干部之所想，解除干部后顾之忧，使干部全身心地投入工作中。

三是在加强日常管理上，街道按照“减少交叉，方便工作，形成合力”的原则整合资源，进一步理顺工作关系。开展信息、档案、后勤等业务工作培训，进一步加强基础信息建设，完善机关内部运行机制，推进街道科学化、规范化运转。通过实现机关、社区支票申领的网上审批、转账和现金报销审批等方式，不断提高机关管理及服务效能。同时，进一步规范各部室对机关电子政务办公系统的使用，加强对机关办公秩序和工作人员的日常管理。

2. 加强班子建设，夯实党建基础，科学决策能力不断提升

街道领导班子按照科学执政、民主执政、依法执政的要求，不断加强自身建设，进一步完善领导方式和工作机制，增强整体工作合力，为推动区域发展提供坚实保障。

第一，街道班子按照建设善于领导科学发展的学习型领导班子的要求，始终以身作则，统筹安排理论学习与重点调研，不断提高推动科学发展和决策指挥能力。坚持并完善理论中心组学习制度，积极参加中心组理论活动，先后参加“1+X”学习班培训讲座、专题自选班、处级干部培训班，加强同兄弟街道考察交流。同时，深入开展调查研究，注重把调查研究与解决实际困难结合起来，有针对性地明确思路、制定对策，以实际行动为群众解决困难、化解矛盾。通过学习实践，提高了班子的科学决策水平和解决实际问题的能力。

第二，领导班子自身的团结，是发挥领导班子集体决策和集体领导作用的关键。街道领导班子始终坚持民主集中制原则，规范党内民主生活，不断完善处级领导班子工作制度和议事规则，营造团结和谐、风清气正的工作环境和氛围。近几年来，虽然街道班子历任多次调整，新任职处级领导占班子成员相当一部分比例，但领导班子始终将搞好团结、发挥整体力量置于重要地位。班子成员、正副职之间做到常沟通、多商讨，互相支持，相互配合。坚持民主生活会制度，积极开展批评与自我批评，在有利于班子建设、干部个人成长及街道发展的问题上，明确指出班子及个人在工作方法上存在的问题，把维护街道大局作为想问题、做事情的出发点和落脚点，真正做到坦诚相见、开诚布公，班子的凝聚力和向心力得到进一步增强。同时，充分发挥非领导职务班子成员作用，强化协作配合，合心合力，共同推动街道各项工作开展。

第三，街道领导班子充分发挥班子成员集体领导作用，注重加强对街道前瞻性、全局性重大问题的研究，不断强化群众意识、大局意识、责任意识、服务意识，提高认清形势、分析问题、把握规律的能力。班子成员从街道整体发展大局着眼，多次开会研讨，梳理街道内部管理体制，完善地区社会建设格局。加强与地区大单位的统筹、协调、联系力度和频度，推动街道

与驻区单位共建共享、共筑和谐。开展学习服务型网络平台研讨，在形成新的工作方式和拓展工作领域方面开展思想大讨论，达到统一思想、推动工作的目的。

3. 不断深化“大部制”试点，积极探索街道管理体制改革

街道从深化体制改革入手，在实行“大部制”试点的基础上，根据地区社会建设实际发展需要，进一步对机关内设机构进行整合、优化，成立“两部七中心”，不断完善党委领导、政府负责、社会协同、公众参与的社会管理格局。即以“大部制”为基础，将一些驻地单位纳入日常的工作体系之中，同时各中心根据需要，成立一些协会等社会组织，协助承担相应工作。其核心思想是构建一个更加开放的、有广泛社会参与的工作体制，不断健全党委领导、政府负责、社会协同、公众参与的社会治理格局。在中心内部，实行日常工作、专项工作分工协作，重点工作、突发事件整体联动的工作机制。这一体制及工作机制，为和谐社区建设提供了有力的组织保障。按照“四型月坛”建设目标，进一步厘清工作思路，从工作方法、工作理念、工作实践寻求创新路子，找准社会治理创新的目标和方向。

三　地区治理形势的“SWOT”分析

（一）优势：一高多强

1. 街道数字化建设基础好，地区社会治理水平较高

街道数字化建设为创新社会建设和公共服务模式奠定良好基础。逐步建立和完善社会信息化体系，提高信息技术应用和信息资源开发利用水平，极大地增强了街道社会管理和公共服务能力，有力推动了地区社会建设的不断发展与创新。建成了月坛应急预警指挥处置响应系统体系，进一步完善月坛街巷社区城市管理应急保障机制；完成了隐患排查记录预警系统的开发、更新与应用，有效地推进了街道公共安全数字化的进程，实现了快速、有效管理和辅助政府决策；“网络信访系统”“法制面对面视频系统”“楼门院长信

息传递系统”等信息系统的开发和应用，极大地深化了政府与公众的沟通交流，提高了政府工作的透明度。同时，政府也可以更加充分地了解社情民意及民众呼声，从而使服务真正满足居民需求。此外，街道还开发了“三维数字流管系统”，建立了九大流动人口信息数据库，实现了流动人口数据实时更新和动态管理。月坛街道开始政府对外办公事项的梳理工作，业务梳理后进行流程再造，开发出月坛街道电子政务办公平台和全程代办系统。电子政务办公平台的使用，有效降低了机关内的办公内耗，提高了工作效率；全程代办系统的开发，推出了“e 窗式”数字服务模式，给“e 窗式”办公提供了技术保障，并促进了机构体制改革，对街道各科室之间的业务流程进行了改造。开发了互动式社区学习支持与管理系统、月坛数字便民卡等信息系统，实现了学习与服务资源基于时间和空间的全覆盖。

2. 持续推进“大部制”改革，地区党政治理能力较强

为进一步推进政府管理与服务职能到位，月坛街道自 2004 年起，承担了西城区街道体制改革试点任务，实行“大部制”。近年来，通过不断摸索和调整，按照系统划分、内部整合的原则，将工作性质、工作职责、工作任务基本相同或相近的科室，进行整合，目前设置形成了“八个中心”，并以“大部制”为基础，将一些驻地单位纳入日常的工作体系之中，同时各中心根据需要，成立一些协会等社会组织，协助承担相应工作。构建一个更加开放的、具有更广泛社会参与的工作体制，不断健全党委领导、政府负责、社会协同、公众参与、法制保障的社会治理格局。

3. 社会组织发育起步较早，地区社会参与能力较强

成立社会组织管理与服务办公室，加强了对街道社会组织的统筹、协调、管理、服务及监评，建立了社会组织管理“孵化培育基地”，实行“空间换服务”的社会服务管理新举措。找准为老服务创新和社工、义工联动机制创新两个切入点，培育了“汽南无围墙敬老院”“悦群社会工作事务所”等一批专业性养老机构和社工机构，推动了社会组织专业化、多元化的发展。街道大胆尝试了以社会组织培育社会组织的方法，即做实月坛社区建设协会，并以建设协会为龙头，带动地区各类社会组织不断发展。近年

来，月坛社区建设协会组建了月坛文联、老年协会、众多的项目活动小组，组织实施了小教员培训、具有一定影响力的大型活动。通过转承公共服务项目、组织地区单位和社区开展活动、开展国际民间交流、组织协调其他社会组织开展服务，为单位之间、社会组织之间、社区之间、单位与社区、企业与社区、社会组织与社区的信息沟通、资源共享搭建平台，充分发挥了街道与社会组织之间的枢纽作用，有效体现了街道职能转化的具体实践。

4. 共驻共建形成“月坛模式”，地区社会动员能力较强

街道动员和组织驻区单位积极参与社区管理和服务，对驻区单位的资源进行了有效的整合利用，以强化驻区单位的社区建设责任，推动驻区单位社会性、公益性、服务性资源逐步向社区开放，与国家发改委等18部委合作建设了三里河二区社区文化站，大大满足了社区居民的精神文化需求。开发国家广电总局服务中心新302食堂、国家发改委第二食堂等单位设施，为地区老年人和残疾人提供就餐、送餐服务。整合辖区40余家社会服务组织，为地区居民提供家政、卫生医疗康复等108个服务项目。形成了共驻共建、资源共享、优势互补的工作格局，夯实了社区发展后劲，提升了月坛社区建设的整体水平。

5. 着力打造特色文化街区，地区文化软实力较强

街道不断加大文化资源挖掘力度，加快文化脉络梳理进度，打造具有月坛特色的历史文化街区，并对地区历史文化资源和特色人文精神进行整理、提炼，编辑出版了《穿过幸福时差》系列丛书，有效提升了地区精神文明水平和居民文化素养。挖掘地区各类优秀人物资源，讲述他们的优秀事迹，在地区弘扬爱国精神、奉献精神、志愿精神等月坛精神，打造精神文化标识，推进地区文化建设，营造团结进取、昂扬向上的社会舆论氛围，《穿过幸福时差》系列丛书已经成为月坛地区的一张文化名片。同时，围绕“月文化”主题每年举办“月文化”系列活动。创办了贴近群众生活和驻区单位工作的《人文月坛》社区周报，设计出体现月坛地区特点、发展理念和代表月坛整体形象的街道CI系统。

6. 着力建设国际安全社区，地区安全治理能力较强

街道注重辖区各方协同，进一步拓展地区管委会的工作职能，建立起与地区单位的沟通协调机制，发挥好居委会的平台作用，引导、协调、动员社会单位、居民共同参与城市管理和环境建设工作，共同想办法、出主意，共同维护环境、治理薄弱地区，逐步形成了居民群众自我治理和自我服务的常态化机制。搭建了月坛地区二级安保网、协警组织网、治安志愿者网与110民警网四张人防网络。整合人防网络和视频监控，实现了对各类城市管理问题的早发现、早报告、早处置。开展宣传教育、社区诊断等一系列工作，使街道成为世界卫生组织国际安全社区第139名网络成员。月坛地区居民与单位在职人员的安全感指数逐年攀升。

（二）劣势：两少两大

1. 空间资源有限，可开发的资源相对较少

月坛街道作为北京市最早的新街区之一，是中央国家机关政务办公集中区，建成时间长，可开发的资源相对较少，发展空间受限。尤其是在公共服务设施的配置优化方面，缺少必要的空间载体。随着我国经济的快速发展，居民生活水平的不断提高，人民群众需求日益增多。同时，伴随社会结构日益分化，不同阶层之间的需求差距不断拉大，这一现象在月坛地区较为突出，月坛地区居民收入仍存在较大差距，高收入居民和低收入居民的服务需求差异化日益明显。调整社区服务结构，针对不同收入层次居民的需求提供多层次、个性化的服务，是月坛街道未来社区服务的重点。

2. 社会稳定压力大

第一，月坛高低端两方面人群特点均比较突出。一方面，地区离休干部5000余人，接受过大专以上高等教育的人口占总人口的49.7%，是北京市学历水平较高的地区之一；另一方面，地区低保、残疾、重点人等困难群体比较多，约占地区人口的8%，高低端差异较明显。第二，月坛是一个老龄化较严重的社区，其中60岁以上的老年人约占居民总数的20%，已提前达到国际人口老龄化的标准。第三，月坛各种群体人员比较复杂，辖区内有回

族、满族、蒙古族、朝鲜族等36个少数民族，少数民族人数为8999人，占总人口的6%。三里河社区、广电总局第二住宅区两个具有民族特征区域，涉及宗教问题等群体性不稳定的因素较多。辖区习练“法轮功”人员具有在册人员多、重点人多、刑释解教人员多等特点。人多事杂，不稳定因素较多。

3. 公众参与途径较少

多数居民把社区工作视为街道、居委会的职责，参与意识薄弱，仅有小部分积极性高的离退休老人较为关注社区事务。大部分年轻人参加社区活动较少，虽然年轻人也有社区交往的需求，但由于社区提供的交流渠道较为单一，难以吸引年轻人参与。居民自治组织建设虽然得到加强，但仍与现代社会的需求存在差距。

4. 城市治理难度不断增大

月坛街道建成时间长，老旧小区多，且多数老旧小区属中央国家机关。老旧小区的管理、地区环境建设更多依靠驻区单位的自我改造，社会协同是一直存在的瓶颈问题。尽管街道被赋予“统筹辖区发展”的职能，但街道对辖区的公共服务规划布局、城市建设和管理实施没有实质性的发言权，对各部门派驻辖区的科、站、队、所没有实质性的管理调度权，与驻区企业、社会单位联合共建缺乏实质性的政策支持，统筹手段有限。

（三）机遇：四个新机遇

1. 社会治理体制改革为系统解决地区发展的体制机制障碍提供了新机遇

落实党的十八大和十八届三中、四中全会关于加强社会建设和创新社会治理的精神，全面深化首都社会治理体制改革，在创新基层社会治理方式上提出新的要求。西城区作为首都功能核心区，为做好“四个服务”，不断创新社区治理方式方法，积极构建现代社会治理格局，加强基层社会治理体系和能力建设，探索和完善“全响应”网格化社会服务管理模式，在改革实践中创造了不少有益的经验，也积累了不少需要通过大的制度性变革才能解决的问题的经验。比如月坛街道在推行“大部制”过程中遇到的机构、人员、职数、待遇等体制性、机制性问题，都有可能在全面深化改革中得以解决。西城区2015年推行的社区治理创新试点工作，月坛街道被列为首批综合性试点街道。月坛街道应把握先机，利用好试点的政策支持和资源整合保障优势，在凝练和提升已取得成果的基础上，不断创新实施路径，在党建、自治和社会服务等方面大胆尝试，取得突破。

2.落实首都新定位为全面提升地区精细化城市管理水平提供了新机遇

2014年，习近平总书记在视察北京时做了重要讲话，明确了北京全国政治中心、文化中心、科技创新中心、国际交往中心的城市战略定位。《京津冀协同发展规划纲要》进一步把东城区与西城区定位在中央政务区的职能上。月坛地区作为中央政务办公区特殊功能的定位更加明确。这就要求月坛街道在做好“四个服务”中首先满足中央办公的要求，进一步优化市政基础设施，进一步优化公共服务设施，一些长期困扰街道环境的顽症，比如老旧小区物业管理及环境建设等问题，有可能得以系统解决。月坛街道应抓住机遇，积极推动城市管理精细化向更加制度化、规范化、人文化、科学化方向发展。

3.京津冀一体化和疏解非首都功能为月坛拓宽发展新空间提供了新机遇

北京面临城市拥挤和资源紧缺的紧迫难题，京津冀一体化后将打造新的首都经济圈，为北京带来更广阔的发展与合作空间。同时，疏解非首都功能是京津冀一体化的重中之重，西城区作为首都功能核心区，成为疏解非首都功能的关键点。月坛街道要关注调整自身功能定位，在京津冀一体化的大背景下，把握好更广阔的合作与发展机会，提升资源整合能力。同时，结合非首都功能疏解，加紧棚户区改造，进一步优化人口与资源配置，提高区域可持续发展水平，进一步探索和破解区域发展和公共服务空间受制约的难题。

4.“大数据”时代到来为“数字月坛”变“智慧月坛”提供了新机遇

目前，承担社会治理的各政府职能部门各自为政、协同性不高是我国社会治理体制存在的主要问题，部门职能间存在交叉和重叠，条块分割严重，信息不共享致使社会治理成本高、效率低。随着“大数据”时代的到来，西城区“全响应”网格化管理的不断完善，“全响应”数字平台将使社会治理大数据可供平台上所有社会治理主体使用和参考，并作为监督依据，不断提升其使用效能和效益。月坛街道近年来按照“四型月坛”发展思路，不断加强并完善月坛街道的信息化建设，为社会治理数据库的建立奠定了坚实的基础。大数据的应用将进一步加强信息共享和资源整合，进而促进社会治理体制从“碎片化”向“网格化”转变。通过大数据的趋势分析，探索社会治理多元特征，了解和满足不同群体在不同时期的需求，进一步提升月坛街道社会治理的科学决策水平和风险防控能力。

（四）挑战：两大一重

1. 人口现状与中央办公区功能不协调，人口调控任务重

城镇化发展加剧了人口的流动性，尤其北京作为中国特大城市，月坛地处主城核心区域内，人口集聚增长现象极为明显，地区资源承载力面临巨大挑战。从人口总量看，4.13 平方公里的辖区面积，集聚了户籍人口 154157 人、40980 户，常住人口 116543 人、流动人口 36818 人，工作人口 7 万余人。月坛地区为中央国家机关办公区，如此高密度的人口现状与中央办公区的功能极不相称。从人口结构看，地区既有高学历高收入的居民，也有不少低保、残疾、重点人等困难群体，而且老龄人口也比较多，不同层次人口的需求对于服务的需求以及公共服务资源配置的要求各不相同，供给的数量、质量和渠道还无法满足群众日益增长的需求。如何满足各类人群的不同需求，给街道的资源优化整合及供给模式等带来了巨大挑战。

2. 基层治理现状与依法行政要求不相称，法治化建设问题多、难度较大

党的十八大做出了加快建设社会主义法治国家的战略部署，十八届中央委员会第四次全体会议提出了全面推进依法治国若干重大问题。街道作为我国最基层的行政单位之一，是依法行政和依法管理的前沿阵地，同广大人民群众联系最为直接和最为密切。全面推进依法治国，对街道依法行政提出更高的要求。首先，街道工作人员的法制观念和法制意识仍然需要进一步提高。其次，街道办事处“权”和“责”不对等的尴尬给街道依法行政带来一系列法律风险。在行政职权方面，街道作为政府派出机构，承担了大量的

行政职责，其中除少量有明确的法律依据外，更多的则是缺乏法律依据。而在行政管理和行政执法方面，由于属地管理责任要求不断加大，一些本应由职能部门自身行使的权利也不得不由街道代为行使，街道办事处往往是“代权”行政、“代权”执法。最后，街道社区依法治理是深化基层民主政治建设的根本，需要不断加强街道社区基层组织建设和干部队伍建设，切实按照党的要求和宪法、法律的规定，广泛开展自治活动，把民主选举、民主管理、民主监督落到实处，保障群众依法享有的民主权利得以充分实现，从而逐步推进基层民主政治建设和地区法治化进程。

3. 治理标准提高与治理能力提升不同步，社会稳定压力大

随着中国经济的快速发展，社会利益结构快速分化，新的利益阶层和利益群体不断出现，区域内社会关系日趋复杂化，社会需求日趋层次化，社会价值日趋多元化，社会互动日趋网络化，群众对地区社会治理的要求进一步提升，月坛地区社会治理任务十分艰巨。特别是在产业转移、功能疏解、人口调控过程中，因月坛地区建成时间久，历史遗留问题多，既有新矛盾产生，也会激发和诱发一些历史遗留的矛盾及潜在的问题，新老矛盾交织，各种利益诉求难满足，这会对地区的社会治理体系与能力带来新的挑战。这就需要整合辖区治理资源，调动利益相关者在城市管理和社会治理中发挥作用，畅通利益诉求表达渠道，建立更具开放性和包容性的治理体系，探索形成多种主体共同参与、多种形式为载体的自我治理、自我监督、自我教育、自我服务的多元自治体系和模式。

四　以落实首都新定位的要求打造“四型月坛”建设新体系

对月坛地区治理情况的回顾和当前发展形式的分析表明，月坛街道多年来坚持改革创新不动摇，坚持“四型月坛”建设目标不动摇，形成了“治理”与“服务”两轮驱动、党建统领下政府、社会、社区（居民）“三驾马车”协同治理的良好格局，地区治理水平已经跨上一个新的台阶。在当

前落实首都新定位和京津冀协同发展的大背景下，作为首都功能核心区的一个重要街区，月坛街道尽管也存在一些传统的问题和新的挑战，但是只要继续发扬改革创新的精神，继续坚持“四型月坛”目标不动摇，坚持全面贯彻党的十八大和十八届三中全会、四中全会精神，以习近平总书记“2·26”讲话为指引，以全面深化改革为动力，紧紧抓住有序疏解非首都功能和京津冀协同发展的历史机遇，以全新的内涵全面深化“四型月坛”建设，构筑新的工作体系，就一定能够战胜前进中的困难，切实提高“四个服务”水平，为建设国际一流和谐宜居之都做出应有的贡献。

（一）以提高素质、强化能力为中心继续深化“学习月坛”建设，构架“四个服务”的执行力体系

继续深化“学习月坛”建设，要坚持把学习型组织的理论、方法运用到社区建设中，通过打造学习型党组织、学习型机关和学习型社区，明确共同愿景，改善心智模式，以学习力的提升来推动基层党组织的凝聚力、街道办事处及其他政府机关的执行力和社区“两委一站”的服务力提升，提高地区各级各类治理主体的素质，实现地区治理能力的自我超越。

1. 以学习型党组织建设为核心提升基层党组织凝聚力

一是要进一步把学习型党组织建设与提高党组织和党员素质结合起来，推动基层党组织在服务群众中提升统筹组织协调能力。在学习内容上强化党风廉政建设的学习，以“三严三实”专题教育为契机，建立健全理论中心组学习制度，通过专题学习、研讨交流、组织考察、讲授党课、开展工作点评等多种形式，完善党员理论学习的学习组织制度、学习管理制度、个人自学制度、集体学习制度，加强学习的考勤制度、档案制度、考核制度建设；在学习载体上进一步推进各类学习型组织创建，完善以社区党建、楼宇党建、百姓宣讲团等为支点的学习型组织框架建设，鼓励、引导辖区企事业单位打造学习型企业、学习型单位，实现学习型组织的横向延展；在学习方式上集聚一定区域内，业务性质、教育需求等因素取向一致的组织和个人，形成团队学习模式；在学习保障上建设一支学习型组织创建的志愿者队伍，使

之具备学习型街道指导员和联络员的能力，逐渐承担学习型街道的日常组织和推动落实工作。

二是要进一步把学习型党组织建设与充分发挥基层党组织在推进基层社会治理工作中的战斗堡垒作用结合起来，加强和改进党对基层治理工作的领导。以党建为统领，把党的基层组织建全、建实、建优，选准并培养一批优良的基层骨干力量，真正发挥党员的先锋模范作用和党组织的堡垒作用，打造一支掌握并善于运用现代治理理念和法制思维、法制方式来深化改革、化解矛盾、维护稳定和推动地区发展的干部队伍。特别是加强和改进社区党组织建设，充分利用好社区各组织的人才资源、阵地资源和服务资源。进一步落实和完善社区大党委的运行机制，健全以社区党组织为核心，条块结合、优势互补、资源共享、共驻共建的社区工作领导体制和运行机制。进一步完善楼宇党建，探索党员会客厅、党员议事会等党建的品牌建设。进一步发挥好在职党员到社区报到的作用，建立党员台账，全面掌握在职党员的基本情况和专业特长等，及时掌握和对接好群众需求，搭建实现服务和需求的有效对接平台。

三是进一步把学习型党组织建设与区域化党建结合起来，以学习型组织为纽带将各级党组织建设成为地区性资源整合、社会整合及文化整合的中心。进一步推动基层党组织设置模式转向网格化、动态化覆盖，突破条块上的限制，按照便于资源共享、便于服务管理和便于活动开展的原则，以区域视角对基层党建工作进行统筹规划和有序推进。以服务群众需求为导向，延伸基层党组织服务管理的触角，优化服务内容和服务方式，进一步凸显服务型党组织的建设，实现服务常态化和长效化。打造一批党建工作平台，拓宽党员发挥作用的途径和工作机制，如“党员一刻钟服务圈”、党群连心卡、部（局）长驻点室、党代表工作室、党群创业互助室等。进一步落实好社区大党委建设和“一委多居”的试点工作，健全区域共商机制，将隶属不同系统、掌握不同资源的党组织紧密联系起来，形成区域化的党建共同体。健全区域性党组织和驻区单位的双向协作机制，实现互惠双赢。实施区域化党建品牌战略，根据不同区域资源特点和需求状况，创新活动内容和载体，激发驻区单位党组织参与热情，创建一批具有代表性的区域化党建工作特色品牌。

2. 以学习型机关建设为重点提升政府执行力

一是进一步深化街道管理体制机制改革，将完善“大部制”改革与拓展网格化管理结合起来，将地区服务管理的职责落实到人。一方面，月坛街道要按照“有所为有所不为”的思路，进一步理顺关系，优化结构、提高效能，进一步促进街道职能的转变，最大限度地整合好资源，推进街道职能由“全能行政”向“服务行政”的转变，对“八个中心”的职能进一步明确，使各部门充分发挥职能作用，密切配合，相辅相成、相互制约，形成完整的群众工作体系。另一方面要着手把网格做实，把“条块融合、职能下沉、资源下放”作为推进网格化管理的着力点和关键点，完善网格下沉人员职责，发挥好政府代表进网格工作，强化网格责任，充实工作内容，完善运行机制，强化社会监督，以网格为载体，构建起以基层党组织为核心，政府公共服务、社会管理、市场监管、环境保护等与群众自治有效衔接、互为支撑的基层治理结构，夯实区域发展的组织基础和社会基础。

二是进一步加强基层法制化建设，树立“守规矩”的意识，创造“守规矩”的环境。首先要严格按照“职权法定”的法律原则开展工作，梳理“权力清单”，严格按照“权力清单”行使权力，加强对规范性文件进行审查和监督，保证其合法性，强化干部队伍法律意识。其次要建立完善的工作流程。转变以往重结果而轻过程的观念，重视过程管理的合法性和重要性，按照法律法规要求，规范并严格遵循工作流程开展工作，各科室部门根据自身具体负责的业务工作，对每项行政事项建立具体合法的程序标准，并按照程序标准实施行政行为，建立规范化的工作体系。与此同时，加强对干部队伍的教育与培训，严格按照法律法规、工作制度的要求履行职责，同时做到有记录、有反馈，切实构建街道整体依法依规的工作格局。最后是完善民主监督和评估考核。切实抓好政务公开，通过党内监督、人大监督、民主监督、审计监督、社会监督等各种机制强化对基层政府行使公权力的制约。在街道各科室、各部门工作的基础上建立依法行政工作评估指标体系，切实提高街道上下对依法行政工作的重视程度。

三是进一步树立廉洁高效的服务型机关新形象。首先，将机关干部和社区干部的思想进一步统一到北京市、西城区及月坛街道未来发展的目标上，进一步强化科室责任和流程，要高起点、高标准的确定各科室和各岗位的工作目标。继续发扬艰苦奋斗、团结拼搏的优良作风，进一步深化政务、居务公开内容，进一步规范办事程序，优化和扩大服务范围。切实提高街道办事处的执政能力。设立激励机制，激发机关干部创新工作的积极性。其次，要全面提升干部素质。在增强业务能力的同时，要重点增强机关和社区干部的创新能力、协调解决问题能力和服务能力。进一步加强理论培训和实用知识技能培训，尤其在社区要做好全科社工的培养，进一步提升基层化解矛盾的能力。街道要利用机关政治学习日穿插开展一些实用知识技能培训，让大家多方面、多门类地掌握一些专业技术知识，提高业务水平和工作能力。

四是创新服务模式、提高服务效率。要充分利用以互联网、物联网、云计算为代表的现代信息技术，借助新媒体等先进信息媒介，不断提升社会治理的效能。进一步探索完善“网格化”服务模式，以服务管理为指向，按照“责任网格”的总体要求，凸显“百姓网格”的人文理念，推进公共服务进社区、社区事务进网格、工作责任进网格。进一步深化市场化运作途径和内容，增强社区服务透明度。要在基层党政组织的统筹下，整合服务资源，充分利用好社工和义工资源，落实党内关怀和社会帮扶机制，大力推动邻里互助、社区自助。积极探索公共服务向市场开放。积极探索通过政府购买服务或补贴的方式将公共服务外包的新途径，鼓励在更多的领域引入市场机制，支持和倡导社会组织参与辖区的公共服务。强化街道在公共服务的协调、指导和监督作用，运用好市场经济规律，改善公共服务质量，提高公共服务水平，节约行政成本。

3. 以学习型社区建设为依托提升社区服务力

一是把学习型社区建设与发挥党委领导下的社区自治组织作用结合起来，以社区党委、居委会和服务站为主体，以提升社区服务能力为指导，推进学习型社区建设。强化社区党委的领导核心作用，实行党务公开，保障党员主体地位，推进党内民主建设，以党务公开推进其他公开工作，进一步保障和落实党员及群众的知情权、参与权和监督权。倡导居委会发挥自治功能，开拓资源、建立鼓励机制，充分调动居委会的自主性和能动性。进一步完善社会工作者队伍培养、评价、使用和激励机制。畅通居民意见表达途径，推进楼门院长信息传递系统的应用。

二是把学习型社区建设与完善以居民代表大会为主导的居民会议制度结合起来，让学习提高的过程成为调查研究、解决群众问题的过程。坚持每年至少召开两次居民代表大会，探索建立社区居民会议常务会制度①，逐步形成以居民代表大会为主导，以社区居民会议常务会和社区工作联席会议为有效手段，以居民听证会、议政会、评议会等为补充的居民自治机制。抓住西城区推进社区治理创新的机遇，探索建立以居委会为主体的多层次、多结构社区自治体系。落实好社区治理创新试点工作，探索“多居一站”，推进社区承接行政事务与开展自治事务相分离，为居委会减负。强化社区居委会的主体地位，着力让居委会回归自治。探索“一委多居”，以居委会为中心，整合社区内各类治理资源，促进如群团组织、民间组织、人大代表、党代表、居民代表、单位代表等共同参与，以社区党组织为领导、以居委会为主体搭建社区协调平台，疏通民意沟通渠道。形成多主体的自治协调组织，并建立健全相应的工作制度，依法、规范、有效地开展自治工作。形成多主体共同参与的自我治理、自我教育、自我服务和自我监督的自治体系。

三是把学习型社区建设与培养选拔一批社区自治带头人、社区精英结合起来，促进社区建设的可持续发展。认真落实推进居委会成员本地化，对现有社区常住人员进行摸底，精心在月坛地区机关单位等机构退休党员干部中选拔群众拥护、热心公益事业、时间精力充沛的同志，依法通过选举、换届等程序，使其进入居委会、自治会等社区自治组织，街道、社区要加强相应

① 社区居民会议常务会制度指在社区居民会议闭会期间以常务代表会的形式履行商议社区公共事务、调解民间纠纷、监督社区居委会三项职能。常务代表会一般为15人，通过居民会议选举产生，由热心社区公益事业，具有公益精神，在社区有威望的社区志愿者担任。

的业务培训和指导，将这部分人逐步培养和发展成为社区自治的骨干、带头人。鼓励党代表、人大和政协委员、机关干部、医生、教师等参与社区的自治组织。街道可采取适当的激励方式，用以调动社区自治带头人的工作积极性和创造性。挖掘社区精英，挖掘具有较强公共意识和参与意识，拥有一定社会优势资源，能够对社区公共事务产生影响力的精英人群，并提供给他们参与社区公共事务的权利，用社区精英的行为引导社区居民公共意识的觉醒并关注公共利益，提升居民的社区责任感。

四是把学习型社区建设与进一步健全社区教育体系结合起来，完善社区教育机制，搭建社区教育平台，营造社区学习氛围。首先要完善以社区教育学校、市民学校中心校、文明市民学校中心校、文明市民学校分校为主体，其他教育培训机构积极参与的社区教育培训机制，搭建高等教育、职业技术教育、成人教育、民办教育与社区市民教育相融、互补、多元的社区教育内容体系，逐步形成终身学习、成果认证的社区教育运行机制，构建全程、全员、全面的终身教育体系。其次要加快社区教育平台建设，加强社区数字化教育网络建设，发展远程教育平台，为各类群体提供个性化和方便可及的教育服务。加强地区社区教育机构之间的合作，形成教育平台站群组合，推动社区教育工作。以社区教育学校、市民学校中心校为龙头阵地，发挥其教育功能辐射作用，纵向、横向并举开发地区社区教育资源，促进各种教育机构、科普教育基地与教育资源的合作，各类教育平台站群组合，推动辖区教育培训机构（含各级各类学校）、科普教育基地面向社区开放，形成社区教育的整体网络。最后要营造社区学习氛围。继续开展地区大讲堂等有意义的培训讲座，广泛传播中华民族优秀文化和科学技术知识，坚持并完善地区科技周、学习周、文化节等活动，进一步形成浓厚的学习氛围。创新和放大特色主题活动的载体功能，结合月坛特点开展春季科技主题教育、夏日社区文化广场、中秋赏月晚会、冬季“月文化”讲座等特色主题活动。设立社区学习项目基金，支持学有所长和学以致用者，建立学习激励制度。建设地区综合性学习网站以及与地区报纸相结合的学习资源沟通交流互动平台。通过政务网络、DV 电视、数字影院、报纸、杂志等教育宣传媒介和手段，地区的各类学习资源在共享中得以增值和聚变，从而形成积极的学习氛围，增进居民沟通意愿。

（二）以完善体系、夯实基础为中心继续深化“服务月坛”建设，构架首都基层国际一流的服务体系

继续深化“服务月坛”的建设，月坛街道要进一步聚焦服务中央办公区建设，强化高水平城市环境服务能力建设；进一步聚焦服务百姓生活，强化高品质社区服务能力建设。坚持政府主导、社会协同、公民参与，高质量构建公共环境服务体系、公共安全服务体系、社会服务体系和便民利民服务体系，全面提升地区服务治理能力。

1. 建设服务型街道，夯实“服务月坛”基础

一是加快转变政府职能，积极探索政府与社会合作提供社会服务的体制机制。按照政府保障基本公共服务、市场提供多样化选择的原则，明确街道办事处及部门下沉机构在公共服务提供方面的职责边界，创新社会服务提供方式，推进非基本公共服务市场化改革，形成政府主导、企事业单位和社会组织广泛参与的公共服务提供机制。进一步完善政府购买公共服务政策，建立街道能够转移给社会组织承接工作的目录清单，建立健全合作、委托、直接转移等形式购买服务实施细则，简化手续、规范程序。建立和完善区、街、社区三级资金支持体系，进一步完善社区公益金资助社会组织开展公益服务、政府购买社会组织服务等扶持政策，积极孵化、培育群众需要的公益类社会组织。积极推进财政预算、公共资源配置、重大建设项目、社会公益事业等信息的公开。强化社区民主监督功能，健全社区民主监督制度，加强对社区日常工作的监督，强化社区居民对街道、政府部门派驻社区工作人员和市政服务单位评议和监督。

二是创新优化街道治理结构，积极探索公共服务社会化、多元化。组建街道地区社会服务与城市管理委员会（简称地区管委会），统筹组织协调街道辖区社会服务与城市管理工作，统筹组织协调促进地区发展和跨部门协作重大事项，解决地区城市管理和社会服务管理问题。将街道相关职能科室、

群团组织、专业管理机构及驻街派出机构纳入地区管委会、社会工作党委工作运行体系，按照突出职能、整合资源、形成合力、运行高效的原则，综合设置关系顺畅、结构优化、效能提高的“大部门”工作机制，实现街道职能与机构相匹配，任务与人员相匹配，提高服务管理效率。

三是强化综合服务平台建设，提升服务质量。以公共服务大厅为枢纽，着力推进“区—街—居三级联动”行政服务体系建设，加强街道公共服务大厅建设，将与居民生活密切相关的公共服务和社会事务纳入其中，规范服务项目、优化办事流程，增强大厅公共服务承载力，实现“一站式”综合受理和跨区域协同办理。探索建立社会事务“一门受理、协同办理”综合受理机制，结合“大部制”改革，打破业务科室之间政策壁垒和各自为政的局面，总结提炼街道层面社会事务办理规律，梳理相关民生政策，充分利用市场、行政、社会服务资源提升街道服务群众水平。拓展服务功能，努力将社区服务站打造成为“业务精、服务优”的公共服务立体化平台。

四是加快培育社会组织。进一步强化街道办事处在地区性社会组织培育发展中的责任，加大资金支持、业务培训、监督管理等方面的支持力度，实现社会组织服务的全流程、不断链管理。进一步健全完善枢纽型社会组织工作体系，进一步建立分级分类的服务管理机制，推进枢纽型、一般型分级管理与分类扶持体系，按照自治类、服务类、协商类、协同类社会组织的不同需求，进行不同的服务扶持和政策支持。充分发挥枢纽型社会组织在社会管理创新方面的龙头带动作用，赋予枢纽型社会组织对本领域社会组织的服务、监督职能，并给予政策、资金、人才等方面的相应支持。建立第三方评估机制、建立群众监督机制、实施淘汰或退出机制，完善监管制度。营造社会组织发展的良好环境，加大对优秀社会组织的宣传力度，发挥行业协会的作用，扩大社会组织的行业影响力。指导社会组织健全各项制度，提升专业化水平，确保优质服务，促进公平竞争，提高社会自我协调和自我供给能力。

2. 建设服务型社区，提升社区服务能力

一是丰富社区协商自治机制和渠道。在建立“社区议事厅”的基础上，结合不同社区特点，探索采用社区议事协商会、社区听证会、居民理事会和网格议事会等形式，充分发挥各类社区自治主体的作用。充分利用数字月坛的信息化建设优势，建立快速畅通的信息报送机制，提高社区的矛盾化解效率。定期召开自治会全体会议与不定期的各方协调会，及时研究自治议题及协调解决问题，形成共治共享的议事协调机制，率先探索建立社区自治与行政管理有效衔接和良性互动的沟通渠道。

二是探索健全完善社区代表会议及其常务委员会制度。社区代表会议是调动地区各方参与社区建设、协商共治地区事务、推进民主决策和民主监督的基本制度。要规范社区代表会议相关工作机制，健全完善社区代表产生办法、会议章程、议事规则等相关制度，切实保障社区代表履行民主协商、民主管理和民主监督职责。建立社区代表会议常务委员会制度。社区代表会议常务委员会作为社区代表会议常设机构，对地区社区代表会议负责，主要职责是组织召开地区社区代表会议；在社区代表大会闭会期间，研究讨论本街道重大事项，并向街道工委提出意见建议；监督评议街道办事处、区职能部门派出机构日常工作并代表居民对履职情况进行质询。

三是积极引导和动员居民群众参与社会服务治理。进一步推进社会单位资源开放共享，积极开发和利用辖区社会单位（包括机关、企业、事业单位）资源服务居民群众，持续开展社会单位、社会资源共建共享工作，通过建立健全资源开放共享单位激励机制、规避公共安全风险机制、保障共建单位权益机制等，社会单位和社会资源共建共享工作可持续长效开展，居民群众能更大限度地享受社会服务。充分发挥社区自治组织作用，积极引导、组织、动员群众通过邻里互助服务、楼门互助服务、特殊人群互助服务等形式自我治理、自我监督、自我教育、自我服务。

四是促进地区共建共享。积极创建双拥特色工作，以服务双拥为抓手，建立爱心服务队，做好为驻区部队、共建结对部队的服务工作，组织部队官兵为社区群众提供生活服务，实现服务双拥工作的双向互动。发挥地区资源优势，邀请驻区国家部委有关领导走入社区，发挥专长，形成“部长进社区”等系列地区共建品牌活动。积极协调资源，鼓励地区内政府机关、企事业单位结合自身的业务领域与专长，为居民提供各种形式的服务。探索与驻区单位资源整合的新途径，进一步与驻区单位合作，尽可能地使国家部委的服务设施服务于社区居民。探索建立补偿机制，给予提供服务资源的驻区单位一定形式的补偿，形成良性互利的合作关系。

3. 完善网格化城市环境服务治理体系

一是完善网格化城市管理体制。依托街道网格化管理信息平台，构建城市网格精细化管理工作模式，实施“一格三员”的网格治理模式①，实行以“统筹、发现、预警、分流”四个机制为主体的网格管理规范运作，制定网格管理考核奖惩办法。按照“缩小管理范围，增加管理内容，提高管理效率”的思路，紧紧围绕“垃圾、卫生、排污、占道、非法小广告、户外广告、美化、亮化、绿化、施工围栏、渣土、油烟噪音扰民、市政设施管理”等方面的问题，以网格为单元继续精细化管理。

二是推进社会化城市治理作业体系建设。强化政府在促进社会参与中的责任；强化社会单位及相关社会主体城市环境管理责任，落实行业协会、社会单位和经营者参与城市管理的责任制；借鉴商户自律自管组织的经验，创新政府引导、社会单位自律自管的城市管理责任区的管理模式；探索社会单位“门前三包”巡查机制，扩大“门前三包”的责任范围，深化责任内容，将环境责任区制度向环境问题监督、城市防灾减灾社会动员等领域拓展；积极推进城市管理市场化进程，在社区垃圾分类、环境维护等领域探索专项作业和综合作业社会化，推动政府和企业出资、专业队伍实施作业的“门前三包”等项目的社会化运作；整合属地社会单位资源，扩大社会单位公厕、停车设施、文体设施等资源向社会开放的范围和程度。

三是建立和完善城市治理社会宣传动员机制。建立完善城市治理项目社会征集制度；利用电视、广播、网络平台、广告牌等载体，传递有关城市环境秩序的共同价值观；通过多种类活动，增强政府与社会之间以及不同主体之间的沟通与互动；通过多种沟通手段提高政策的代表性和支持

① “一格三员”的网格治理模式指将社区划分为若干网格，每个网格均配备管理员、协管员和督导员，在网格管理中分别履行指挥、执行、监督职责。

度，形成环境秩序治理的社会氛围，提高市民对环境问题治理的认同度。构建城市管理领域志愿者组织体系。依托文明城区建设形成的共驻共建共享的基础，以社会组织建设为核心，建立和完善包括各类志愿者的社会参与的组织体制；提高城市治理志愿服务水平，按照环境建设项目化管理要求，指导城市管理志愿者组织开展“群众有需要、自己办得到”的城市管理服务活动；搭建城市管理服务信息发布平台，不断完善服务需求项目库建设；加大志愿服务者培训，完善志愿服务管理制度。建立城市管理社会参与的激励机制。

4. 建立全方位公共安全服务体系

一是按照国际安全社区标准构建“平安月坛”工作体系。加强社区安全问题综合治理，注重部门沟通协作，形成“持续推进、多方参与、跨界联合、优势互补”的齐抓共管工作机制。以综治维稳中心为核心，以中心各成员组工作职责为半径，整合行政、社会和公众资源，强化基层基础安全生产管理，完善社会治安防控体系和社会稳定风险评估机制，建立群防群治、人民调解疏导、特殊人群帮教等多支社会化队伍，发挥社会舆论监督和社会组织的作用，搭建社区安全预防与应急处置快速响应平台，实现条块结合、安全发展的社会管理创新格局。完善事故伤害监测和数据统计分析体系。做好事故数据和居民伤害信息的年度统计分析和阶段对比利用。在社区楼门院、综治维稳中心监控室、学校幼儿园增设不同人群伤害监测点，多渠道采集伤害数据及具体场所部位的影像资料，注重伤害监测数据的筛选分析，为明确项目目标干预人群、项目实施进程、环境设施改善情况以及目标人群的知、信、行等提供数据支撑。深化安全社区自查评估工作体系。深化安全社区自查评估工作，结合“平安西城”建设考核标准及评分细则，完善月坛安全社区项目自查评估指标体系，确立八项评估指标①、十项考核内

① 八项评估指标指是否按项目方案进行，干预措施是否涉及目标人群，目标人群在活动中所占的比例，目标人群是否接受干预措施（参与率），目标人群满意度如何，各项监测记录是否完整系统，干预措施存在的问题和原因，项目实施后的伤害发生率、环境变化和目标人群的知、信、行情况。

容，形成具有月坛街道特色的评审制度及持续改进方法。

二是加强先进技术手段对安防工作的支撑。进一步发挥楼门院长信息传递系统、月坛街道隐患排查记录预警分析系统等信息技术手段的作用，加强“监控录像的智能分析”“基于多网络媒介的信息快速传递”等多渠道信息资源的有效管理和利用，加快月坛街道三维数字地理信息指挥应用平台开发，将月坛街道建设成为国际安全社区的典范。

三是加强安全防范宣传教育。充分利用《人文月坛》社区周报、电子显示屏、月坛网站等信息传播载体推广月坛地区“五分钟平安圈”① 理念，面向“大街、次干路、社区”进行全方位的安全教育与宣传。充分发挥报亭、鞋摊等街道服务网点的地理空间优势，多点布局应急亲情提示与紧急联系电话，增强居民的安全防范与处理意识。以组织开展各项活动为载体，加强居民公共安全知识的普及。面向社区、学校（幼儿园）和专业部门开展应急知识教学和技能培训，培养居民、学生，特别是流动人口的安全意识和应急自救互救能力。

5. 构建高水平社会服务体系

一是完善为老服务体系。建立“社区乐老园”，在认真落实“九养”政策基础上，推进“居家养老 + 社区照料 + 机构养老”的多元化养老体系。依托专业养老机构和行业组织，建立一支专业的社区养老家政员、护理员队伍，推进养老家政市场化。深化 111626 工程②，以多主体参与的市场运作方式，设计和策划精神健康服务，打造具有月坛特色的文化养老体系，创建多个“老龄生活”的服务品牌。坚持室内活动与室外活动相结合、自身活

① 五分钟平安圈是月坛街道推进地区安全稳定发展工作的重要体现，指通过完善社区公共安全设施，建立应急避难场所，通过加强信息化手段配置与扩大安全管理人员规模等多种举措，月坛居民或位于月坛地区的行人，能够在不安全事故发生后五分钟内步行找到协助单位及人员，同时执法部门能够在接到通知后五分钟内赶到事发现场，或地震灾害发生后，五分钟之内达到应急避难场所。

② 111626 工程指搭建以 1 会（老年联席会）、1 线（心理咨询热线）、1 苑（舒心苑）、6 乐吧（打造 6 个快乐基地，即健康乐吧、生活乐吧、书香乐吧、文化乐吧、爱心乐吧、e 乐吧）、26 站（26 个社区常青话屋）为主体的精神文化养老架构。

动与社会活动相结合、经常性活动与大型活动相结合的原则，积极组织以老年人兴趣为核心的、适合老年人特点的室内和户外活动。

二是完善残疾人服务体系。完善社区残疾人温馨家园的硬件设施改造，争取全部成为北京市示范型温馨家园。对有需求的肢体残疾人家庭进行无障碍改造，扩大“无障碍进家庭改造”的覆盖率，五年内达到80%。创新精神残疾人常态康复模式，建立精神病康复者中途宿舍①，为精神病康复者提供个性化康复指导，模拟家居、社区和工作的环境训练。完善社区精神咨询服务运行机制，引进计算机精神康复治疗系统，搭建网络精神咨询渠道。

三是完善流动人口服务体系。严格按照《北京市房屋租赁管理若干规定》等法律法规实施出租房屋管理，建立健全基础调查工作的长效机制，准确掌握西城区内居住流动人口和出租房屋的基本情况以及在西城区工作的流动人口的基本情况，并进一步加强流动人口劳动权益保护，切实配合相关部门解决好教育、医疗、就业、子女入学等民生问题。完善流动人口管理队伍体系建设，提高管理队伍的业务水平，实现管理与服务并重。以楼门院长、社区单位负责人、物业公司负责人等为触角，构建社区流动人口管理与服务网络。积极创造多种交流与活动平台，增进流动人口的属地归属感，将地区流动人口纳入月坛地区安全、文化、社会建设等领域体系中。

四是完善司法服务体系。构建社会矛盾多元化调解体系，建立街道人民调解指导委员会，进一步深化人民调解、行政调解和司法调解有效衔接的工作机制；加强街道人民调解委员会建设，建设一个人民调解委员会示范点。认真做好“六五”普法工作。不断推进社区公益法律服务，开展“法之月坛”进社区活动。强化对矫正对象、帮教对象的教育和管控。发展壮大普法宣传队伍，拓展法制宣传教育工作渠道。继续开展“流动人口大课堂”系列讲座，不断创新流动人口法制宣传教育形式。完善重点人群专项法律服务平台，为地区残疾人等重点人群提供法律咨询、援助等服务。

五是建立综合计生服务体系。构建覆盖生命全程的计生服务体系，全方

① 中途宿舍是指精神病人走出精神病院回归正常社会的一个中转站。

位推进“1+8+X”[①] 品牌工程。完善硬件环境建设，搭建“人口学校”平台，为各种主题活动提供场所支撑。完善计生信息管理系统，基于服务不同人群、不同生命周期，建设具有针对性与指向性的专业信息管理与服务。推进人口计生工作重心下移，完善社区计生管理体系建设。对户在人不在人员提供电子远程服务，对人在户不在人员推行属地化管理，逐步实现“户籍人口+就业人口”的在地人口服务模式。深化商务楼宇人口计生公共服务体系建设。结合街道中央机关集中的地域特点，以药具进机关为突破，拓宽单位人口服务项目。

六是建立综合就业服务体系。打造智能化就业服务体系，不断完善就业服务硬件建设，依托网上政务办理平台开通业务进度查询服务平台。深入开展充分就业社区建设，创建充分就业街道，建立社区工作站终端网络服务，形成“区—街—站三级联动”的劳动力市场管理和服务体系，不断提高公共就业服务效能。打造畅通的就业绿色通道，发挥地区就业领导小组作用，整合地区资源，动员社会力量积极参与，成立促进就业协会，开发出7000个适合本地区失业人员就业的岗位。拓展地区技能培训实习基地，搭建失业人员专业技能实习平台，创建以西城培训学校为主导，以月坛市民学校、地区技能学校为补充的培训模式，实现培训—实习—就业的良性循环工作模式。

七是完善社会救助保障体系。转变现有救助、募捐模式，依托成立慈善协会分会的契机，建立专业团队运作、会员单位协作、志愿者参与实施的社会化模式，制定救助金分类标准，完善救助、募捐的监督评估与应急处理机制。强化刑释解教安置工作，动员和协同社会各界大力开展帮困解难活动，积极为刑释解教人员建立回归安置基地，进一步畅通生活补贴和困难救济申领渠道，为刑释解教人员解决就业、生活等实际困难。建设保障部门一体化业务数据中心和综合决策、查询平台，实现多部门信息共享，防止重复救助

---

① “1+8+X”是指以一条覆盖生命全程的公共服务链为核心，以八个家庭生命时期为重点，以多项具体工作为抓手的品牌工程。八个家庭生命时期分别是：幼儿期、儿童期、青春期、新婚期、孕期、孕产期、更年期、老年期。

现象发生。

八是完善便民利民服务体系。建立多层次、普惠性、全参与、一体化的综合便民服务平台，成立地区服务联盟，形成政府、社区组织、服务商、驻区单位、志愿者多方参与的服务模式，打造集信息发布、预订、配送、智能结算于一体的生活服务体系，创新居民对服务的监督机制，切实为居民提供高质、高效、实惠的生活服务。完善生活性服务业发展政策，支持社会力量和民间资本参与社会服务。积极扶持社会企业发展，鼓励社会企业和社会组织发展社会服务业。拓展社会服务业发展领域，加大政府扶持和支持力度，不断提高服务质量。围绕居民服务需求，整合社区服务项目，规范服务标准，提高供给能力和服务质量。鼓励和扶持发展家政等社会服务业，促进生活性服务业加快发展。

（三）以创新模式、提高效率为中心继续深化“数字月坛”建设，构架大数据背景下“智慧社区”的技术支撑体系

积极推动智慧社区建设，以构建数字服务平台、智能服务平台和政务服务平台为核心，进一步强化地区治理的技术支撑体系建设，为市民提供一站式、互动式以及零距离的智慧政务、智能健康、智能家居服务，为老人提供救助、定位、精神慰藉、餐饮、老年关怀等贴身养老现代化服务。

1. 构建以“人”为中心的数字服务平台

构建便民服务网络。以居民便利为前提，构建集信息通畅、服务便利、智能消费于一体的月坛地区便民服务网，实现信息发布、服务预订、配送服务等功能，突出服务信息的同步、自动更新，建立公众参与的便民信息发布机制，保障信息的时效性、准确性，搭建起全参与、高质量和高效率的全民服务网络。构建基于移动互联网技术的便民服务网，提供基于地理信息定位的网点搜索服务。拓展数字便民卡的功能，增加智能结算等服务，实现虚拟服务与现实消费的深度结合。

构建虚拟社区学习环境。以尊重社区居民的个性发展和需要为前提，构建具有教育性、自主性、开放性、前沿性特点的虚拟社区学习环境。面向地

区所有成员，提供针对不同兴趣、目的和需求的学习资源及平台，使之能够浏览各种类型的课件，或者通过音频和视频交互系统与其他成员进行一些远程的互动、讨论，并为成员提供开发创造学习资源及分享资源的平台，使成员在共享性的学习活动中共同建构知识。

构建虚拟社区关系。基于网络和移动终端，开通社区微博、社区QQ群、社区论坛、网上跳蚤市场、博客、播客、贴吧等热门的网络交流渠道，使居民可以随时随地通过网络形成基于兴趣爱好的新型社区关系，可随时随地参与社区建设及社区活动，并在虚拟的社区交往中使社区关系从“网上”到“网下”，由“虚拟”到“现实”，实现虚拟社区关系网络与现实社区关系网络互相映射衔接。

2. 构建基于物联技术的智能服务平台

开发物联配送服务。基于三维地理信息系统，构建可视化物联配送服务体系，依托移动终端整合购物与食品安全监控，居民在家里借助计算机或手机等终端，就能订购蔬菜、水果等生活必需品。加强配送过程的信息化管理，实现对配送队伍的实时监控，使居民能够跟踪从田间到家中的整个配送过程。

开发智能助老助残及安保服务。为试点社区老人及残疾人配备智能监测预警便携终端，实时远程监测其坐、卧、站、走、摔等状态，实现对老人及残疾人健康安全的及时发现与救治。为行动不便的老人及残疾人配备智能控制器，实时远程控制各种家电设备，营造便捷、舒适的家庭环境。利用视线追踪等先进物联技术，提供多种生活信息服务、智能文娱服务，实现残障人士与计算机进行交流学习、娱乐的目标。面向空巢老人试点应用居民家庭智能安防系统，依托物联网技术提升防盗、防火、防灾监控水平。

3. 构建基于业务处置的政务服务平台

构建基础信息共享平台。基于三维地理信息系统构建地区人、地、物、事四类基础信息数据库，实现基础数据动态更新，提升各业务科室的数据综合分析水平。建立流动人口、空巢老人、孕产妇女、“两劳人员”等特定人群的追踪服务系统，形成满足各级需要的专业数据库，提供有效管理和针对性服务，加强各部门信息资源的共享利用。

构建网格化管理信息平台。建设综合性、集成性、共享性的街道网格管理信息平台，由综治维稳中心牵头，各部门协同，推进楼门院长信息传递系统、无线传输系统等多项技术网络与地区志愿者、楼门院长等多重人员的网络协作，实现街道及社区管理问题的早发现、早报告、早预警、早处置。

构建智囊二库系统。形成以解决方案库为核心，以科技成果应用库与专家人才资源库为重要支撑的街道智囊支撑体系。针对居民反映的突出问题和地区亟待解决的历史性问题，在既有解决方案基础上融合先进科技成果和专家智慧，集成具有针对性的解决方案，创新社会管理工作方式。

加强网络信息安全监管。加大网络安全资金投入，针对自身的网络建立安全防御体系，加强对网络中心和机关办公终端等网络设备的安全监管，制定相关网络设备安全管理制度。完善信息安全基础设施建设，建立信息安全等级保护、风险评估制度，进一步完善信息安全管理审核机制。重视人员信息化素质的培养，依托专业机构对街道业务人员进行系统培训指导，促进人员网络素养水平与先进的硬件环境协调一致。

（四）以凝聚共识、提升价值为中心继续深化“人文月坛”建设，构架与中央办公区功能相符的公共文化体系

培育特色的月坛地域文化，打造若干文化品牌，发挥地区软实力。总结提炼社区居民的共同价值取向，建立共同的生活理想和信念，打造社区家园文化。实现地域文化和社区家园文化双向驱动，奠定月坛街道精神文明基础，推动地区和谐发展（见图2）。

1. 培育特色地域文化，建设月坛文化共同体

深入挖掘月文化。挖掘、完善历史及民间各种祭月、颂月的月文化项目，创新各种文艺形式，举办祭月文化活动，打造月文化品牌；定期举办地区单位“红歌会”、“我的社区我的家”社区夏日文化广场、社区文体擂台赛、地区单位“和谐杯”文艺会演等固定品牌文体活动，不断丰富活动内容，创新活动形式，固化月文化品牌；明确月坛街道“月文化之源”的历

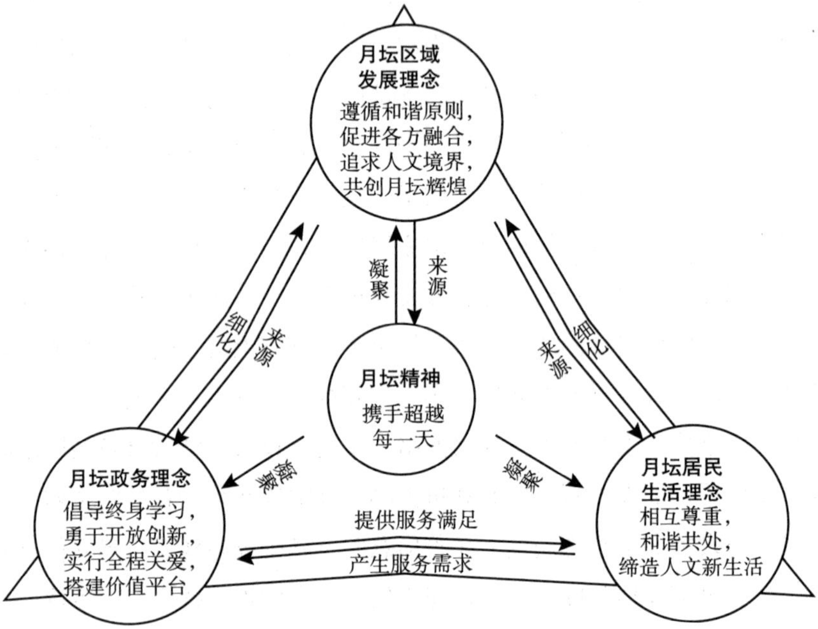

图2　月坛理念关系

资料来源：千龙网。

史定位，搜集各种有关“月”的名胜古迹文化资料，以文字、图片、视频等形式，通过制作标识、举办展览、组织交流会等方式，宣传月文化品牌。

培育新社区精神。加强公民意识和市民素质的培养。进一步深化和推进“四型月坛”发展目标。培育月坛地域文化，总结提炼社区居民的共同价值取向，建立共同的生活理想和信念。实现地域文化和社区家园文化双向驱动，奠定月坛街道精神文明基础，推动地区和谐发展。搭建社区学习服务平台和社区数字化教育平台，大力加强居民，尤其是外来流动人员相关法律法规、文明行为规范、社区文化和社区公约的教育。提升居民素质，保障外来人口更好地融入本地区。增进居民之间的和谐人际关系，推动“诚信友善、睦邻互助”社区人文精神的形成。

重塑历史文化。挖掘、弘扬区域历史文化，面向国际国内游客开展多种多样的月坛形象宣传活动，提升月坛地区凝聚力。聘请专业机构，采取翻阅史料、走访人群等形式挖掘历史；落实文化专项工作，邀请史学专家论证月坛地区历史。制作月坛街巷故事文集、“四型月坛”台历等文化制品和宣传片、动画等多媒体作品，借助网络、展览、社区橱窗、报纸、标识牌等方式促使辖区居民、职工了解所在街巷的历史。发展蓟丘文化，与区文委和园林局等有关部门联合在“碧溪公园”的基础上，打造白云蓟丘文化公园。

追溯行政文化。统筹、梳理月坛辖区及周边以“四部一会”[①] 为代表的行政机关文化资源，搜集整理文字、照片、视频等资料，围绕主题，组织展览、书籍出版等活动，固化其文化底蕴；统筹月坛辖区及周边共和国行政历史资源，开发“共和国行政之旅”“红色之旅”的旅游路线。

培育法治文化。加强基层法治文化建设，首先，要在机关内加强法治宣传教育，定时间、定对象、定内容地开展学法教育活动，侧重行政规范、行政诉讼、行政复议以及涉及广大群众社会生活常见的遗产、婚姻等方面问题，通过组织完备的学习活动，有效地增强街道行政人员的法律意识与法律知识水平。在全社会树立“法治信仰”，尊重法律权威，坚守公平正义，确立以法治为基础的生产、生活方式。健全普法宣传教育机制，将法治宣传教育普遍化、制度化和常规化。增强人们学法、遵法、守法、用法的意识，使法律成为全体公民必须遵守的行为规范和维护权利的有力武器。此外，进一步加强公民的道德建设，以道德滋养法治精神，增强法治的道德底蕴，将道德建设作为法治文化培育的有力支撑。

2. 培育社区家园文化，首先以文树德、以文化人

弘扬中华美德。积极开展中华美德教育“进机关、进学校、进社区”活动，举办国学教育系列讲座，设置美德教育温馨提示、公益广告牌及图文雕塑等，营造中华美德教育的浓厚氛围。分专题、分类别、分层次开展多种形式的美德主题教育实践，组织敬老、助困、感恩等活动。树立一批弘扬美德先进典型，继续开展“金辉老人”的评选表彰工作，推进《穿过幸福时差》等书籍的编辑、发行工作，每年评选表彰一批“和谐家庭”“十佳婆

① 四部一会指第一机械工业部、第二机械工业部、重工业部、财政部和国家计划委员会。

媳”“爱岗敬业模范”等典型，为居民树立美德榜样。

构建睦邻文化。提供硬件支持，充分利用社区现有空间，开拓有利于居民沟通交流的场所。开发“社区网络论坛”等社区网上活动空间，创建虚拟睦邻交流平台。打造“家庭卡拉OK”“社区驴友”等多样性的社区文化活动平台，吸引更多年轻人参加社区活动。搭建“月坛邻居节”“邻居日”等多种邻里文化平台，形成邻里相识、相知、相助、相亲的社会新风尚。

打造社区特色文化。给予资金支持，鼓励各社区自主创造特色品牌活动，努力实现26个社区都打响自主的社区文化品牌的目标。通过创立社区共同愿景、设计制作社区标识、形成社区文化宣传口号、安装社区宣传文化灯箱和标语牌等多种形式宣传社区的品牌文化。推动各社区多年来倾心培育的民族团结文化、双拥文化、廉政文化等社区文化不断向“人无我有、人有我优、人优我特”的方向发展。

3.加强地区文化品牌塑造，提升月坛文化影响力

制作宣传文化产品。进一步做好《人文月坛》社区周报的编辑和发行工作，增强报纸内容的可读性，增强报纸与读者的互动性，增加报纸的受众群体，拓展发行对象，推广电子报。持续推进宣传印刷品的制作和文艺节目的创作。针对特定的主题编辑、出版印刷品，每年制作以“四型月坛”为主题的台历，每两年编辑制作月坛专题宣传画册；围绕“说月坛、赞月坛”的主题，创作多种曲艺形式的文艺作品。加大多媒体宣传作品的制作力度，增强科技宣传力量。每年针对街道中心工作和其他重点工作确定一个专题，拍摄视频宣传片；融合月坛人文和科普常识，制作月坛人文科普动画。依托“月坛网”平台，创建月坛的数字人文窗口，建立宣传互动渠道，对各种宣传作品进行宣传、评价和改进，进而保障月坛人文作品的品质。

建设活动平台。积极拓展各方资源，协调企业与专业艺术团体，为社区居民提供接触曲艺、工艺美术等传统文化的便捷平台。深入挖掘社区潜力，打造“社区剧场”等居民文化生活载体，支持和鼓励各种形式的社区自发的文化体育活动。整合地下空间资源，在每个社区均建立不

小于50平方米的活动室，在有条件的社区，开辟500平方米左右的室外活动场所。

构建宣传媒资库。建立月坛宣传资源库，将每年街道中心工作及其他重点工作的文字、图片和视频资源集中整理，采取科学的工作模式将其分类、归档、管理，完成资源库的基础性建设，实现媒资数据库资源共享的最初要求。在街道范围内开展培训和推广，采取鼓励机制，调动大家使用、上传和充实媒资数据库的积极性，实现网络数据共享在人力方面的保障。适当将数据库部分内容向社区及互联网用户开放，实现媒资数据库共享应用的最大化。

参考文献

月坛街道办事处：2013年、2014年的《月坛街道工委、办事处工作总结》。

月坛街道办事处：《月坛街道“十二五”发展规划（2011～2015年）》。

邹静琴：《从管理到治理：行政管理与社区自治有效衔接的路径选择及运行机制研究》，基层政权和社区建设司，2008年10月13日。

吴强、周玲：《我国和谐社区建设的实践与改进》，民政部政策研究中心，2008年1月10日。

陈建新、李文彬、吴克昌：《论加强我国城市社区建设与管理的对策》，《华南理工大学学报》（社会科学版）2008年第1期。

数据报告

Data Reports

B.2
月坛街道基于工作人口的地区公共服务问卷调查报告

摘　要：　月坛街道作为中央政务办公集中区域，承载着为中央党政军领导机关服务的重要任务，做好驻区单位的服务工作是落实首都“四个服务”的重要体现，这就要求月坛街道需要进一步优化公共服务设施和相关配套服务，从人文化、科学化的角度出发，真实了解月坛街道公共服务现状、趋势及诉求。因此，面向月坛街道的驻区单位工作人口开展公共服务需求的问卷调查，并在问卷数据统计结果分析的基础上形成本报告。

关键词：　月坛街道　公共服务　工作人口　需求满意度

本报告所涉及的调查对象是随机抽取的北京市西城区月坛街道驻区单位的工作人口。共发放问卷520份，回收479份，其中有效问卷442份，有效回收率为85.0%。通过对反馈问卷的数据统计分析做横向对比、纵向对比及频数分析等，了解月坛街道工作人口对街道公共服务的认知及满意程度等，为整体提升月坛街道公共服务体系做好数据支撑，并提出合理的意见建议。

一　调查样本情况

1. 调查问卷样本描述

调查对象中，男女比例约为0.8∶1。年龄在26～35岁和36～45岁所占比重最大，分别占到总调研人数的26.9%和26.3%。职业分布情况中，公司白领占15.7%，机关事业单位职工及公务员占总样本的39.3%，选填其他的占45.0%。这些随机调查的对象以北京户籍为主，本市（非本区）户籍占55.2%；27.0%的人是本区户籍。受访者教育程度为大专或本科的人所占比例最高，为62.7%。家庭组成结构方面，52.3%的家庭是三口之家，所占比例最高。从家庭收入上看，13户家庭人均收入低于1560元，占调查居民总数的3%，家庭人均月收入在1560～5000元的被调查居民数量最多，比例为59.3%（见表1）。

表1　调查样本基本情况统计

单位：人

性别	男			女		
	191			240		
年龄	25岁以下	26～35岁	36～45岁	46～55岁	56～65岁	65岁以上
	31	118	115	97	45	32
户籍	本市(非本区)户籍	本区户籍	居住证	暂住证	居住半年以上但未办理居住证	外籍
	245	120	2	68	7	2
职业	公司白领	机关事业单位职工	公务员	其他	—	—
	67	146	22	192	—	—

续表

学历	硕士及以上	大专或本科	高中或中专以下	—	—	—
	41	254	110	—	—	—
家庭人数	四口人以上	四口人	三口人	二口人	一口人	—
	49	73	214	51	22	—
家庭人均月收入	1560 元以下	1560 ~ 3400（不含）元	3400 ~ 5000（不含）元	5000 ~ 10000（不含）元	10000 ~ 20000（不含）元	20000 元以上
	13	134	119	107	47	7
本社区工作时间	三年以上		一年到三年		一年以下	
	285		91		33	

注：回收问卷中，全部题目漏答率在 15% 及以下，判定为有效问卷。由于题目漏答，表中对各属性的汇总统计数存在不一致并且小于有效问卷的情况，下同。

2. 调查样本的特征

从调查样本情况看街道工作人口特征，根据上述统计结果可以看出，月坛地区工作人口的主要特征为：一是职业分布在机关事业单位比例较高，二是学历高，三是收入水平较高，四是多为北京户籍。这些特征跟月坛街道辖区聚集大量央属和市属机关事业单位这一特点有密切关系。

二 街道社区服务机构认知度

1. 街道办事处认知度：74.2%的人表示“知道”

对于月坛街道办事处，被调查者认知度还比较高，74.2% 的受访者表示“知道”办事处地址，17.6% 的受访者表示“知道大体位置，但没去过”，只有 8% 的受访者表示“不知道”（见图 1）。

2. 社区居委会认知度：86.5%的人表示“知道办公地点”

被调查者对社区居委会的认知度要高于街道办事处，这和居委会更贴近群众的日常生活不无关系。表示“知道办公地点”的受访者人数达 86.5%。但是对于居委会更加详细的内容了解情况则有所下降，其中，表示“了解服务项目”的受访者人数为 50.2%，表示“知道领导姓名”的受访者为 49.1%，表示“参加过活动”的受访者人数为 42.9%（见图 2）。

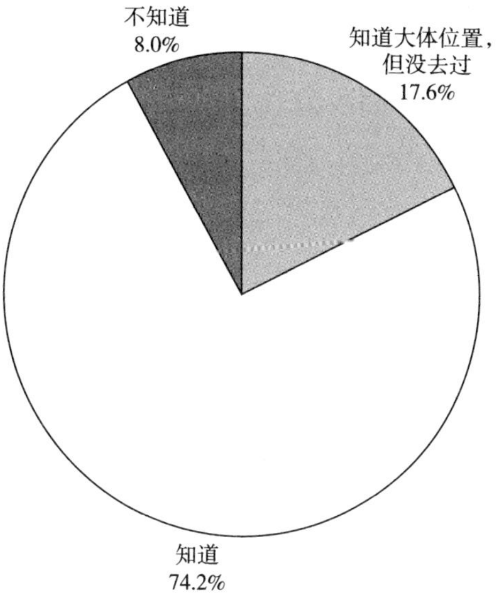

图1　月坛街道办事处认知度

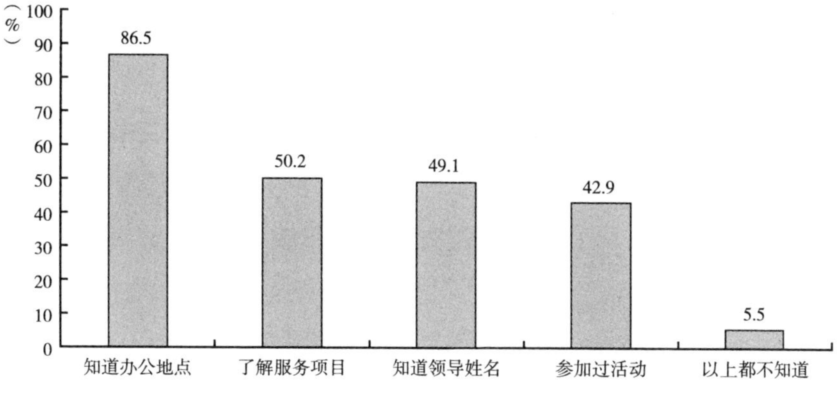

图2　月坛街道社区居委会认知度

3. 社区认同度：76.5%的人表示会以社区为荣

通过调查发现，月坛街道工作人口对社区归属感和认同度较高。调查问卷以“您会以您单位所在的这个社区为荣并经常向朋友或亲人提起和夸耀吗?”这一问题来了解被访者对于社区认同度。结果显示 27.5% 的受访者表示“会”，49%的受访者表示“有时候会”，23.5%的受访者表示“不会”（见图3）。

由以上数据统计可以看出，在月坛街道辖区工作的人口对街道和社区服务机构的认知度和归属感较高。这和月坛街道一直以来围绕服务驻区单位在工作体制机制方面做了不少探索和努力有密切关系。月坛地区作为中央政务办公区，为了做好“四个服务”工作，使街道、社区和驻区单位之间信息沟通更加畅通，需求对接更加密切，月坛街道专门组建了发展服务办公室，由发展服务办公室专门负责与驻区单位沟通、服务驻区单位，使得地区发展的动态情况和服务信息能够更快捷地传递到驻区单位。

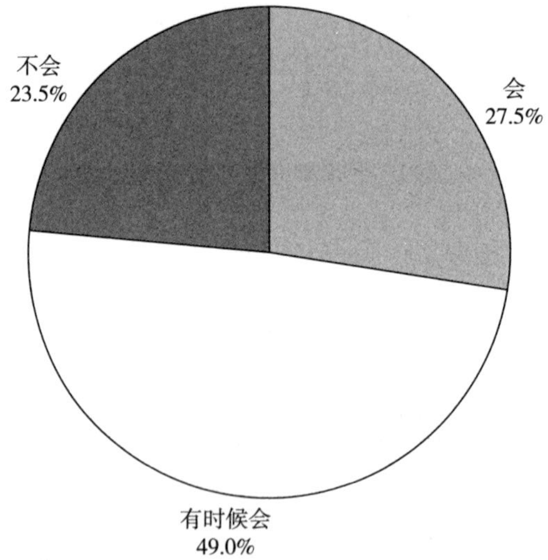

图3　月坛街道社区认同度

三　社区服务参与度

1. 社区服务项目参与度：法律服务参与度最高

社区服务项目参与度是衡量社区服务项目水平的重要方面之一。调查显示，对于社区服务项目参与度，参与“法律服务”的受访者人数占

34.9%，所占比例最高，参与“棋牌娱乐”的受访者达23.1%，参与“图书阅览”的受访者达20%。除此之外的服务项目的参与度均不足20%，另一个需要注意的是，表示“都未参与”的受访者人数达32.7%（见图4），由此可见，社区服务项目的提供者与驻区单位工作人口之间的接触仍有可提升空间。

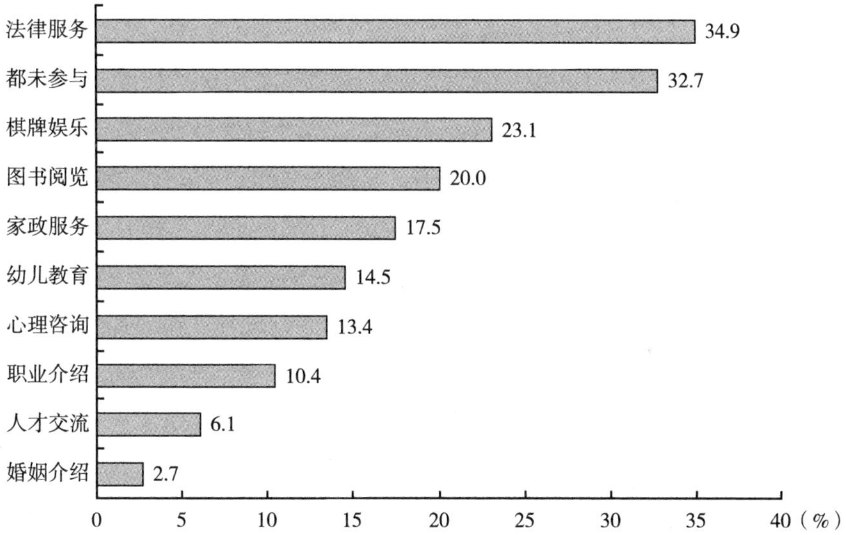

图4　月坛街道社区服务项目参与度

2. 社区文体活动参与度：72.6%的人曾参与

对于月坛街道社区文体活动参与度，26.9%的受访者表示“经常参加”，45.7%的受访者表示“偶尔参加”，27.4%的受访者表示“从来没有参加”（见图5）。

3. 社区公益事业参与度：治安、助老助残、公益培训居前三位

对于社区公益事业参与度，参与“治安”的受访者人数占36.5%，所占比例最高，参与“公益培训”和“助老助残”比例相当，受访者人数分别达31.5%和31.3%（见图6）。驻区单位本应成为社会公益事业的重要参与方。

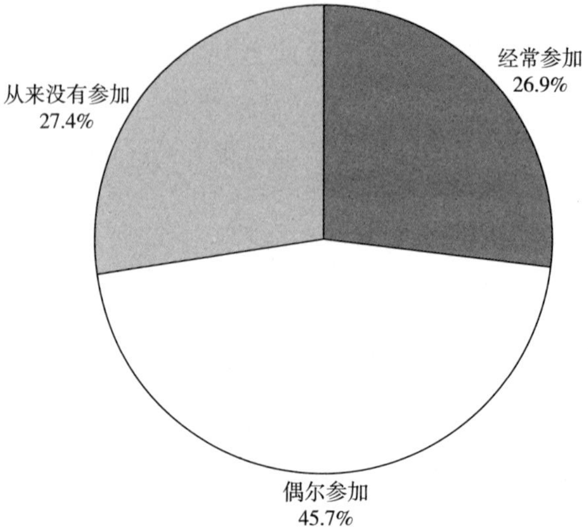

图 5　月坛街道社区文体活动参与度

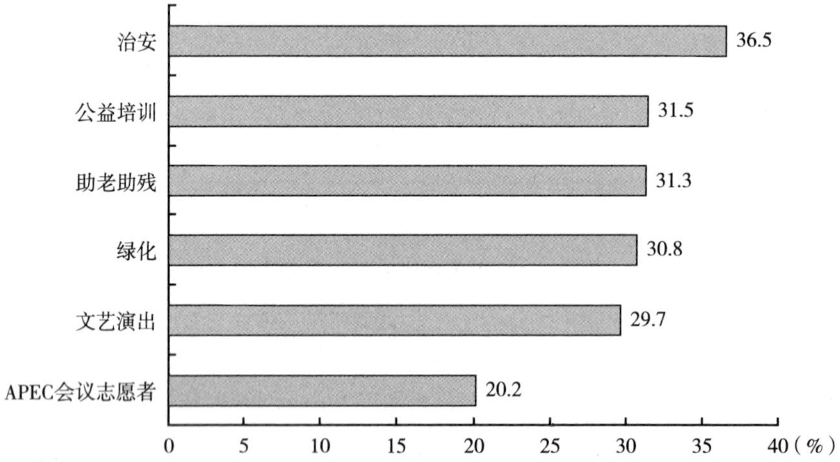

图 6　月坛街道社区公益事业参与度

四　地区生活便利度

1. 停车资源情况：27.0%的人认为停车条件很不好，影响工作

停车问题是月坛街道的一个难题。对停车资源的调查结果显示，只有

13.7%的受访者表示“很好，没有影响工作”，而有27.0%的受访者表示“很不好，严重影响工作”（见图7）。

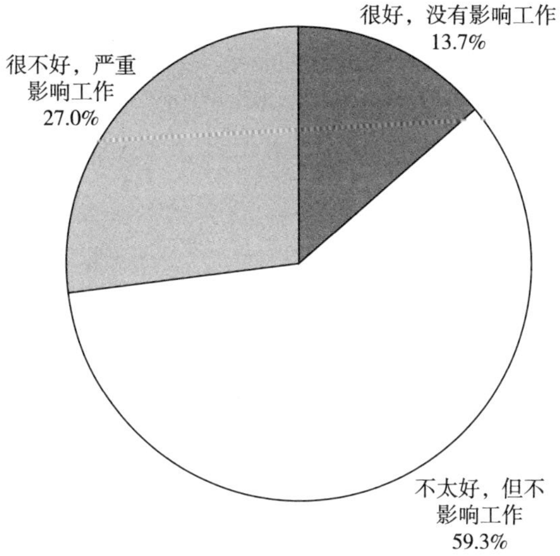

图7　月坛街道的周围停车条件

2. 交通便利度：51.6%的人在换乘交通工具后步行到单位时间不超过10分钟

总体来看，西城区作为北京市城市中心区，地铁、公交等公共交通系统发达，应该成为驻区单位通勤的首要选择。调查问卷对“最后一公里”换乘情况做了了解，各调查选项分布较为均衡。其中，23.4%的受访者可以在步行“5分钟以下”到达，只有23.8%的受访者表示需要步行“15分钟以上”才能到达单位（见图8）。

3. 早餐便利度：49.6%的受访者能较方便找到正规早餐点

调查显示，对于月坛街道早餐便利度，49.6%的受访者表示“稍有不便，多走几步能找到”，30.8%的受访者表示“有流动的摊点，卫生难以保障”，10.1%的受访者表示“很不方便”，另外9.5%的受访者认为“基本没有”相对正规的早餐点（见图9）。

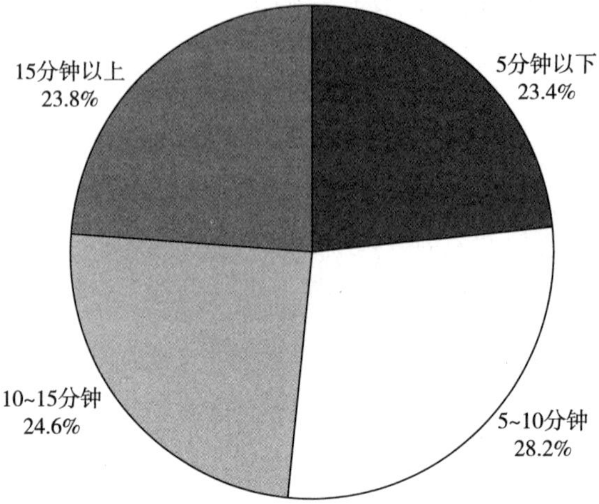

图8　月坛街道的交通便利度

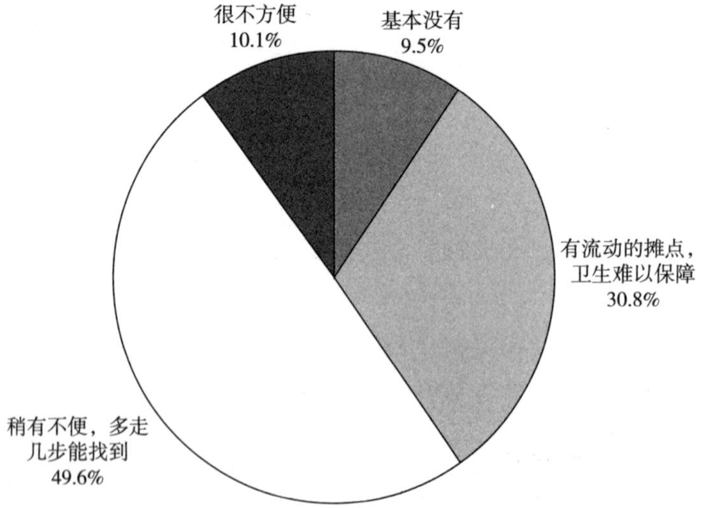

图9　月坛街道的早餐便利度

五　社区公共服务满意度

1. 社会保障服务：医疗保险服务满意度最高

对于社会保障服务项目，医疗保险和养老服务的满意度较高。调查显示，

44%的人对医疗保险社会保障服务较为满意，35.6%的人对养老服务社会保障服务较为满意。此外有10.4%的受访者选择了“都不满意”（见图10）。

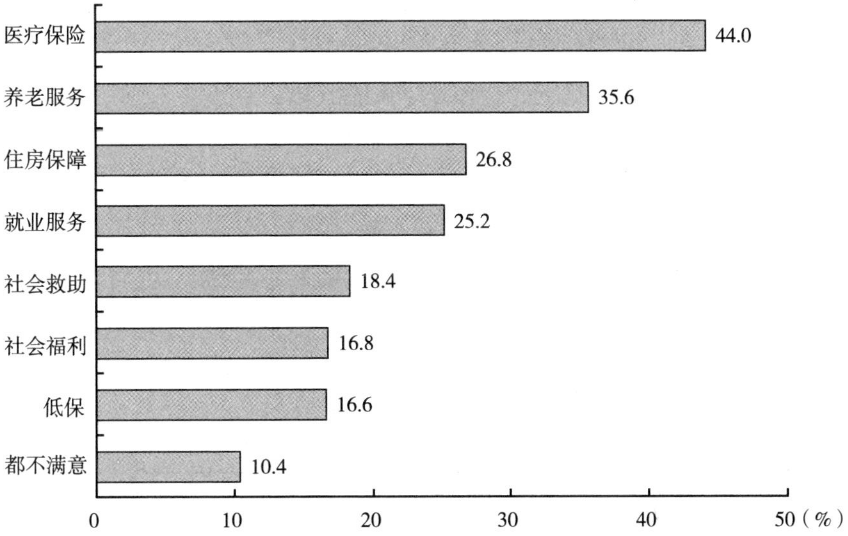

图10　月坛街道社会保障服务情况

2. 医疗卫生服务：56.5%的人表示“就医方便”

就医方便、价格合理获得居民认可。调查显示，56.5%的人认为月坛街道的医疗卫生服务优势是就医方便，其次是价格合理，有46.3%的人选择，6.8%的人表示都不满意（见图11）。

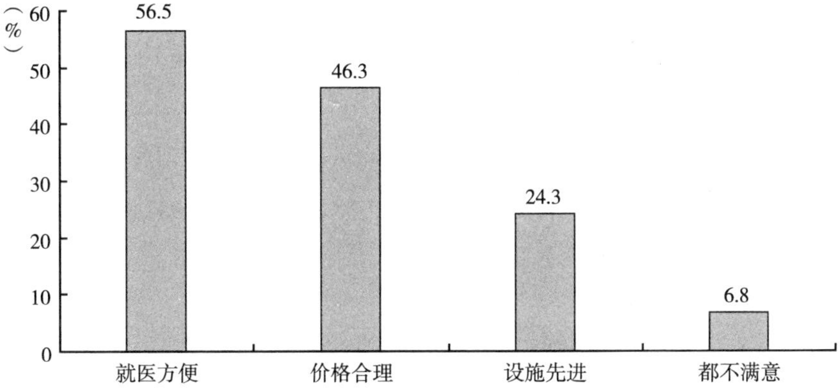

图11　月坛街道医疗卫生服务满意度

3. 公共安全：71.4%的人对社会治安表示满意

在公共安全方面，结果较为突出的是，71.4%的人表示对社会治安服务情况比较满意。而在此之外，38.3%的人表示对流动人口管理服务满意，26.1%的人表示对突发事件处理满意（见图12）。

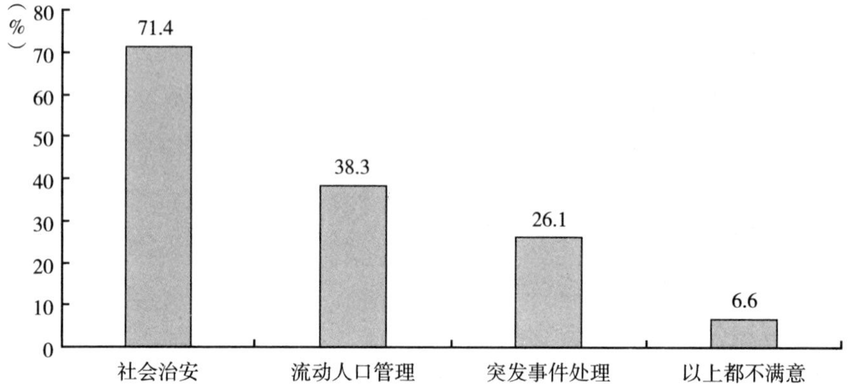

图12　月坛街道公共安全情况满意度

4. 城市管理：63.0%的人认为城市管理存在的主要问题是违章停车

在城市管理方面，调查显示，63.0%的人认为城市管理存在的主要问题是违章停车，36.7%的人认为是私搭乱建，31.5%的人认为是街巷保洁（见图13）。

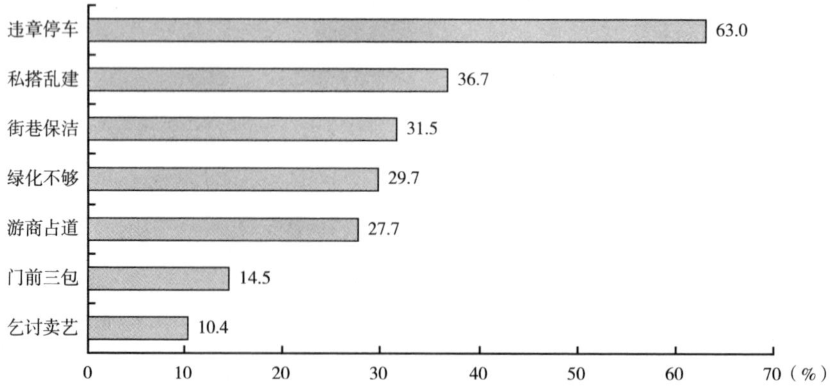

图13　月坛街道城市管理情况

5. 市政公用事业：仅22.7%的受访者对城市规划布局满意

在市政公用事业方面，受访者对供电、供水等项目的满意度较高。而与此相对应的是，满意度低于30%的三项分别是信息化水平、市容市貌、规划布局。另外还有2.5%的人表示都不满意（见图14）。

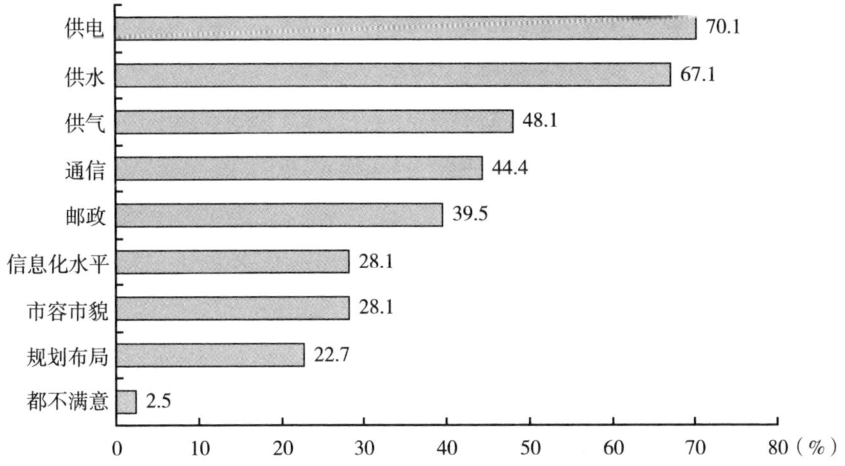

图14　月坛街道市政公用事业情况满意度

6. 消防安全情况：53.0%的人认为防火设施很好，会安全逃生

在消防安全方面，调查显示，53.0%的人表示“防火设施很好，会安全逃生”，41.1%的人表示“防火设施一般，火势不太大的情况下可以逃生”。另外6%的人表示“防火设施不好，逃生机会不多”（见图15），进一步从社区分布来看，这涉及10个社区，其中三区一社区反映出来的问题最突出，汽南社区，铁二、二社区，铁四社区问题也较严重（见图16）。

六　社区公共服务需求度

1. 硬件设施需求：56.5%的人需要体育健身点

随着人们生活水平的提高，人们对于健康的关注日益上升。反映到社区

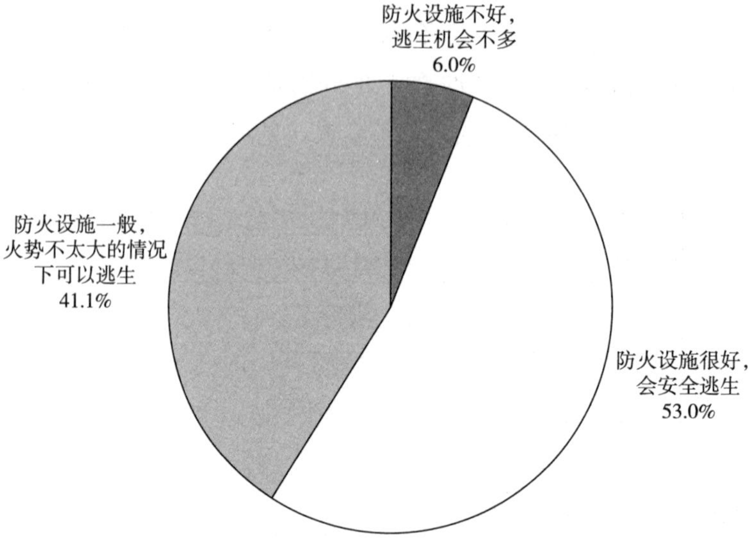

图 15　月坛街道消防安全情况满意度

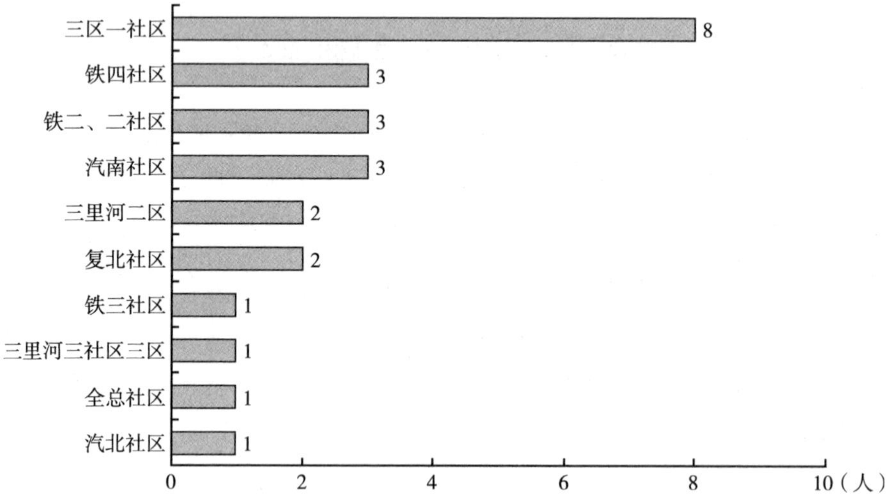

图 16　反映防火设施不好的样本社区分布情况

硬件设施需求方面，56. 5% 的人表示社区最缺乏的是体育健身点，39% 的人表示社区最缺乏的是文化活动室，30. 4% 的人表示缺乏图书室（见图 17）。

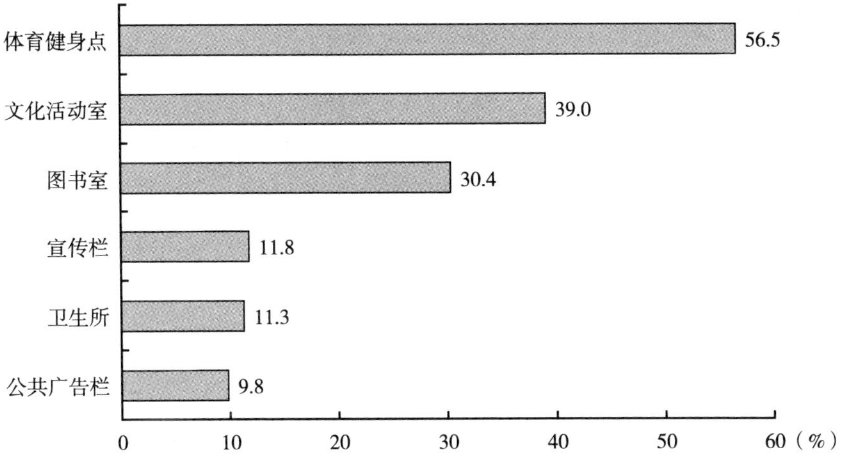

图 17　月坛街道硬件设施需求情况

2. 服务项目需求：老年服务、便民利民服务和文化娱乐位列前三

在服务项目需求方面，调查显示，42.4%的受访者表示最需要的是老年服务，其次是便民利民服务和文化娱乐，分别有37.4%和37.0%的人需求（见图18）。

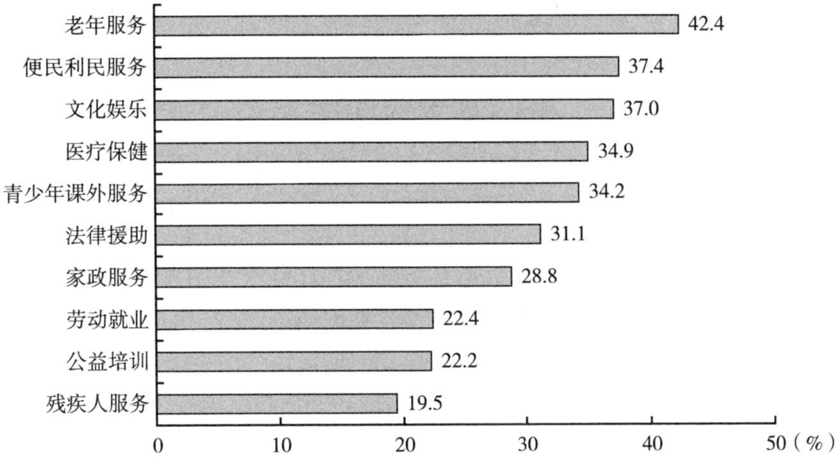

图 18　月坛街道服务项目需求情况

3. 服务缺口情况：停车紧张是存在的最大问题

月坛街道居民在服务项目需求方面，除了上文的社区服务项目需求之

外，还有很多突出反映。受访者认为公共服务中存在最大的问题依然是停车紧张，其次是车辆占道、游商摆摊等问题（见图19）。

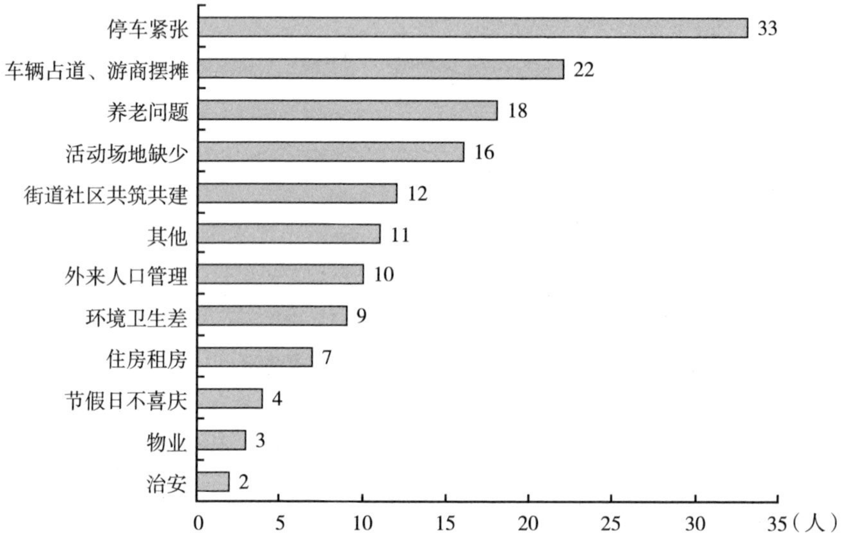

图19　月坛街道的服务缺口情况

七　基本数据结论

基于对月坛街道居民的调查，围绕社区服务机构认知度、社区服务参与度、地区生活便利度、社区公共服务满意度和社区公共服务需求度五大方面进行公共服务的供需现状分析，得出以下数据结论。

（1）74.2%的受访者表示知道街道办事处地址，86.5%的人知道居委会在哪儿。

（2）在社区服务项目中，参与“法律服务”的受访者人数占34.9%，所占比例最高；32.7%的受访者从未参与过社区服务项目，27.4%的受访者“从来没有”参加过社区文体活动。

（3）驻区单位对于社区公益事业的平均参与率在30%左右，比例不高。

（4）停车难问题突出，有 27.0% 的受访者表示已经严重影响工作；与停车难问题相对应，63.0% 的人认为城市管理存在的最突出问题是违章停车。

（5）公共交通系统发达并且布局较为合理，51.6% 的人“最后一公里”换乘步行时间不超过 10 分钟。但是，对城市市政公用事业的调查显示，仅 22.7% 的受访者对城市规划布局表示满意。

（6）正规早餐点设置不足，49.6% 的受访者表示“稍有不便，多走几步能找到”。

（7）对于社会保障服务项目，医疗保险和养老服务的满意度较高。

（8）驻区医疗资源丰富，56.5% 的人认为月坛街道的医疗卫生服务优势是就医方便；公共安全满意度高，71.4% 人表示对社会治安服务情况比较满意。

（9）6% 的受访者表示“防火设施不好，逃生机会不多”，共涉及 10 个社区，其中三区一社区反映出来的问题最突出，汽南社区，铁二、二社区，铁四社区问题也较严重。

（10）硬件设施需求方面，受访者对体育健身设施需求较高，56.5% 的人表示社区最缺乏的是体育健身点。服务项目需求方面最需要的是老年服务。

八　数据分析反映的突出问题及政策建议

1. 企业对街道社区公共事务的参与度还有待提升

参与社会公益事业是企业的责任和需要。企业的生存离不开社会，社会责任是企业存在和发展本身的内在需要。企业的社会责任要求企业在创造利润的同时，还应该承担一定的社会责任，企业除了维护员工和消费者的合法权益外，还要承担对社区和环境的责任。企业积极参加社会公益事业是企业履行社会责任的重要表现。然而月坛街道平均 30% 左右的参与水平说明，成效并不理想。月坛街道应该首先通过培训和宣讲等帮助企业管理者树立正确的财富观和价值观；其次，要进一步拓宽企业及其员工参与公益事业的途径和载体，搭建起信息平台，从而实现供需之间有效对接；最后，通过建立健全鼓励企业和企业员工参与社会公益事业的机制，进一步调动企业和先富群体参与公益事业的积极性。

2. 城市规划还需进一步合理优化

根据调查，仅22.7%受访者对城市规划布局满意，便民利民商业网点的布局还有待进一步优化合理，文化活动场地缺少，公共服务硬件设施不足是受访者反映的主要问题之一。月坛街道空间资源有限，街道应在现有共驻共建良好局面的基础上，实现更多的资源共享，努力发挥街道作为区域单位之间联络的平台作用，鼓励驻区单位力量参与街道、社区建设。从规划到建设的整个过程，驻区单位都能够有效参与，更能拉近街道与驻区单位之间的距离。月坛地区公共交通较为便利，但是停车难和违章停车成为受访者普遍反映的较为突出的问题。月坛街道未来要在北京市功能疏解和城市改造过程中，进一步优化空间的利用。对功能疏解后腾退的空间进行合理布局，增设停车场站；对原来老城区无法修复的残破建筑进行拆除或改造，有计划地增设停车场；进一步完善月坛地区驻区单位资源共享机制，鼓励社会单位既有停车资源的开放共享、有效利用；坚持建管同步，完善路内停车泊位管理，提高停车信息化水平，加强违法行为治理。

3. 城市治理能力还有待进一步提高

城市治理依旧是政府治理工作的一项难题，分别有71.9%的受访者表示对市容市貌和信息化水平不满意。尤其在北京打造国际一流和谐宜居之都的背景下，人们对生存环境关注度不断提高，对北京健全城市治理体制，提高城市治理水平，增强城市运行保障能力提出了更高的要求。近年来，月坛街道在城市治理工作中积累了一些好的经验和做法，在城市网格化治理的基础上，依托街道城市治理中心平台，统筹驻地城市治理资源，有效调动驻地单位及各社区参与环境建设、城市治理工作的积极性和主动性。但是，交通拥堵、背街小巷环境脏乱等问题还较为突出。需要集中力量从解决城市治理方面的这些突出问题着手，在探索中不断创新完善城市治理体制机制。随着城市治理重心的下移，月坛街道要进一步强化自身的统筹治理能力和协调监督能力。在街道层面健全完善街道地区治理委员会制度，在社区层面探索完善社区治理模式。严格依法治理，街道通过定期组织辖区单位和居民代表对专业治理部门派出机构工作情况进行考核评价和民主评议，增强街道的统筹监督评价职能。充分利用好“数字月坛”的信息技术优势，利用新技术手段，降低城市运行成本，提高城市运行效率，促进城市服务治理方式加快转型，为月坛街道再创发展新优势。进一步加强市政设施运行治理、交通治理、环境治理、应急治理，推进城市治理目标、方法、模式现代化。

B.3
月坛街道基于社区居民的地区公共服务问卷调查报告

摘　要：　过去中国经济高速发展时期，政府往往只注重经济发展而忽略社会发展，公共服务资源短缺和公共服务能力匮乏问题较为突出。但随着近年来我国政府职能的进一步转型，党中央对各级政府公共服务能力建设高度重视，尤其是“十二五”时期，我国公共服务水平和能力有了大幅度提升。本文通过问卷调查的方法，对西城区月坛街道的26个社区的居民开展社区公共服务需求的问卷调查，从中了解月坛街道作为基层政府组织开展公共服务现状、趋势及居民诉求，通过实证数据分析基层政府在组织开展公共服务过程中存在的问题及提出具体对策建议。

关键词：　月坛街道　公共服务　社区居民　需求满意度

本报告所涉及的调查对象是北京市西城区月坛街道所辖26个社区的辖区居民，每个社区随机抽取20位居民进行调查，调查共发放问卷520份，回收496份，其中有效问卷488份，有效回收率为93.8%。

一　调查样本情况

（一）调查样本基本情况

在调查对象中，男女比例约为1∶1.85。年龄在56~65岁和65岁以上的人所占比重最大，分别占总调研人数的25.1%和25.3%。调查对象以在职职工为主（84.1%）。户籍以本市户籍为主，其中更有34.9%的人是本区户籍。教育程度为大专或本科的人所占比例最高，为50.7%。家庭组成结构方面，49.1%的家庭是三口之家，所占比例最高。从家庭收入上看，72户家庭人均收入低于或与北京市最低工资标准持平，占调查居民总数的15.7%，家庭人均月收入在1560～5000元的被调查居民数量最多，比例为61.7%。受调查对象居住在月坛街道辖区的时间超过三年的比例为89.7%。

表1　调查样本基本情况

单位：人

性别	男			女		
	169			312		
年龄	25岁以下	26～35岁	36～45岁	46～55岁	56～65岁	65岁以上
	16	57	87	79	121	122
户籍	本市(非本区)户籍	本区户籍	居住证	暂住证	居住半年以上但未办理居住证	外籍
	302	168	4	5	2	0
职业	在职职工	个体工商户	私营企业主	专业技术员	商业服务员	自由业者
	402	8	10	3	8	16
	白领	机关事业	公务员	离退休人员	下岗失业人员	其他
	2	11	2	0	10	6
学历	硕士及以上	大专或本科	高中或中专	初中	小学及以下	—
	19	240	147	60	7	—
家庭人数	四口人以上	四口人	三口人	二口人	一口人	—
	88	72	231	62	17	—
家庭人均月收入	650元以下	650～1560(不含)元	1560～3400(不含)元	3400～5000(不含)元	5000～10000元	10000元以上
	30	42	179	104	89	15
本社区居住时间	三年以上		一年到三年		一年以下	
	373		31		12	

注：回收问卷中，全部题目漏答率在15%及以下，判定为有效问卷。由于题目漏答，表中对各属性的汇总统计数存在不一致并且小于有效问卷数的情况，下同。

（二）特定群体分析

1. 空巢或独居老人：人均收入在650元以下比例较高

空巢老人是指无子女或子女不在身边、独自生活的老年人，对社区提供服务需求度更高，需要重点关注。我们将受访者年龄大于55岁并且家庭人口数小于等于2的人单独抽离出来，共计54人（户），其基本特征如下。

性别构成中，女性所占比例为57.4%，男性所占比例为42.6%。100%的人为北京市户籍，其中有本区户籍的人占37%。36.5%的人教育程度是高中或中专。93.3%的人居住时间在三年以上。需要注意的是，在家庭人均月收入方面，40.7%空巢或独居老人家庭人均月收入为1560～3400元，其中人均月收入650元以下的有8人，占比14.8%，该比例明显高于全部受访人群（见图1）。

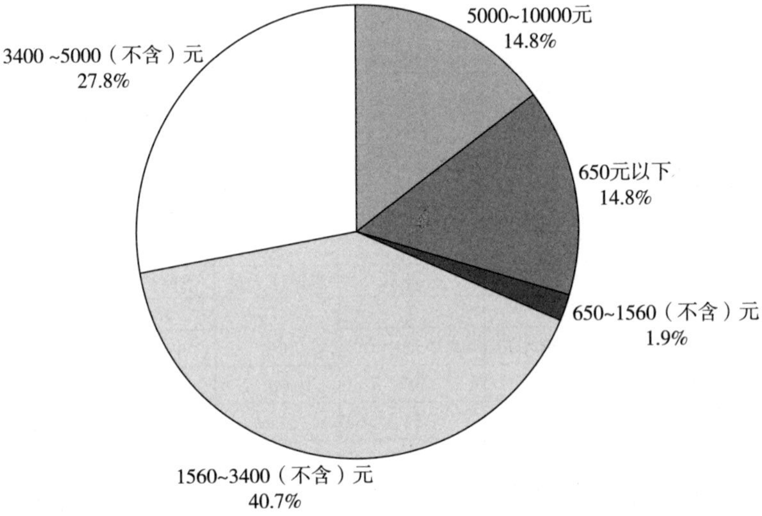

图1　空巢或独居老人家庭人均月收入

2. 流动人口群体的构成特征：教育程度偏低

流动人口管理是街道日常工作中的一个重点与难点，我们也试图在此次调查中对这一部分人群进行描述，但是由于问卷下发对象选取的困难，所涉及的样本数量与实际人群分布存在一定差异。在进行样本选择时，我们将户籍选项中标明“暂住证”和“居住半年以上，但未办理任何居住证件”的两类人群作为研究对象。共涉及调查对象7人，其基本特征如下。

在居住时间方面，选择“一年以下”和“一年至三年”的人数相当，高于全体样本水平。在职业构成中，私营企业主（28.6%）和个体工商户（14.3%）占比明显高于全部样本水平。教育程度偏低，初中文化占比达到42.9%，大专或本科、高中或中专所占比例相当，均为28.6%。

二　社区服务满意度：总体满意度超过六成

1. 社区服务的总体满意度：61.5%的社区居民表示满意

对于社区公共服务的总体满意度，61.5%的调查对象选择“满意”，32.6%的人认为“基本满意”，3.4%的人员认为“不满意”，1.6%的人认为“不清楚”，0.8%的人认为“与我无关”（见图2）。

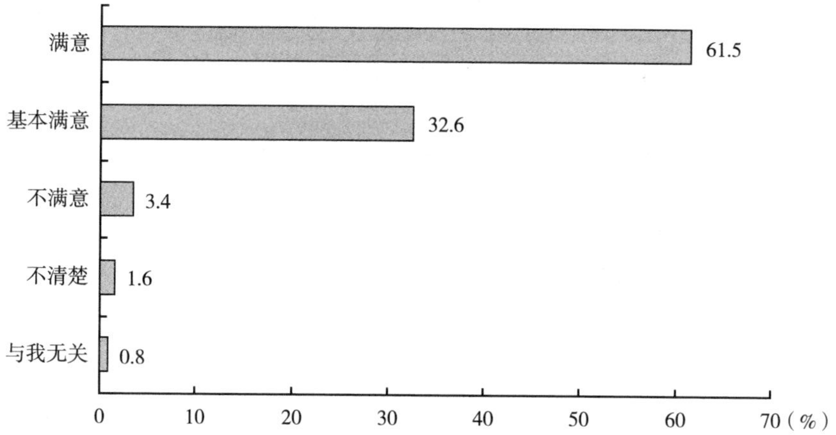

图2　月坛街道社区公共服务需求人员总体满意度构成

2. 分社区服务满意度：公安社区、南沙沟社区、社会路社区和三里河一区位居前列

在月坛街道26个社区中，满意度比例位居前五为公安社区、南沙沟社区、社会路社区、三里河一区和白云观社区，其居民认为社区服务好的比例分别为87.5%、87.5%、83.3%、83.3%和80.0%（见图3）。

进一步分析13项细分服务内容的满意度评价，加权汇总之后的社区排序：排名前五的为南沙沟社区、三里河一区、二炮社区、社会路社区，得分均超过4.3分（见图4）。

汇总以上两项可以看出，公安社区、南沙沟社区、社会路社区和三里河一区同时进入前5位，是26个社区中居民满意度最好的社区。而汽南社区在两项排位中均处于最后一位。

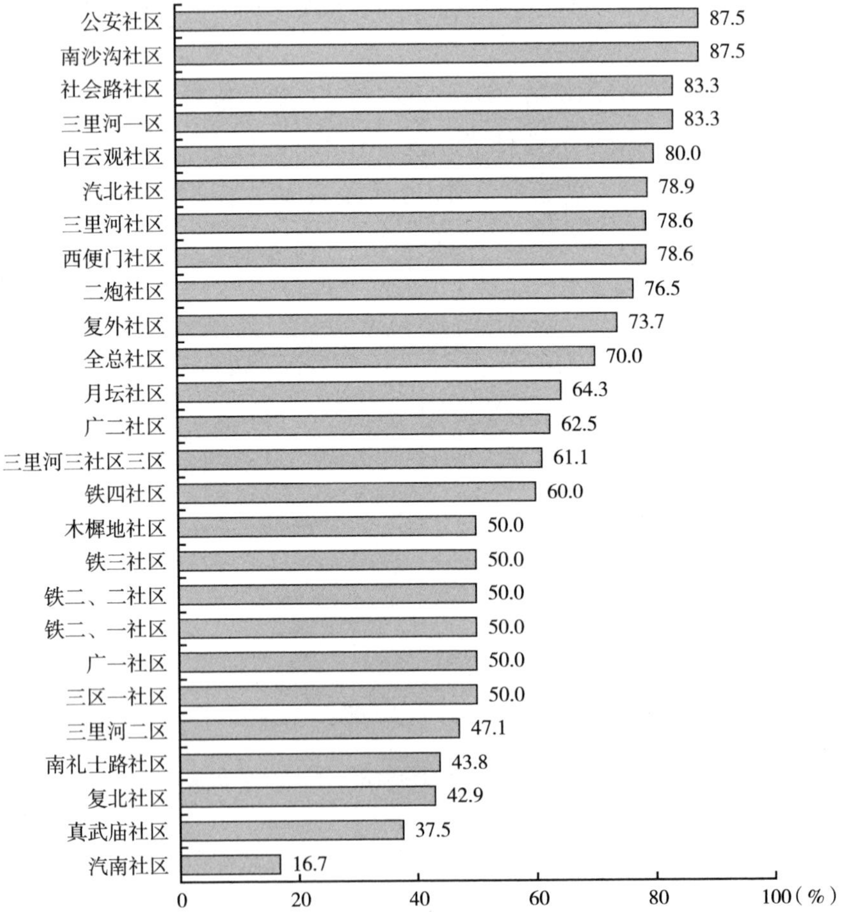

图3　月坛街道26个社区的公共服务满意度排名

3. 社区居民对居委会服务最满意

调查显示，在月坛街道26个社区公共服务内容评价中，调查对象对社

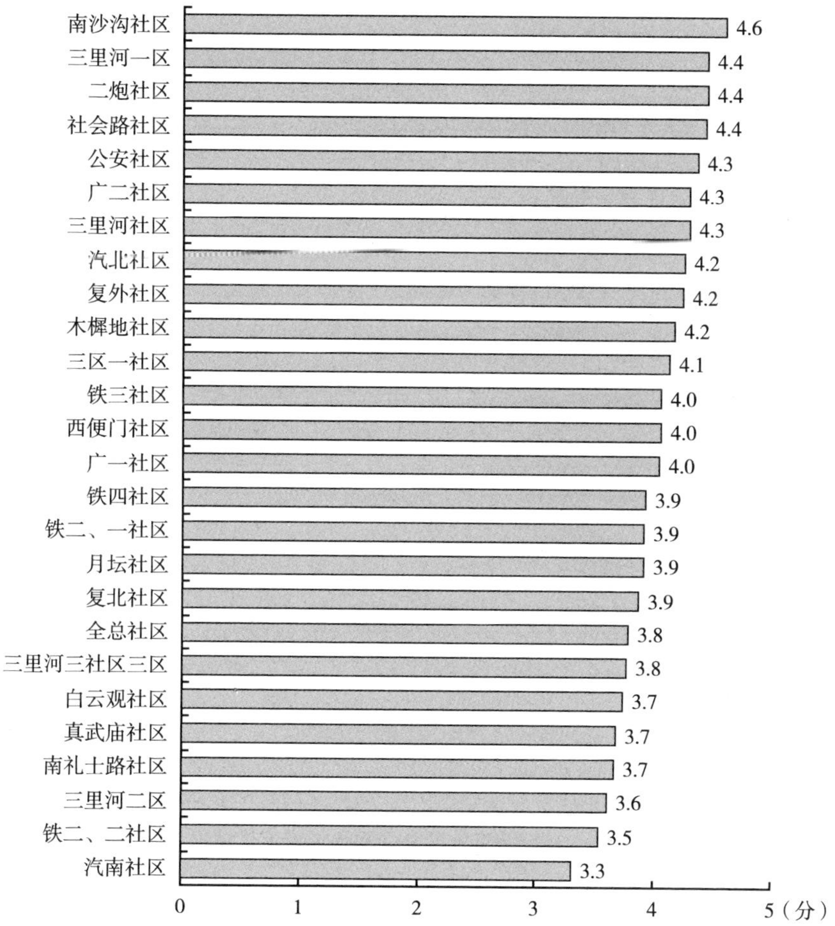

图 4　月坛街道 26 个社区 13 项细分项目评价得分

区的停车条件最不满意，均值为 3.1 分。对居委会服务评价最高，均值为 4.6 分（见图 5）。

三　社区存在的问题：停车不方便最为突出和普遍

1. 停车不方便、健身活动场所和设施不足、公共文化场所缺乏位列前三

居民停车不方便是社区居民反映最强烈的问题。在社区存在问题的 20

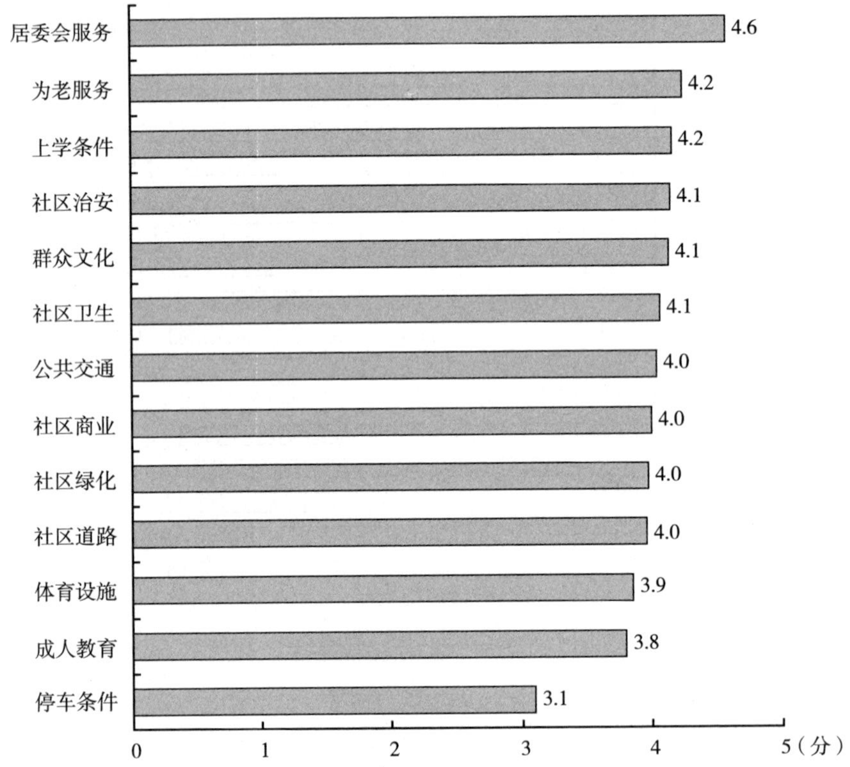

图 5　月坛街道社区公共服务内容评价情况

个选项中，90.2% 的居民认为月坛街道的社区应在“居民停车不方便”的问题上加强工作力度，另外“健身活动场所和设施不足”“公共文化场所缺乏”，所占比例为 53.0% 和 47.3%。其他选择比例超过 20% 的问题依次是：托儿所、入学难（45.4%），吃早点地方少（30.1%），小巷保洁没人负责，卫生差（27.6%），社区环境脏乱差（27.2%），老人无人照料（21.7%），买菜不方便（20.1%）（见图 6）。

2. 23个社区将“停车不方便”的问题列在首位

统计每个社区排名前三的问题分布，较为一致的结论是，在月坛街道 26 个社区中，23 个社区将“停车不方便”列为首要的社区问题，18 个社区认为需要改善的是“健身活动场所和设施不足”。

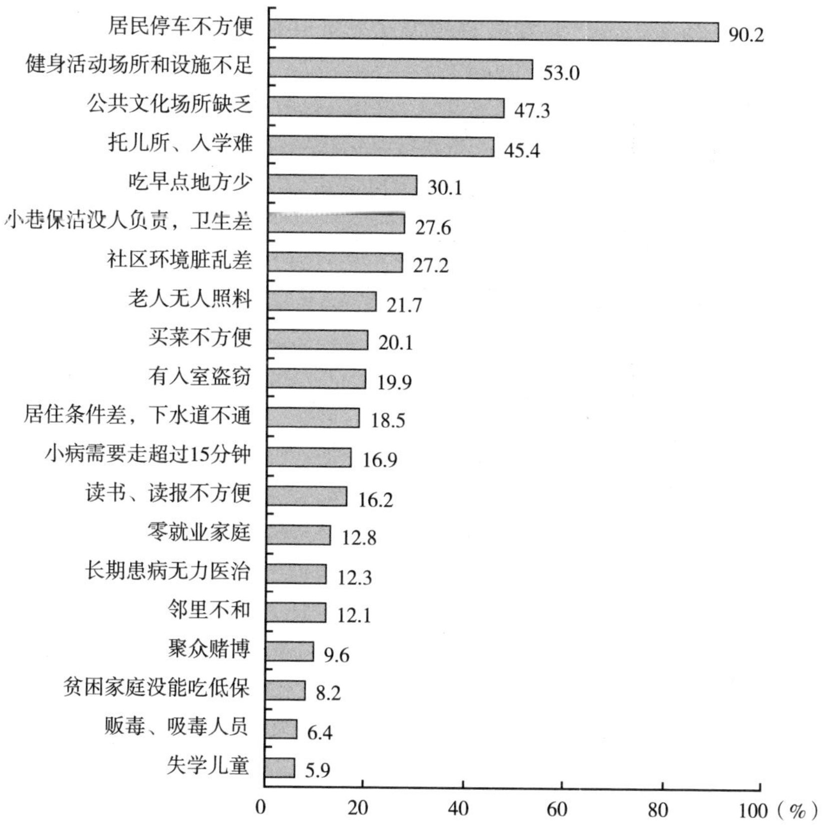

图 6　月坛街道社区居民反映的主要问题

而除此之外的社区较为个性化的突出问题分别是：广二社区存在“买菜不方便”现象，真武庙社区存在“有入室盗窃”现象，三区一社区存在“居住条件差，下水道不通”现象，等等。

四　受访者家庭问题：住房紧张最为严重

对于受访者家庭自身而言，“住房紧张”是最为突出的问题。33.0%的人认为“住房紧张”，希望改善住房条件，所占比例最高。其他排进前 5 位的问题分别是“缺少健身锻炼（28.9%）”“缺乏公共活动场所（26.8%）”“就学不便（20.9%）”“养老不便（20.1%）”（见图7）。

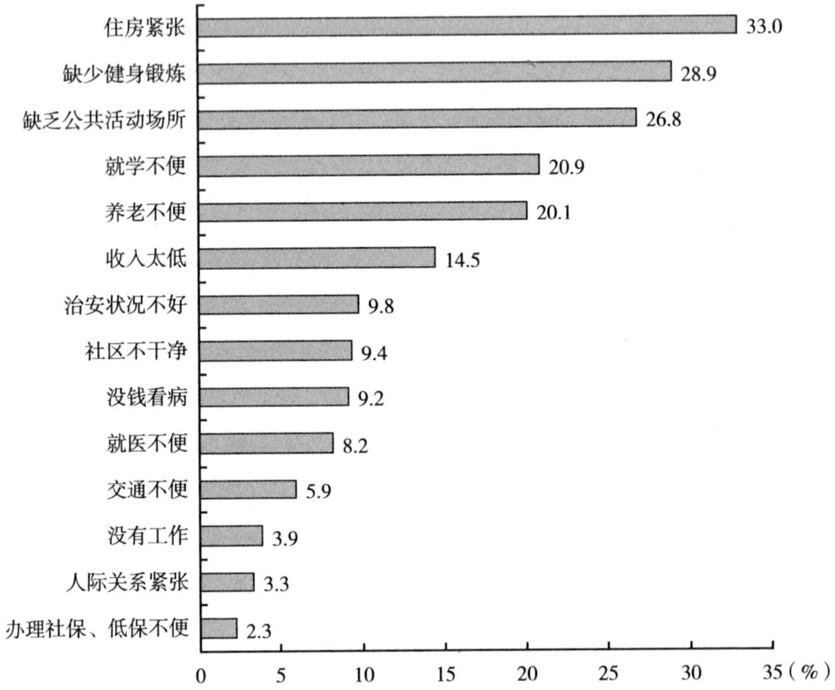

图7　月坛街道社区受访者家庭问题调查情况

五　社区服务匹配度分析：社区幼儿园缺口最大

在问及被调查者最为重要的社区服务需求时，物业、养老服务、社区医疗、幼儿园和法律咨询五项是需求数量最多的项目。调查显示，受访者对物业服务的需要达到58.6%，其次是养老服务和社区医疗，分别占51%和36.1%。

在社区可以提供的服务项目中，选择比例最高的是物业服务，被选比例是35.7%。其他排在前五位的分别是养老服务和法律咨询（28.5%）、社区医疗（23.60%）、就业指导（23.20%）。

而从服务项目的供需配比方面看，除了就业指导一项供给数量大于需求之外，其余全部呈现供需缺口的状态。进一步从供需缺口的比重看，社区“幼儿园”超过物业服务和养老服务，成为缺口最大的领域（见图8）。

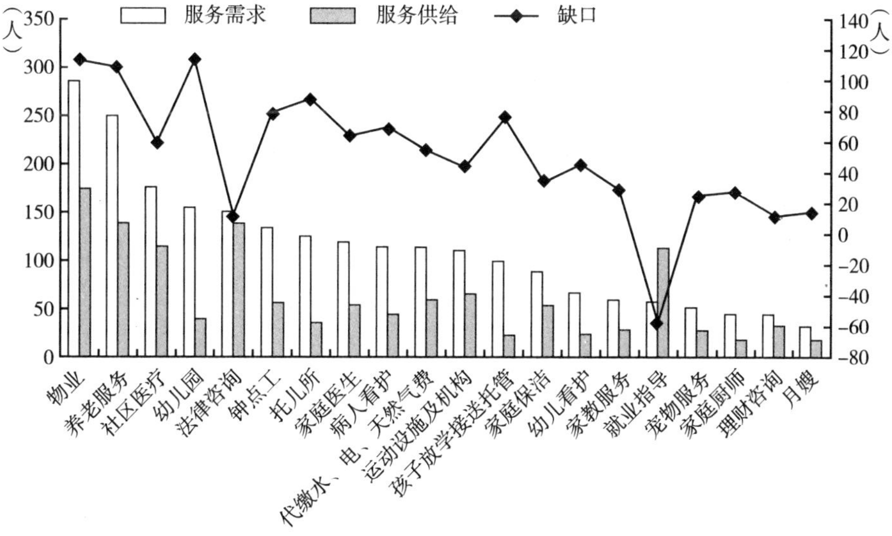

图8　社区公共服务项目供需对比

此外，除了前面列出的标准选项外，调查问卷还设置了让被调查者可以自主填写的重点问题，经过关键词归并之后，购物买菜和社区治安问题也被多次提及。

六　社区养老：紧急救护呼叫系统需求高

1. 居家养老仍是社区养老模式的主导

中国人强调家庭这个聚集单位，中国长期以来一直都是以居家养老模式为主导。调查结果显示，受访者选择居家养老的比例是58.6%，其次老年公寓为30.7%，敬老院最低，为16%。

2. 养老服务项目需求最多的是紧急救助呼叫系统

调查显示，月坛街道社区受访者对养老项目需求最多的是紧急救助呼叫系统，需求比例为65.3%，其次是老年食堂和家庭医生，需求比例分别是63.6%和55.8%，此外，其他的依次是基本体检（49.4%），专人指导（42.7%）和家庭保姆（36%）。

3. 重点群体养老项目需求分布

社区养老直接对象是年龄大于55岁的人群，其对养老项目具有较高的关注度。以下对这部分群体的养老项目模式和养老项目需求进行分析。

通过调查显示，这个年龄段的重点群体对养老模式的需求依然是居家养老，比例占到61.7%。但是与全体样本进行对比发现，这个年龄段的重点群体选择居家养老和敬老院的比例都要更高一些，而对老年公寓最不认可（见图9）。

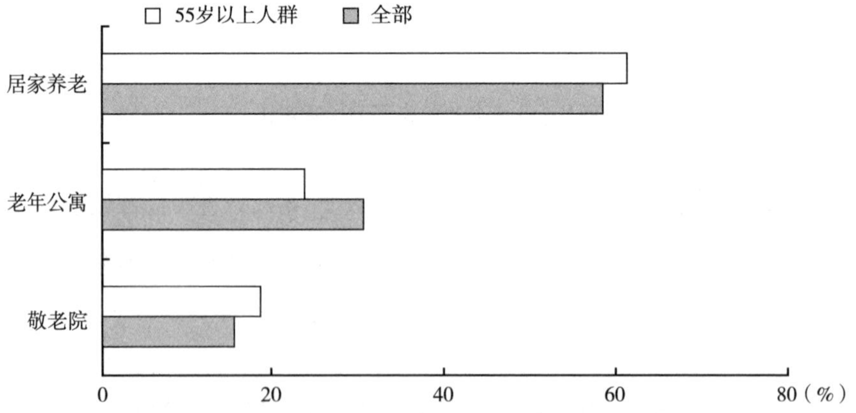

图9　重点群体养老模式需求情况

重点群体对养老项目需求与全部样本群体的排序一致，从差异上看，重点群体对紧急救助呼叫系统的关注程度更高（见图10）。

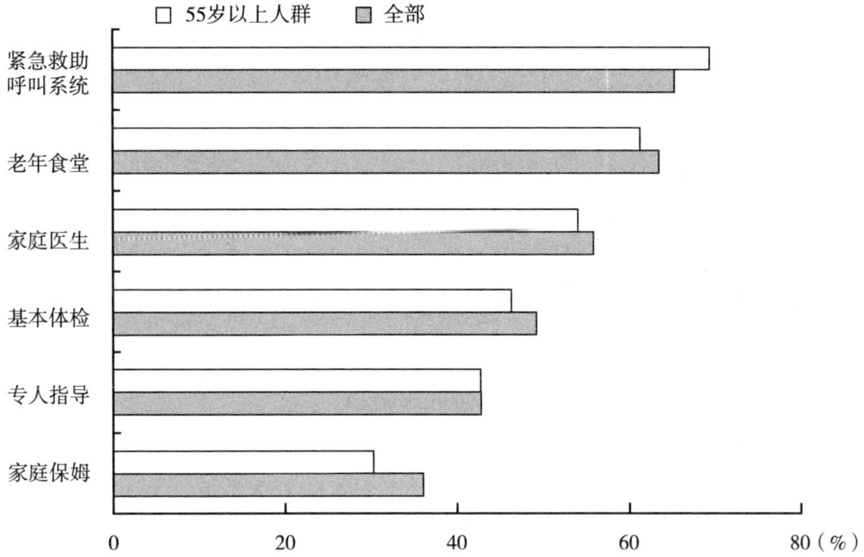

图10　重点群体养老项目需求分布

七　基本数据结论

（1）对于月坛街道社区公共服务的总体满意度，61.5%的调查对象认为满意。

（2）在26个社区中，公安社区、南沙沟社区、社会路社区和三里河一区是居民满意度最好的社区。而汽南社区在两项排位中均是最后一位。

（3）在分方面满意度调查中，居委会服务和社区养老满意度最高。

（4）在社区存在的主要问题方面，停车不方便、健身活动场所和设施不足、公共文化场所缺乏位列前三，其中90.2%的居民关注停车不方便的问题。在月坛街道26个社区中，23个社区将“停车不方便”列为首要的社区问题，18个社区认为需要改善的是“健身活动场所和设施不足”。

（5）对于受访者家庭自身而言，“住房紧张”是最为突出的问题。33.0%的人认为“住房紧张”，希望改善住房条件，所占比例最高。

(6) 从服务项目的供需配比方面看，除了就业指导一项供给数量大于需求之外，其余全部呈现供需缺口的状态。进一步从供需缺口的比重看，社区“幼儿园”超过物业服务和养老服务，成为缺口最大的领域。

(7) 居家养老仍是社区养老模式的主导，受访者对养老项目需求最多的是紧急救助呼叫系统。

八　数据分析反映的突出问题及政策建议

1. 推进老旧小区改造，共享均等化公共服务

我们发现，老旧社区在公共服务满意度的调查中满意度普遍不高，而新建小区往往对社区公共服务较为满意。如汽南社区，这是一个成立于20世纪50年代末的老旧居民小区，共有2762户、6197人，60岁以上老年人占总人口数的30%以上，由原来的机械部产权管辖，扩大到国资委、商业部、月坛房管所、海印厂、京安厂五个产权单位所组成。产权关系非常复杂并缺少物业管理，导致小区年久失修，居住条件差、公共设施普遍老化，大大弱化了小区的公共服务能力。月坛街道要注重公共服务的平衡发展，尤其是要注重公共服务向老旧小区和弱势群体适度倾斜。街道除了要下大力度进行老旧小区的环境改造工程外，还要推行试点解决老旧小区的物业管理难题。要结合小区特点，听取居民意见来决定物业管理的模式。通过优惠政策鼓励并扶持一批专业从事老旧小区物业管理的企业。要通过政府和市场这两只手，实现生产要素在区域间的均衡配置，特别是政策空间要有利于老旧小区的发展。针对老旧小区物业费收取难的问题，采取多种方式保障物业费的收取，如聘用小区下岗人员来节约成本，对困难户进行适当物业费减免，采取物业费和水、电费捆绑收取，定期公开物业费合理使用情况等。针对老旧小区还要加强培育业主自治组织，做好公益性岗位管理工作，倡导志愿服务。此外，对于老旧小区的社工队伍要进行着重培养，用适当的激励来提高他们工作的积极性。

2. 提高公共服务需求的汲取能力，合理有效配置公共服务资源

在调查中我们发现，公共服务的供需间存在较大缺口，甚至还有供大于需的情况。只有达到公共服务资源的合理有效配置，才能实现经济价值最大化和社会效益的最大化。首先，应该充分了解居民的需求，尊重群众的意愿，改革现行公共服务和管理供给“自上而下”的决策制度，充分发挥居民的自治，通过居民代表大会制度和居民议事协商等形式，搭建载体和渠道使居民能够充分表达对公共服务和管理的意见。其次，充分发挥基层社会组织和社会团体在利益诉求表达上的功能优势，把群众居民最为关切和需求的公共服务需求收集起来，转化为具体的服务政策，逐渐形成政府与社会公众共同决策与管理的模式。再次，在了解需求的基础上，整合政府公共服务资源，解决交叉重复和效率不高等突出问题。最后，探索建立政府公共服务的社会评价机制，形成政府公共服务的反馈循环和改进学习机制。

3. 提升公共服务的供给能力

调查显示群众居民对公共服务的需求意愿是强烈的，然而单靠政府的服务资源和供给能力是有限的。如何提高街道的服务能力，打造服务型政府，首先，要不断提升月坛街道的公共服务的学习能力，应当不断创新公共服务的方法，借鉴学习一些发达国家成熟的服务供给方式，在公共服务的供给过程中引入如市场机制、服务外包、部门竞争、公私合作、社区自治、公众参与等方法。公共服务要从以政府单一服务为主体的模式转变为以政府、非政府公共组织为主体的多元化主体模式，通过大力培育社会组织，建立公共产品和公共服务提供主体的多元体系。其次，街道将逐步向“掌舵者”转变，建立完善社会组织的管理、监督、评价与激励机制。社会组织参与公共服务有利于基层政府从繁重的公共事务中脱离，有利于政府对公共服务的效益及质量进行监督和指导，社会组织也可以发挥好自己的专业优势更好地满足民众的需求，政府则通过采用一些合理的激励机制，充分有效地调动社会力量，从而有利于提高公共服务的输出能力。通过建立相应的评价机制，提高公共服务竞争性、参与性和透明性，进而确保公共服务的质量和效率。对于居民普遍反映的公共服务设施不足的问题，月坛街道一方面可以在现有驻区

单位开放资源参与养老服务的基础上总结经验，继续深入与辖区内单位开展共驻共建工作，建立分门别类的社区资源共享方案，鼓励更多的驻区单位实现尽可能多的资源共享，来弥补月坛街道空间资源有限的不足；另一方面，街道可以探索社区之间公共服务资源的共享利用，对于一些公共服务设施短缺的社区，实现临近社区的公共服务设施共享使用，或者相邻的几个社区通过整合零星可开发土地建成面积较大的综合型公共服务场所供多个社区使用。

理论报告

Theory Reports

B.4

破题“和谐”要从“人”字着手

——西城区月坛街道和谐社区建设的理论与实践

摘　要：建设国际一流和谐宜居之都，和谐社区建设是基础。作为重要的中央办公区，近年来，西城区月坛街道探索出一套以学习型、服务型、数字型、人文型“四型月坛”建设为载体的特色和谐社区建设新路子，其经验对北京探索建设国际一流和谐宜居之都具有重要意义。本文从理论研究入手，结合实证调研，展示月坛街道“四型月坛”建设的相关成就，总结其发展经验，并从中得到和谐社区建设的启示，以期能触发其他地区和谐社区建设思路。

关键词：以人为本　和谐社会　和谐社区　社区建设

党的十六届四中全会明确提出了建立和谐社会的发展目标。党的十八大再次提出要将民生问题置于更加突出的位置，注重社会管理的加强与创新，协调好改革、发展与稳定三者之间的关系，团结所有可能团结的力量，尤其要增强和谐因素，为人民安居乐业、社会安定有序乃至国家长治久安提供保障；再次强调我国特色社会主义的本质属性是社会和谐。社区是社会构成的基本单位，发展至今，社区已由原来以业缘为基础的居民居住地转变为社会各阶层的聚集地，社区已成了利益的交汇点、社会矛盾的聚焦点、各社会组织的落脚点以及人与社会和人与自然的交融点。从某种意义上说，社区是构建和谐社会的战略空间单元，能否在广大的城市化地区全面构筑真正的城市和谐社区，直接关系着我国和谐社会战略目标的实现程度。

一　城市和谐社区建设的背景及相关概念界定

社区建设始于西欧，西方发达国家对社区的研究也相对成熟。由于种种原因我国对社区方面的相关研究长期被搁置，改革开放后相关研究逐渐开始恢复，从 2005 年时任中共中央总书记胡锦涛强调“建设和谐社区”后，我国和谐社区建设开始进入大发展阶段，理论及实践方面成果丰硕，为社区发展打下了坚实的基础。

（一）城市和谐社区建设的理论背景

“社区”这个概念最早是由德国社会学家 F. 腾尼斯在 1887 年提出来的。而中文“社区”一词是以费孝通为首的相关社会学学者在 20 世纪 30 年代初根据腾尼斯的原意首创的。

1. 国外社区建设理论综述

在社区理论的研究方面，主要存在以下几种理论。一是以帕克（Robert E. Park）为代表的美国芝加哥学派的“人文区位理论”。二是以林德夫妇（Robert and Helen Lynd）为代表的“精英控制模式论”、以达尔（R. Dahl）为代表的“多元权利模式论”，两种理论共同构成“社区权利理论”。三是以沃斯（L. Wirth）的早期研究为代表的"社区社会关系理论"，该理论主要研究社区情感及社区内的邻里关系。四是"社会体系理论"，该理论将社区界定为一个社会体系，在该理论的指引下，延伸出交往场地理论、社会次体系理论、分析社区纵向与横向格局理论及社区冲突理论。①

2. 国内城市和谐社区建设的研究综述

我国城市和谐社区的建设始于20世纪二三十年代，当时的社会学学科的创始人吴文藻、费孝通等学者对西方社会学中的社区研究理论进行传播，并随之引入"社区"概念。之后，社区研究同社会学研究由于历史原因被搁置近半个世纪，直到改革开放后才逐渐恢复和继续。中国的众多学者开始对中国社区发展的理论和实践进行探索并取得了不少研究成果。

在以城市和谐社区的特征为切入点的研究上，相关学者认为，和谐社区应具备多元共存、交互共生、和平共处的基本特征。从构建城市和谐社区的途径出发，学者们主要从"构建城市和谐社区的总要求角度、社区建设的主体角度、社会资本角度、社区自治角度、社区文化及意识建设角度对如何建设和谐社区进行系统研究"。通过对城市和谐社区理念的清晰界定和建设途径的正确厘清，有助于为顺利实现社会主义和谐社会的构建找准重要突破口。

综合国内外学者对社区的解释，本文中的社区特指城市社区，指聚居在一定地域范围内，具有共同价值取向、共同文化维系力以及某种互动关系的人们所组成的社会生活共同体（见图1）。

（二）城市和谐社区建设的现实意义

党的十八大报告第一次把社区治理写入党的纲领性文件。党的十八届三中全会进一步提出创新社会管理"必须着眼于维护最广大人民根本利益，最大限度增加和谐因素，提高社会治理水平，确保人民安居乐业、社会安定有序"②。推进社区治理，建设和谐社区，增强社区自治和服务功能，对于

① 以上理论的具体表述及应用参见钟韵珊《城市和谐社区建设研究》，硕士学位论文，福建师范大学，2013。

② 《习近平总书记系列重要讲话读本》，学习出版社、人民出版社，2014，第116页。

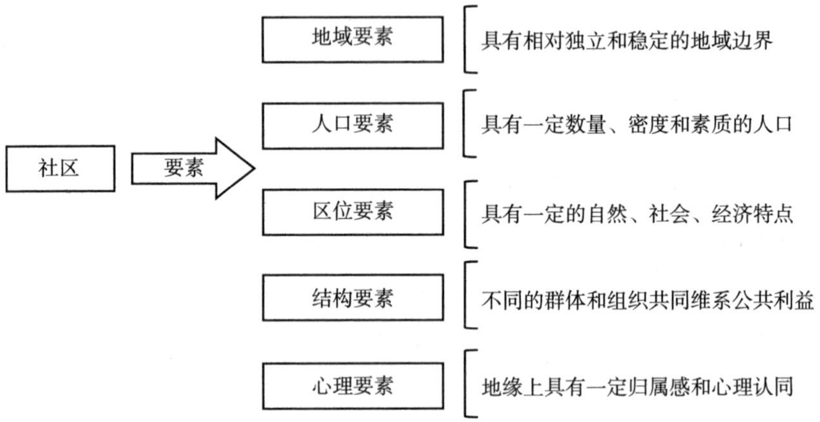

图1　社区的五大构成要素

提高居民群众的参与程度和社区服务水平，巩固党在基层的执政基础，促进基层社会的和谐稳定具有重要意义。

一是和谐社区是社会和谐稳定的基石。和谐社会的居民群体、矛盾汇集和任务落实都集聚在社区，它是国家与社会的接口，是保障社会和谐稳定的重要依托。因此，社区的和谐稳定关系到整个社会的和谐稳定。

二是党和政府联系群众离不开和谐社区构建。社区作为社会城市建设管理的主要载体，社会的各项保障措施及基础工作，最终的落脚点、落实点都在社区。同时，通过社区，可以全面、及时了解民之所需和所求以及政策执行的效果等，与党和政府建立良好的沟通互动机制，帮助决策的出台与实施更加行之有效。社区的和谐与否是检测社会和谐与否的关键所在，这充分体现了中国共产党“以人为本”的宗旨。

三是居民生活品质的提高和保障离不开和谐社区的构建。和谐社区建设的根本落脚点是“以人为本、服务群众、民主法治”。优美的生活环境，丰富的精神文化生活，完备的社区服务体系，是构建和谐社区的要求，同时也是提高居民生活品质的保障。

四是推进基层民主自治离不开和谐社区这样的平台。完善社区居民自治有赖于切实保障和发挥好基层的民主，最终保证广大居民群众的主体地位，为多方参与的协商对话提供更加畅通的渠道，从而更好地调动居民积极参与到基层社会事务管理中来，这都需要在构建和谐社区的大背景下才能完成。

（三）和谐社区建设的主要标准

根据时任民政部部长李学举（2003～2010年在任）的解读，和谐社区应当是居民自治、管理有序、服务完善、治安良好、环境优美、文明祥和的社区（见表1）。

表1　和谐社区六大指标

和谐社区的六大标准	
居民自治	社区党组织核心领导作用得到发挥，社区各项民主制度健全、规范，居民群众在基层社会、经济、政治、文化和其他事务中切实能够当家做主，形成党领导下的充满活力的居民自治机制
管理有序	社区各种组织健全，职责明确，体制合理，民主协商机制、社会矛盾纠纷调处机制、共建机制健全，各种家庭、不同人群和谐相处
服务完善	服务设施、服务项目、服务手段齐全，能够为社区居民高度个性化的需要提供满意的服务
治安良好	就是群防群治网络健全，社区安全防范体系完善，社区秩序井然，居民群众安居乐业
环境优美	社区内建筑、绿化、垃圾分类、污水处理、能源利用等符合环保要求，居民普遍具有较强的公德意识、环保意识，人人养成节约、环保、卫生的良好习惯
文明祥和	居民群众崇尚学习，群众性精神文明创建活动普遍开展，学习型家庭、学习型组织普遍建立，居民遵纪守法，邻里团结和睦，文明礼貌，健康、科学、文明的生活方式得到倡导和推行

（四）月坛街道构建“以人为本”和谐社区的现实需求

月坛街道有其鲜明的区域特点和复杂的人口结构，这对和谐社区建设提出了较高的要求，和谐社区建设工作要求“以人为本”，要求扎实细致。

地理位置的特殊性。月坛街道位于西城区西南部，是北京市西城区15个行政区域之一。作为一个有23个副部级以上中央单位驻扎的中央党政机关的集中区域，月坛街道浓厚的政治色彩决定了其周边需要有一个和谐稳定的基层环境。

人口构成的复杂性。月坛现有户籍人口 4 万余户，15.4 万人，常住人口 11.6 万人，流动人口 3.68 万人，各种群体人员比较复杂，辖区内有回族、满族、蒙古族、朝鲜族等 36 个少数民族，少数民族人数为 8999 人，占总人口的 6%。三里河社区、广电总局第二住宅区为两个具有民族特征的区域，涉及宗教问题等群体性不稳定的因素较多。辖区习练“法轮功”人员具有在册人员多、重点人多、刑释解教人员多等特点。人多事杂，不稳定因素较多。需要通过构建和谐社区来强化区域的生活环境。

二　北京市西城区月坛街道和谐社区建设实践及取得的成效

近年来，月坛街道依据其自身属性，摸索出一套适合自身发展的和谐社区建设机制，对社会的和谐发展起到了重要的促进作用，为全国提供了可供参考的样本。月坛街道工委、办事处对和谐社区建设高度重视，成立了由工委书记和办事处主任牵头负责的和谐社区建设指导协调机构，建立了统筹协调的工作机制，并立足地区的特点和需求，确立了以“四型月坛”为主线、“六型社区”为目标的和谐社区建设理念，即“打造人文型月坛为区域名片，发展数字型月坛为技术保障，构筑学习型月坛为思想引领，创建服务型月坛为根本任务”，打造干净型、规范型、服务型、安全型、健康型和文化型的社区。其间 26 个社区都积极参与创建工作，经过街道创建和谐社区小组的评选，80% 以上的社区达到西城区创建文明城区标准，不断推动月坛地区的和谐社区建设。

（一）深化体制改革，为和谐社区建设提供组织保障

2004 年，为进一步推进政府管理与服务职能到位，月坛街道承担了西城区街道体制改革试点任务，实行“大部制”。即按照系统划分、内部整合

的原则，将工作性质、工作职责、工作任务基本相同或相近的科室，进行整合，设置形成了“七部二室一厅”的格局。这种体制，较好地解决了过去街道内部机构分工过细，部门之间交叉管理，干部承担工作不均，工作各自为政等问题。2010 年，根据社会管理及服务的需要，街道又进一步深化体制改革，推行“中心制”，形成了“两部七中心”的新格局。即以部制为基础，将一些驻地单位纳入日常的工作体系之中，同时各中心根据需要，成立一些协会等社会组织，协助承担相应工作。其核心思想是构建一个更加开放的、具有更广泛社会参与的工作体制，不断健全党委领导、政府负责、社会协同、公众参与的社会管理格局。在中心内部，实行日常工作、专项工作分工协作，重点工作、突发事件整体联动的工作机制。这一体制及工作机制，为和谐社区建设提供了有力的组织保障。

（二）加强社区建设，推动和谐社区长效发展

街道以“协作共治、责任共担、分清职责、发挥优势”为原则，进一步理顺社区党组织、居委会和服务站之间的关系。加大投入，加强指导，推动社区建设的长效发展。

一是加强社区党组织的领导，准确把握社区自治的方向。街道着重抓好社区党组织的自身建设，以及对自治组织的领导管理工作，保证社区各种自治组织健康有序发展。各社区在开展重大活动、决定重要事项之前，社区党委都要进行认真讨论，广泛征求党内外居民的意见，确保正确方向。为了更好地指导社区的党务工作，街道工委建立了社区党委联络委员队伍，即：街道机关选出德才兼备的优秀党员干部，通过换届选举，当选为社区党组织的委员。他们深入社区一线，参与社区党组织会议和研究决策社区重大事项，在指导社区党务建设、协助社区党组织把握社区建设正确方向和帮助社区解决实际困难等方面，做了大量的工作，此举获得到了各社区党组织的认可和好评。

二是健全社区自治建设制度，完善社区自治运行机制。各社区紧紧依靠居民会议（或居民代表大会）决策社区重大事项，实行民主选举、民主管

理、民主决策、民主监督。从2009年开始，街道为各社区建立了“三本三册”，即《会议记录本》《社区大事登记本》《居委会接待访问登记本》《民情日记手册》《居民代表工作手册》《楼门院长服务手册》，进一步规范自治制度。社区每年至少召开2次居民代表大会，讨论决定社区建设中的重大事项，向居民代表汇报社区各项工作的开展情况，接受居民代表的监督。居委会通过落实“居民议事会”“居民听证会”等制度，实现居民自治。对涉及社区公共性的问题，召开居民“听证会”集体讨论决定，较好地协调了各方的利益诉求，实现了自我管理的目标。为了拓展居民参与自治的渠道，创新社区自治方式，各社区通过设立群众意见箱、公示栏，定期召开会议，入户走访，鼓励楼门院长反馈信息等方式，让更多的居民参与社区建设，同时更广泛及时地掌握社情民意和社区中大家关注的突出问题等。为保障群众利益表达机制畅通，26个社区全部实行信访代理制度，即以社区党组织或居委会名义代表居民向政府及各部门反映群体性诉求，各社区依托人民调解网络平台，发挥楼门院“调解信息员”反映民声的作用，与街道地区综合投诉中心对接，妥善办理与解决民需民愿、多种诉求，为居民在家门口开通了一条连接街道、区政府各部门的民意表达渠道。同时，搭建“社区—居民”互动平台，开展“多方参与、百姓评说”的主题活动，激发了居民爱社区、建社区的热情。

三是完善社区服务站功能，提高服务能力。注重社区服务站的规范化建设和标准化建设，不断拓宽社区服务项目。第一，统一了26个社区服务站的服务标识。第二，制订了《月坛街道社区服务站工作规程》和《社区服务站办公环境规定》，规范了社区服务站资料存档标准。第三，按照西城区《关于推进社区规范化建设的意见》，比对各部门职责职能，逐项进行了业务及职责任务的梳理。第四，通过推行一人多岗、一岗多能及首问负责制等制度，设立“e窗式”服务模式，大大提高了社区服务站的服务能力和服务效率。

四是加强楼门院长队伍建设，实现居民自治全覆盖。2009年，街道借助科技手段，搭建了楼门院长信息沟通系统。该系统从技术上来讲，核心是一个转化器，它与楼门院长家里的固定电话相连，能够将街道、社区通过网络发来的文字信息，转化成语音信息并进行存储，以便他们多次收听；也可以将楼门院长打电话报出的语音信息转化为文字，通过网络发送到社区及街道，进行分类存储。从机制上来讲，该系统重点搭建起了问题的三级报告机制和四级处理机制。三级报告：楼门院长—社区—街道。四级处理：第一级是由社区将能够通过社区自治、社区服务解决的问题筛出，进行处理；第二级是工作通过系统上报到街道的综合指挥中心，由中心进行分拣、转办及督办；第三级是相关科室、专业队、站、所按照职责进行处理；第四级是对于需要上报区有关部门或协调其他力量解决的问题，报街道领导协调处置。处置结果由中心进行反馈，形成“上报—分拣—处置—回复—反馈”的闭环系统。目前街道共有楼门院长 2432 人，他们是社区工作的“神经末梢”和“毛细血管”，在系统的支持下，切实落实了他们“10 + X”的报告制度，搭建起他们参与社区建设的有效渠道。该系统的运行，畅通了信息上传下达的通道，破解了和谐社区建设中如何及时发现问题和如何有效解决问题两大瓶颈，使街道在社会管理及服务中能够更加人性化和精准化。

街道十分注重社区工作者队伍建设，在社区工作者逐步年轻化、知识化、专业化的基础上，通过培训、轮岗、调训等手段，不断提高他们的综合素质和能力。此外，街道每年将 40% 的公益金（80 万元）用于 26 个社区培育社区社会组织，扩大了社区建设的支持力量。

（三）挖掘社区文化，构建和谐社区精神家园

一是坚持以文化育文明。近年来，街道依托月坛在辖区的特色，充分挖掘“月文化”的历史、地理、民俗等人文底蕴，将其打造成为最具影响力的区域文化品牌，加深月坛地区人民的归属感，推动文化兴区战略实施。为挖掘地区文化特色和内涵，街道近两年来组织专业力量，编纂了 26 个社区的《社区志》，据了解，这是全国街道层面第一套全面的《社区志》。《社区志》的编纂过程，使地区居民在价值观念、行为规范、风俗习惯等方面进一步形成共识，增强了地区居民的认同感，发挥了社区文化的引领作用。街

道注重通过文化作品推动主流文化的传播，比如组织出版了系列丛书《穿过幸福时差》，作为新中国成立60周年和建党90周年的献礼。讲故事的老人和记录整理故事的青年志愿者，互相感染着、感动着，在很大程度上达成了共识、增进了了解。另外，“金辉老人故事”“新西城体验行”“百姓爱心故事”等活动，深入挖掘辖区群众中蕴含的文化特征和月坛精神，并在广大居民中大力传播月坛文化，培育月坛精神，形成人文新风貌。街道充分发挥社区百姓宣讲团作用，结合学习实践科学发展观活动，先后在社区在党员和群众中进行宣讲，使科学发展观成为推进社区发展和党员群众工作生活和谐有序的理论武器。《人文月坛报》的版面、内容、形式得到进一步规范，社区刊物的宣传作用日益明显，受到社区群众的欢迎。与此同时，街道印制“四型月坛”宣传画册，将“携手超越每一天”的月坛精神传播给更多的人，地区精神文明建设推上了一个新的高度。

二是坚持以法制护文明。街道不断创新载体、创新形式，以开展“五五”普法活动为契机，使法制宣传教育更好地体现时代特点，适应和满足人民群众的法律需求。通过资源整合，合理利用，取得了很好的效果。街道积极开展公益律师进社区活动，利用月坛街道办事处电子政务系统中的视频会议平台，在全市率先开通了“法制面对面”视频法律咨询系统，将律师为社区居民提供法律服务的场所由街道办事处向辖区26个社区居委会延伸，至此，月坛地区的所有居民，特别是60岁以上老年居民，每周五除继续享受设在月坛街道办事处的律师现场咨询外，还可以在各自的社区居委会享受到律师及时、直观、便捷、优质的视频法律咨询服务，获得双向有效的法律支持，使辖区居民在和谐社区的建设中，自觉做良好社会风尚的推动者、民主法制的实践者、社会主义和谐社会首善之区的建设者。

三是坚持以学习促文明。近些年，街道不断加强学习型月坛建设，以学习作为思想引领，不断提升地区的整体文化素养。特别是从2009年初开始全面建设互动式学习平台，即依托月坛网，借助清华大学的专业技术，基于居民的学习需求，整合辖区教育机构及包括清华大学在内的优质院校的课件等资源，搭建起满足地区百姓多方面学习需求的网络平台，并实现在这个平台上的时间累积、成果展示、交流互动。

四是坚持以活动带文明。近年来，街道注重以举行一系列贴近百姓喜闻乐见的活动为载体，带动地区精神文明建设。比如2008年的“我的北京我的家‘庆中秋，迎国庆’游园赏月文化活动”，是新中国成立以后第一次在月坛公园举办的祭月活动，是在挖掘地区文化遗产的基础上举办的具有月坛特色的活动，该活动得到了地区居民的大力支持和广泛参与，已成为每年必办的传统项目。另外，街道的“和谐杯”乒乓球比赛、月坛街道“文明新风满西城”摄影大赛、青岛胡姬花快乐舞林中老年社区舞蹈大赛、“我的社区我的家”文艺会演、“五五普法”文艺演出等活动，在丰富居民文化生活、提高居民文明素质等方面，起到了很好的促进作用。

（四）提高服务能力，满足社区居民多元化需求

一是提高公共服务水平。近年来，街道以便民、高效、透明为原则，不断创新公共服务模式，建立了街道公共服务大厅和社区服务窗口，居民可在任意窗口办理所有业务，实现了接待、综合办理的一口受理。推出了“e窗式”数字服务模式，实现了承办人员、职能部门以及服务对象跨空间的“面对面”沟通。通过预约服务、延长服务时间、叫号机轮号制度等方式，大大方便了居民办事。同时，搭建了覆盖整个月坛地区的无线城域网、无线监控网以及月坛街道内部局域网，开发和升级了月坛街道OA系统、网络信访处理系统等街道业务系统，大大提高了服务效率。

二是提高便民服务水平。围绕社区居民的衣食住行等需求，街道努力打造“十五分钟便民服务圈”。不断完善菜站、便民店和修理点的布局，方便居民生活。引进多家便民服务商，提供专业服务。目前，街道已经和40多家服务商签订服务协议，为社区居民提供小时工、保姆、送餐、理发、修脚、家电维修、管道疏通等服务项目百余项，受到社区居民及老年人的欢迎。同时，结合本地区国家部委多，街道资源不足的特点，为有效解决老年人就餐不便问题，街道通过资源共享的方式，协调广电总局开放机关食堂，并为地区老人开展送餐服务；为解决生活不能自理老人的照料问题，与农机

局、国家发改委携手，将位于汽南社区、三里河一区社区内的商业用房腾出，建立了近 2000 平方米的养老机构；为解决社区活动用房的问题，与 18 部委联建办携手，将位于三里河二区社区内 800 平方米的半地下空间建设成二区社区文化活动站。

三是提高公益服务水平。街道通过购买项目的形式，为居民提供专业的公益服务。比如在残疾人温馨家园①，引进专业医疗机构帮助开展精神残疾的康复工作，引进专业社工机构，开展社工服务项目。在地区中小学校，引进悦群社会工作事务所，开展心理辅导等，受到学校的欢迎。在“无围墙敬老院”，引进天津鹤童老年福利协会，提供专业养老服务等。

四是加大社会组织培育，提升社会服务水平。坚持在理念上创新。2005 年 6 月，月坛街道在办公用房紧张的情况下，将 1600 平方米的原办公楼腾出作为月坛地区社会组织服务楼，确立了以空间换服务的思想。同时，成立了“月坛社区建设协会”，以其为龙头，培育地区各类社会组织。目前建设协会已有 100 多个团体会员，6 名专职工作人员。几年来，服务楼先后入驻了 20 家社会组织，现在在其中发展的有 16 家，它们还带动建立了数十个活动团队、兴趣小组和项目工作室，共举办各类活动 1500 余场，受益人群达 15 万人次。同时，街道注重统筹地区单位优势资源，积极搭建社会组织交流合作平台，实现地区社会组织资源共享。坚持在机制上创新。首先建立了专项支持的资金保障机制。街道各职能部门用于地区社会组织培育的扶持资金每年为 200 余万元。其次是建立了优胜劣汰的考评机制。对于开展工作规范、社会效益较好、符合培育方向的社会组织，继续向其提供办公用房及活动场地；对于工作开展不好、没有取得良好社会效益的，减少、取消办公用房及活动场地。通过这些举措，大大激发了社会组织的活力，提高了社会参与的积极性。坚持在服务上创新。街道全面梳理内部职能，积极培育专业社会组织。例如：面向社会招募，组织了“月坛社会调查队”，经权威统计机

① 因为邓朴方同志在月坛为残疾人活动中心题名“温馨家园”，之后全国的同类机构都采用这个名称。

构测评，其专业化作业数量和质量，均远远超出过去街道相关科室承办时的情况。街道与玖久缘文化养老中心合作，为辖区老人开展文化养老，使辖区2万多名老人分享了快乐，并对100多位照料生活不能自理老人的护工进行技能培训与指导。社会组织专业化的成功实践，引领了街道各职能科室在培育社会组织实践中积极探索，以项目运行方式，逐步走向公共服务专业化的路子。

（五）加强城市管理，提升社区综合品质

一是建立长效机制，实现共建共享。街道打破部门分割，探索三个体系建设：地区环境秩序监控体系、地区环境保洁管理体系、地区矛盾排查化解工作体系。按照卫生、安全、信访、处置等环节，建立统一的地区综合监控应急指挥系统，把视频监控和城管监督员巡视结合在一起，对地区实行全面的、全天候的监控，及时有效地处理各类环境问题。同时，进一步发挥地区管委会的协调作用，调动社会单位主动参与环境建设工作的积极性，建立与地区大单位的日常沟通协调机制。动员、发动群众广泛参与地区环境建设，形成共同维护环境、有效治理问题、共享发展成果的良好氛围，并逐步形成居民群众的自我管理、自我服务的常态机制。

二是加大改造力度，推进惠民工程。月坛街道不断加大城市环境的治理力度，以保障提升地区环境综合质量为己任，以努力打造优美整洁的环境为目标，以解决群众关心的城市环境热点、难点问题为突破口，明确了以为民办实事相关项目为重点的环境建设“惠民”工程。积极推进“老楼通气”、集中供暖改造等工程的建设，新增集中供暖面积达8250平方米，200余户居民享受到环保、安全、便捷的管道燃气，196户居民结束冬季靠煤火取暖的生活，用上清洁、安全的热力供暖设施。协调市政有关单位对部分老旧破损道路进行整修，解决积水扬尘等问题，对辖区白坛观8号院平房区进行改造，解决雨水倒灌的问题。

三是加强综合治理，不断优化环境。每年结合“植树日”、“世界无烟日”、“城市清洁日”、“爱国卫生月”、争创文明城区等开展工作，发动中央、市、区属单位、驻区部队和社区居委会，出动机关干部、职工、志愿

者、部队官兵、社区离退休干部居民、学生等几万人，清除小广告，清洗广告牌匾，整治美化主要大街，清理卫生死角，清除垃圾、堆积物，治理白色污染，清理绿地，整治居民小区。以国庆 65 周年为契机，大力破除城市“痼疾”，完成了月坛公园周边环境的整治，白云观 8 号院和真武庙一里、五里拆迁工作以及白云路、月坛西街扩路，市级“城中村”首都博物馆周边环境整治等多项城市整治和改造任务。配合区有关部门整治了南礼士路小公园，取缔了真武庙四条占路早市、义乌市场、天外天小商品市场。对南横街、乐道巷环境秩序进行了综合整治，协调多部门对历史形成的违法经营、违章建筑进行综合治理，大大改善居民环境。对非法占道经营和“黑车”等行为进行重点打击，在开展黑车治理“脉冲行动”中，按照区政府的统一部署，拆除了违章地桩和违章地锁，收缴暂扣各种违法经营车辆，通过持续性的整治行动，有效阻止了违法经营市场的形成。同时，在驻区单位的参与下完成“花园式社区”创建。此外，创建垃圾分类达标小区 11 个，实现分类投放分类运输小区 7 个，城市环境建设水平得到不断提高。

（六）加大维稳力度，社会环境和谐稳定发展

一是坚持标准、持续改进，全力打造安全社区。2005 年底街道启动了安全社区创建工作，遵照“安全社区”建设标准，秉承“持续改进”的基本理念，在中国职业安全协会指导和西城区政府的领导下，结合地区的实际，制定了安全社区创建工作的八个原则：更新观念、意识先行、整合资源、形成机制、有限安全、责任分担，模式有别、创造特色。根据以上工作原则，街道对社区进行了全面安全诊断，并据此梳理开展了一批安全促进项目，涵盖交通安全、消防安全、居家安全等多个领域，同时建立了多部门合作的组织机构，共同推动地区大安全的发展，取得了很好的成果。2008 年 6 月，街道获得世界卫生组织认证，成为国际安全社区第 139 名成员。

二是全力维护社会安全稳定，建立综合监控体系。充分发挥综合监控中心职能作用，利用 211 个监控摄像头，配合以专业民警、社区积极分子、治安志愿者、社区巡防队、小区物业、单位保安等，形成在各类事件处置中快

速反应、有效控制的工作模式。街道对本地区的1000多名保安、7000多名协管员和保洁人员等进行指导培训，让他们成为街道协警力量，形成了一个能够联动的二级网络体系，并纳入地区综合监控指挥中心的统一指挥。这样，把技防和人防、预警和处置结合在一起，实现对地区各类治安伤害和秩序问题的早发现、早报告、早处置。

三是依法化解社会矛盾，维护社会和谐稳定。按照建立大信访工作格局的要求，街道发挥中心制体制的优势，充分整合资源，建立完善了街道信访及矛盾化解工作的新机制：建立一个领导小组——月坛街道人民内部矛盾化解督查督办领导小组；强化两个中心——地区综合投诉中心和街道社会矛盾调解中心；做实一个工作站——社区“调解工作站”；建设一支调解队伍——在街道和社区两个层面建立一支以人民调解员为主，干部、律师、志愿者参与的调解队伍。在新的工作机制中，重心向社区下移，深入一线化解矛盾，重点做好民生保障，从源头上遏制信访事项的发生，努力把矛盾和纠纷化解在基层。

和谐社区创建是一个阶段性的评比工作，而和谐社区建设则是一个永恒的话题，没有最终的目标，只有更好的标准。月坛街道在和谐社区的建设上，始终本着以科学发展观为指导，以“四型月坛”为主线，不断创新社会管理服务，不断推进和谐社区建设，为地区的和谐、文明，做出了积极的努力，对社会的和谐发展起到了重要的促进作用。

三　月坛街道和谐社区建设取得的经验与启示

月坛街道从自身的实际情况出发，探索出一套较为完整的和谐社区建设发展模式，在和谐社区建设队伍中，走在了全国的前列。通过对上述做法的具体阐述和分析总结，可以得到以下有益的经验与启示。

（一）敢于向“自身开刀”，深化政府行政体制改革

和谐社区建设最终的落脚点在“人”上。本着“以人为本，为民服务”

的宗旨，应大胆开展“自我革命”。在这点上，一方面，月坛街道本着系统划分、内部整合的原则，敢于打破原有行政格局，积极开展“精政减政”工作，便于工作更加有效的开展。另一方面，根据社会管理及服务的需要，本着构建一个更加开放、具有更广泛社会参与的工作体制核心理念，继续将改革推向纵深，为和谐社区的建设提供重要的组织保障。

（二）充分发挥政府的导向作用

和谐社区的建设，政府不仅要从思想上高度重视，更要在导向和支持上发挥积极作用。就月坛街道而言，政府加强社区党组织的领导，准确把握社区自治的方向；完善社区自治运行机制及社区服务站功能，加强楼门院长队伍建设；积极引导社区文化建设，为和谐社区建设提供法治保障、搭建网络平台等，实现了政府只负责“掌舵”而不再参与“划船”的职能转换，确保和谐社区这艘航船朝着和谐社会的目标稳步前行。

（三）重视社会组织的培育，奋力打造专业化的社区建设队伍

综观国内外社区建设经验，社区中介组织的培育和专业化队伍的培养，在社区建设中，起着举足轻重的作用。就月坛街道而言，一方面，街道通过理念、机制和服务的创新，为社会组织的培育搭建良好的平台；另一方面，街道通过专业的技能培训与指导，公平、公正、规范的组织考评机制，大大地降低了政府的社会管理成本，拓宽了社区居民的参与渠道，完善并提高了社区的自治组织网络和自我建设能力。

（四）着力强化社区的自治功能

从国内外社区建设的成功经验来看，和谐社区建设源源不断的生机和活力来自居民，只有强化社区的自治功能，让居民的主体作用和直接受益者作用得到充分发挥，积极引导居民广泛参与到社区的建设当中，和谐社区的建设才能做实做强。月坛街道通过动员、鼓励、发动群众广泛参与到社区建设中，激发他们自己解决社区问题的积极性，形成“我要干”“社

区是我家，建设靠大家”的浓厚氛围，积极强化并着力培养居民的主人翁意识。

（五）主动作为、广泛拓展社区建设的多元投入

和谐社区的建设离不开资金、场地等“硬件”保障。月坛街道通过多元化的渠道，如将1600平方米的原办公楼腾出作为月坛地区社会组织服务楼，每年将40%公益金（80万元）用于26个社区培育社区社会组织，建立了专项支持的资金保障机制，街道各职能部门用于地区社会组织培育的扶持资金每年为200余万元，利用小区监控摄像头开展安全工作，搭建信息平台，实现资源的共建共享等，最大化、最优化地开展和谐社区建设工作，实现了资源的优化配置，为和谐社区的构建扫除物质障碍。

参考文献

钟韵珊：《城市和谐社区建设研究》，硕士学位论文，福建师范大学，2013。

胡锦涛：《在省部级主要领导干部提高构建社会主义和谐社会能力专题研讨班上的讲话》，《人民日报》2005年6月27日。

徐永祥：《社区发展论》，华东理工大学出版社，2006。

黎熙元：《现代社区概论》（第2版），中山大学出版社，2007。

李学举：《建设和谐社区，为构建和谐社会奠定基础——在全国社区建设工作会议上的讲话》，《社区》2005年第17期。

B.5
月坛街道数字化学习型社区建设的实践与探索

摘　要：　截至2015年12月，中国网民规模达6.88亿人，互联网普及率为50.3%，数字化已经成为相当一部分居民的生活方式。建设数字化学习型社区是创新社区教育载体、深化社区教育内涵、提升社区教育品质的重要途径，是社区教育未来发展的趋势，也是推进全民终身学习、建设学习型社会的时代要求。近年来，月坛街道顺应数字化的趋势，将数字型月坛与学习型月坛结合起来，运用数字技术、数字平台、数字网络推进地区终身学习、终身教育体系和能力建设，积极探索数字化学习型社区建设模式，取得了一定成绩。其经验对大数据背景下大都市社区教育体系建设有一定借鉴意义。

关键词：　数字化学习　学习型社区　数字化学习型社区

一　数字化学习型社区的提出与发展

（一）数字化学习型社区产生于信息产业飞速发展的大背景下

随着人类进入知识经济时代，除了强调在信息生产和分配使用上进行知识创新外，更要强调知识与信息的传播与利用。进入21世纪，信息的爆炸式增长，缩短了知识更新的周期，传统的学习模式和学校的教育资源受空间和时间的制约，已经大大无法满足人们对获取知识的需求。而数字化学习型社区的建设，可以整合教育资源和强大的信息资源，提供多层次和多形式的教育，并且构建了多元、互动、社会化的教育体系和平台。

（二）数字化学习型社区是社区教育不断深化的产物

21 世纪初，社区教育在一些欧美国家兴起，20 世纪 80 年代初期，我国为了全面适应现代化建设的需要，提高全体国民的素质，积极培育各类人才，在原有的学校教育、家庭教育和社会教育的基础上，借鉴国外的经验，社区教育逐步发展起来。但是社区教育往往受到资源、设施和形式单一的制约，无法满足居民个性化和多样化的学习需求。数字化学习型社区的产生，利用信息化的教育和管理服务手段等，为学习者提供更加多元和丰富的学习环境和学习资源，创新了社区教育的载体和内涵，成为传统学习模式的有益补充。信息技术的不断更新和应用为社区教育拓展了更加广阔的发展前景，如网络资源共享、视频点播、远程视频和交互电视等技术的应用，使社区教育更加灵活，适应性更强，成为构建学习型社会的时代特征（见图 1）。

（三）数字化学习型社区是构建终身教育体系的必要因子

1. 数字化学习突破学习的时间和空间限制

数字化学习是指以学习者为中心，运用现代化的信息技术手段，根据个人需求自主自发的获取学习资源，并通过数字化实现学习者之间的互动、协作与交流。数字化学习实现了资源的共享，资源间不再有时间和空间的限制，使得学习者不再仅能在学校完成学习，而可以通过信息化的手段随时随地拥有学习的资源、享有学习的环境。

2. 学习型社区是社区教育和终身教育思想的桥梁

学习型社区是学习型社会和学习型组织两种理念结合的产物，是社区教育和终身教育思想的连接点。学习型社区不只是文化的学习，更是基于人的全面发展，基于学习的创新型社区。学习型社区就是指以社区自治为基础，以全民教育和终身学习理念为指导，以提高人的全面发展和提高人民生活质量为目标，以全体居民的主动学习、互动学习和终身学习为前提和动力，通

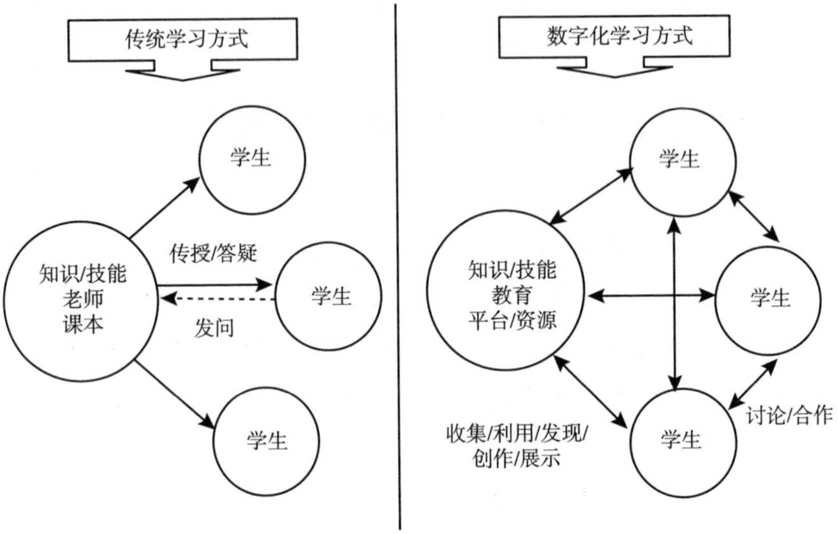

图1　传统学习方式与数字化学习方式比较

过个体学习和社区学习形成创新力和凝聚力，不断促进和谐发展的社区。

3. 数字化学习型社区是有弹性学习时间的信息化的学习型社区

数字化学习型社区是信息化社区建设在社区教育发展中的运用，以构建学习型社会为目标，是以社区终身教育体系为基础，以现代信息技术为手段，整合全面的教育资源建立的，以社区为单位，把学习导入社区建设过程，向社区内的各类学习者提供随时随地、多样便捷的学习资源和支持服务，具有弹性学习时间的信息化的学习型社区。学习型社区是以人的能动活动来推进社区发展和建设的模式。

4. 建设数字化学习型社区要抓好三个关键点

目前，国内外的数字化学习型社区建设仍然处于探索初期阶段，在不断发展过程中关注以下几个重点：一是加强具有强大的功能承载力的数字化学习平台及学习资源建设，能实现学习资源与管理平台的有效结合，从而满足多层次、多元化、数字化的学习需求；二是加强具有丰富学习资源、良好学习环境的学习支持服务体系的建设，这就包括有数字化的学习设施、学习管理的支持服务、学习资源的支持服务和后期管理等的支持服务；三是建设完善的学习中心运行机制，是整个数字化学习型社区建设、数字化学习活动开展和运行的有力保障，结合本地区的特点以及主导部门的运行机制和优势，往往采取政府主导、学校主导、企业主导和社区网络学校主导等模式。

（四）数字化学习型社区是建设学习型社会的重要基础

首先，学习型社区是学习型社会概念的衍生。20 世纪，终身教育和终身学习是最重要的国际性思潮，学习型社会就是基于终身教育和终身学习这一思想而构建的。21 世纪学习型社会成为许多国家教育发展的重点战略。1993 年，我国在《中国教育改革和发展纲要》中首次提出“终身教育”这一概念。2007 年，党的十七大提出，要发展远程教育和继续教育，建设全民学习、终身学习的学习型社会。2010 年我国颁布的《国家中长期教育改革和发展规划纲要（2010～2020 年）》提出了要把教育信息化纳入国家信息化发展整体战略。随着计算机的普及和应用技术的不断发展，信息技术应用的数字化学习成为学习型社会发展的方向。在这一趋势引领下，我国的数字化学习型社区建设不断推进，我国在天津、西安、广州、宁波等地进行了数字化学习型社区的试点建设，陆续在各地开展关于数字化学习型社区的理论与实践的研究。天津、沈阳等城市在数字化平台建设方面大力整合数字化学习公共资源，使广大居民受益（见表 1）。

表 1　全国数字化学习先行区统计

序号	地区	2009 年	2010 年	2011 年	2012 年	2013 年	总数（个）	占先行区比例（%）
1	江苏	南京：鼓楼区、建邺区，苏州：沧浪区☆、金阎区，无锡：崇安区	常州：钟楼区，苏州：昆山市	镇江：润州区☆，苏州：吴江市△、张家港市☆	镇江：京口区☆	无锡：宜兴市☆，南通：如东县△	13	21.31

续表

序号	地区	2009 年	2010 年	2011 年	2012 年	2013 年	总数（个）	占先行区比例（%）
2	上海	徐汇区、长宁区、杨浦区、嘉定区、静安区	闸北区、普陀区、浦东新区	闵行区	青浦区☆、黄埔区☆、宝山区	—	12	19.67
3	浙江	杭州：上城区	宁波：鄞州区、北仑区△	宁波：慈溪市、江东区、江北区☆、镇海区☆	杭州：拱墅区	温州：瑞安市△、瓯海区△，宁波：余姚市△	11	18.03
4	天津	河东区、南开区、大港区△	—	红桥区☆、河西区、河北区	—	—	6	9.84
5	四川	—	—	成都：龙泉驿区☆、青羊区、金牛区☆、成华区、锦江区	成都：武侯区	—	6	9.84
6	辽宁	—	大连：甘井子区	—	大连：金州新区，鞍山：铁东区	—	3	4.92
7	北京	—	—	—	顺义区	东城区、西城区	3	4.92
8	湖南	—	—	—	长沙：岳麓区	长沙：雨花区	2	3.28
9	重庆	—	—	渝中区	—	—	1	1.64
10	安徽	—	—	—	马鞍山：雨山区	—	1	1.64
11	山东	—	—	—	潍坊：诸城市	—	1	1.64
12	河北	—	—	—	唐山：开平区△	—	1	1.64
13	山西	—	—	—	—	太原：小店区	1	1.64
	小计	14	8	17	13	9	61	—

注：表中的区后面未标符号的为全国社区教育示范区，标“☆”的为全国社区教育实验区，标“△”的为非示范区或实验区。

二　月坛街道推进数字化学习型社区建设的探索

（一）月坛建设数字化学习型社区基础雄厚

北京市西城区月坛街道有大学 1 所、中学 6 所、小学 6 所，月坛社区教育学校 1 所，社区市民学校 26 个，幼儿园 4 所，首都博物馆和区级科技馆坐落在该辖区，地区大专以上人口占总人口的 49.7%。教育基础扎实，整体教育氛围浓厚，群众文化教育服务需求品位高，各类人员对教育的需求和影响巨大。

月坛街道领导班子高度重视数字化在街道管理中的应用，确立了数字型月坛的总体目标，立足全局和长远，制定了相应的建设规划，明确工作重点，分清轻重缓急，集中人力、物力、财力，加快建设步伐，充分发挥各方面的积极性，将月坛数字化建设稳步推进。

月坛街道于 2004 年 9 月开始建设月坛地区无线城域网。首先结合街道办事处新办公楼的装修，在楼内建成网络机房，作为无线网站的中心。其次，把月坛街道所辖 4.13 平方公里的区域划分为 6 个板块，在各板块中选择一个点作为分中心二级基站，在中心—分中心—终端接入点之间使用不同频段的设备进行无线连接，形成一个地区的无线网络，实现辖区内的无线信号覆盖，使分布在 4.13 平方公里内的驻地单位、学校和社区居委会等办公网络能连接到街道办公楼中心机房内，实现数据交换和资源共享。

2005 年 11 月，全面建成“区—街—居三级网络”系统，通过光纤、无线网、有线网等多种方式，保证街道相关部门与西城区政府办公网的连接、街道内部科室所有计算机互联，实现街道与区政府、街道与居委会、街道与地区相关单位的网络畅通，实现数据互联互通。形成月坛城域网，网络用户包括机关办公楼、社团办公楼、26 个社区居委会及部分地区管委会成员等。月坛地区无线局域网接入点 137 个。

目前，月坛街道办事处与所辖各社区居委会已实现网上交互式办公。通过无线网络及街道的办公平台，街道大部分文件和通知都可发送至各居委会，并为居委会开通了电子邮件、短信通知、报送信息等服务。全覆盖的网络和相关技术应用的实现为打造数字化学习型社区建设奠定了坚实的基础。

（二）月坛数字化学习型社区建设的路径

1. 建立完善组织领导机构

月坛地区数字化学习型社区建设工作领导小组由街道主要领导任组长，全体处级领导及相关职能科室和组织单位为成员，由社区办及街道办公室负责人共任创建办公室负责人，制订工作计划，协调督办工作落实。各社区数字化学习型社区建设工作由社区党组织和居委会负责人负总责，并安排专人落实实施，开展学习活动。领导小组成员每月召开碰头会，每季度都要召开一次地区性的数字化学习型社区创建工作座谈会，社区工作者、居民代表、地区单位代表都可以在会上畅所欲言、各抒己见。

2. 制订合理可行的实施方案

数字化学习型社区建设工作是一项长期性、系统性、全面性的工作，需要各个部门、各类组织、各项工作、各方资源与力量的系统配置与统筹融合。月坛街道以“多方参与、整合资源、齐抓共管”为创建理念，制订了分工合理、权责明确的工作实施方案，将各项工作分配、落实到具体科室、具体人员。

3. 建立科学有效的管理机制

领导小组对创建工作的具体过程进行密切监控与严格检查，除定期对各部门相关负责人进行培训、听取其工作汇报并进行指导外，领导小组成员还不定期对辖区内 26 个社区及驻地单位进行走访，通过视导、座谈、聊天等方式实地考察工作实施成效，征求大家的意见与建议，集思广益、广开言路，以便推动创建工作的进一步开展。

一是通过学习教育培训制度，强化自主自动学习力度，扩大学习共享范围。街道规定每周二下午为科部室内部学习时间，每月由组织人事部下发学习要点和参考文选，大科部建立学习制度；明确每个公务员和党员全年96学时的脱产学习培训的具体分类安排，要求外出学习考察回来要交调研报告。街道定期对机关干部及社区工作者进行数字化学习型社区理论培训，由区有关专家或指导小组成员讲解数字化学习型社区相关理论知识。

二是加大数字化推进的经费供给，不断完善投入机制，形成政府、企事业单位、社会团体共同承担的投入保障机制。街道财政每年要按计划安排终身学习服务体系的基础设施和基础项目建设经费，保证专款专用并逐年有所增加，为居民创设更好的学习条件。政府各职能部门都应在各自工作范围内明确一定比例经费用于和人员、组织培训教育相关的工作。街道办事处带头重视对教育培训经费的投入，并依法督促和带动地区企事业单位、家庭个人增加对教育和培训的投入。

三是加强对社区教育中心的建设与管理，不断扩大数字化学习应用范围。月坛社区教育学校挂牌成立后，担起了月坛地区社区教育龙头的重任。在区文明市民学校总校的帮助和指导下，月坛街道26个社区居委会都建立了市民学校分校，由工作站站长担任校长，有固定的学习和活动场所。月坛街道办事处投入200余万元将重新改建的原办公楼开发、建成1600多平方米的集教育、文化、体育于一体的多功能基地。

四是建设一支学习型组织创建的领导者队伍，吸引聚集一批来自不同层面、不同领域的研究学习型组织创建的专家学者，招募一批有志于学习型组织创建的志愿者。另外，街道还建设了一支专兼职结合的社区教育管理工作者及学习型组织创建工作者队伍，形成三个层面："议事层（大中小学校校长及社区居委会班子成员组成）""监督层（区教委、社区办和街道办事处及有关职能单位组成）""执行层（由各社区工作站科教主任，大、中、小学校的思教主任，团委书记和辅导员组成）"。

（三）月坛数字化学习型社区"四体系一平台一机制"

1. 构建起数字化学习服务体系

一是实现了全覆盖的网络体系。在西城区信息办的协调和推动下，月坛街道推进有线、无线网络覆盖工作，到目前为止，已经实现电子政务融合升级工作，总带宽达到万兆，为开展数字化学习型社区网络建设奠定了基础。此外，还为部分数字家园提供了单独带宽，使居民能够更加快捷地参加上网培训和学习。近年来，重点推动了无线宽带局域网络建设工作，在学校、文体娱乐场所、商业街区、政务办公场所以及居民区等地方覆盖无线宽带局域网络，为居民提供能够随时随地学习的条件。

二是建设数字化基础服务体系。西城区信息办、经济科学大学和街道办事处联手建设了多个数字家园和社区教育学校，通过数字化的学习资源对居民进行培训。以数字家园和社区教育学校为学习资源点，居民可以开展自主学习、合作学习。此外，在写字楼和商业中心等人员密集场所和各社区服务站设置了电子触摸屏，作为居民学习的终端之一，进一步拓展学习空间。

三是建立数字化管理员队伍体系。为推进数字化学习型社区建设工作，街道专门成立月坛街道数字化（信息化）管理办公室，成员均是具有数字化特长的专业人员，负责街道数字化具体工作。之后，在街道各科室、各社区居委会确定一名数字化管理员。在两年里，有计划地组织面向机关和社区居委会数字化管理员的培训。经过培训，数字化管理员队伍日渐成熟，在本部门的数字化应用上发挥了推动作用。

四是试点开展远程帮助服务体系。由西城区信息办牵头，街道和相关企业参与建成远程帮助服务中心，向社区发放3000张远程在线服务卡，为社区居民提供信息咨询和远程技术支持服务。服务的内容包括计算机系统的维护、信息安全的维护、常用软件的安装及使用、上网使用指导以及信息咨询查询等。居民通过远程服务卡上公示的服务热线电话或者远程软件登陆等方式，即可实现远程“面对面”“手把手”的教学与服务，远程服务卡成为居民的“信息小秘书”。

2. 打造了数字化学习资源平台

一是建设社区公共学习资源平台。月坛街道通过建设数字化网络互动学习平台，打破各类资源相互隔离、分割的状况，有效地整合社区现有的学习资源，拓展了社区教育的空间。平台设有“月坛信息”“人文月坛报”“学习平台”“博客与圈子”四个板块。涵盖政务信息、各类名家讲座和主题活动等，通过“博客与圈子”凝聚人气，吸引社区的每个人关注和参与。

二是整合了不同纬度的教育资源。月坛街道将辖区各部委老干部活动中心、活动站、学校图书馆、各类阅览室、各类网吧多媒体教室、电影院、礼堂、数字电影厅、多功能厅都纳入统筹调动范围，用于向市民提供学习服务。街道和大学展开合作，整合了清华大学党建、历史、环境教育等相关课程，以及首师大的文化讲座、心理干预、法律咨询以及国外相关交换课程。目前，社区学习资源平台涵盖科学、教育、体育、娱乐、文化等各方面资源，用以满足社区居民在自主学习和互动学习中多样化、不同层次的学习需求。

3. 建立起学习激励机制

一是建立创建数字化学习型社区工作先进典型的考核评估和表彰奖励机制，对为数字化学习型社区创建做出突出贡献的个人、社区或单位予以特别表彰，评选“月坛学习之星”“科技之星”等，来激励、调动创建主体的积极性和主动性。

二是除了学习西城网站为辖区居民提供丰富的学习资源外，还开通了累计学分认证和积分兑换，考勤刷卡管理和会员管理服务等市民终身认证功能，将市民参与各种志愿者活动、面授学习等纳入认证体系中，通过刷卡给予学分积分，鼓励市民通过各种形式进行终身学习，参与数字化学习型社区体系的建设。系统内学员已达万余人次，该系统获得了学员的一致好评。

三　国内外数字化学习型社区建设的实践案例

（一）谢菲尔德的“城讯通”项目——建立分层的学习中心

英国谢菲尔德的“城讯通”项目，以政府部门和社区为基础，与社会教育机构和组织合作，多方共同参与学习中间层的建设和运行。统筹和扩大了学习资源和活动，并且建立学习中心分层的动态结构，明确各等级和层次的学习支持服务范围，确保各类人群的参与。与此同时制定章程、协议及建立评价机制，以此约束参与者的行为，确保项目效果。

（二）西伯克希尔的“电子社区网络”项目——购买专业化服务

该项目与专业的网站（EezEE 网站）建立了合作伙伴关系，由该网站负责学习内容、相关链接、学习服务支持等方面的咨询和指导。就如何解决学习机会和学习资源分配不均衡这一共同关注的问题，项目工作小组制订具有操作性和行动力的计划。此外，运用信息通信技术作为反馈和监督的重要渠道，监督相关行动计划和举措是否合理并加以改进。

（三）天津教改项目试点——构建学习服务模式

我国教育部在 2006 年启动了“数字化学习港与终身学习社会建设与示范”教改项目计划，天津市开始在社区试点。通过建立社区型数字化学习中心的学习支持服务模式，天津市数字化学习中心向市民提供技术平台、数字化学习资源、学习管理和后勤管理四种支持服务。各类的支持服务，符合天津市市民的多样化学习兴趣及需求，从而为社区居民学习活动的开展奠定坚实的基础。

（四）广西数字化学习中心建设——共建共管模式

广西的社区数字化学习中心建设采取的是电大与社区合作建设共建共管的模式。例如在北海的出口加工区、兴港镇南乐回建小区建设的数字化学习中心，是由电大投入资金进行基础设施建设，以及公益性试点的数字化学习平台建设和资源建设，且由社区和电大共同推进社区各项学习活动的开展。这种模式依托了现有的电大系统建设数字化的学习平台建设，整合学习资源，由电大进行专业的各项业务指导，包括人员培训、学习中心建设和运行的指导等支持服务。

（五）“温州终身学习在线”——注重市场化商业运营模式

“温州终身学习在线”项目，开创性地采取了全商业化的运营模式，即采用多方合作制，不仅降低了运营和维护的成本，而且分散了项目运营管理的压力，减少了工作量。同时，借助商业运营模式将更加有利于平台的推广与传播。“温州终身学习在线”按照实际管理情况分为主权方（使用方）、承建方、运营推广方，运营推广方引入移动通信服务商，以平台的广告位、服务商的产品推广等作为附加产值，换取移动通信服务商的服务器存储、网络带宽和平台推广，大大降低了平台的运营成本。此项目与其他社区数字化学习平台案例相比较，更加注重技术和市场运营的质量，通过吸引资本的注入来实现网站的市场化运营，最终实现项目的可持续发展。

四　数字化学习型社区发展面临的问题

近年来，我国的数字化学习平台建设发展迅速，尤其是一些发达地区，如北京、天津、上海、江苏和浙江等地的增速和使用成效较为明显。数字化学习资源的多元化、人性化、便捷化为广大学习者提供了更多获取知识的途径，有力地推动了学习型组织、学习型社区和学习型城市的建设。各地的数字化学习型社区建设都结合各自特点进行了有益和创新的探索，在学习模式、管理模式、服务模式、运行机制、技术平台的建设方面不断摸索，取得了良好的进展和重要的成果。但在发展过程中遇到了很多的问题。这些问题主要体现在以下方面。

（一）优质教育资源整合不足

当前，社区数字化学习平台建设面临的一个突出矛盾就是数字化的教学资源不足，难以满足各类学习者的学习需求，尤其是缺少就业、提升职场能力和生活品质等方面的优质学习资源。数字化学习首要特征就是教育资源和学习资源的开发与共享，教育的信息化的重点就在于建立优质学习资源的共享机制。而目前各类各级的教育资源形成了新的信息孤岛，信息壁垒使之相互隔离，学习资源的建设缺乏活力，有限的学习资源也存在供需错位。整合和优化学习资源并共享利用成为建设社区数字化的学习平台和未来发展的最大制约。

（二）缺乏必要的市场机制引入

数字化学习型社区的建设需要大量的人才和技术投入，但是，我国目前数字化学习社区的建设机制还不明确，教育部的“数字化学习港项目”多限于学历教育，其与社区教育、继续教育相分离，在数字化学习型社区的建设上政府投入不足、职能不到位。发挥政府的主导作用，增加对学习型社区建设的投入虽然是社区数字化学习平台建设的首要条件，但是公共教育资源和政策还未做出相应配套调整，此外，不能仅靠国家一手包办，还是需要引入市场机制，合理利用社会化资源来增加教育资源的供给，这也是政府职能转变的一个重要过程。

（三）公共服务体系统筹规划欠缺

数字化学习型社区的公共服务体系是进行数字化的学习的业务指导和管理中心，对上是对接政府主管部门负责各学习中心的协调管理，对下连接各学习中心进行具体的业务对接和指导。数字化学习型社区的公共服务体系建设，需要政府全面的统筹规划和切实推进。服务的功能和模式的突破，需要现有的教育服务体系进行理念的更新，面向数字化学习和终身学习的未来，搭建整合远程教育机构、各高校等教育机构及各地区学习中心相连接的数字化学习的公共服务平台，实现学校和社区的紧密结合。

五　数字化学习型社区建设发展展望

社区作为社会的细胞，是经济社会协调发展的重要基础，学习型社区是中国社区建设和发展的重要内容之一。伴随知识经济时代的到来，网络高度发展、科技和信息瞬息万变，人们对社会知识的学习和掌握提出了更高的要求。此外，近年来手持移动设备和云计算技术服务在数字化学习平台建设中得到广泛应用。为广大民众搭建了一个有效的数字化的社区学习平台，成为与时俱进、符合未来发展的选择。

（一）优化更新数字化学习平台的技术应用

建立一个学习平台（学习网站）是狭义的对数字化学习社区建设的理解。在信息技术高度发展的今天，需要为居民提供一个开放性的、个性化的、具有一定普及性的学习资源平台，关注当下人们数字化学习的途径，例如手持移动设备的使用，各类 App 的开发和应用，使上网成为人们的一种休闲方式和交流方式，人们可以随时随地利用网络工具搜索自己要学习的内容，但这种学习往往是碎片化的学习，我们可以利用各类远程教育资源，同时增加学习资料整理、比较和互动交流，提高人们学习的积极性。

（二）分层建设数字化学习资源

数字化学习型社区建设的重点是满足社区居民个性化、多元化的学习需求。然而，数字化的学习资源建设是一个需要长期累积、不断优化的过程。可以通过购买、引进、自建和共建等不同的途径建设数字化的学习资源库，分步骤不断完善学习资源共享平台的建设，除了建立供个人使用的学习管理平台外，建立单位用户共享的学习管理公共平台，有效推动学习型组织的建设，单位和集体都可根据各自需要定制学习课程，单位和组织还可在专区上上传本机构的个性化课程并自主管理本机构个人注册用户的学习活动。

（三）开发数字化学习型社区产业

数字化学习型社区能有效提高社区的文明程度，同时，还能相应带动相关产业的开发，例如挖掘社区优势资源，促进社区科教文娱领域的产业化，通过数字化学习型社区的打造，带动学习型组织的发展，将社区的产业组织有机连接起来，增强社区的学习功能，推动社区技术创新的产业化，促进社区居民自主学习和创业。

参考文献

毛汉领：《关于继续教育历程及其发展的思考》，《广西广播电视大学学报》2010 年第 4 期。

谢幼如：《网络时代的教学模式与教学设计研究策略》，载《第六届全球华人计算机教育应用大会论文集》，中央广播电视大学出版社，2002。

高志敏：《关于终身教育与学习化社会理念的探讨》，《教育研究》2001 年第 3 期。

关颖：《社区教育资源的开发和利用》，《教育研究》2001 年第 6 期。

魏雨萌：《我国构建学习型社区的对策研究》，硕士学位论文，电子科技大学，2009。

调研报告

Survey Reports

B.6

创新民主自治形式　引导居民有序参与

——月坛街道构建与完善社区自治体系的探索与思考

摘　要：　社区作为社会生活共同体，不仅是一个行政地域概念，而且是一个存在共同利益、共同价值追求、共同文化特质的社会单元。社区治理除了依据法律法规采取自上而下单向管理的行政模式之外，更重要的治理模式应该来自自下而上网络式的民主自治。本文在对月坛街道调研的基础上，总结概括月坛街道构建社区自治体系的相关实践，系统分析在构建和完善社区自治体系过程中存在的问题，并对此进行了一些思考。

关键词：　社区自治　社区治理　自治机制

社会治理的核心是人，重心在社区。党的十八大报告明确指出，要扩大基层群众自治范围，完善民主管理制度，把城乡社区建设成为管理有序、服务完善、文明祥和的社会生活共同体。所谓“社会生活共同体”在某种意义上指的就是“自觉而治”的“社区”。改革开放以来，随着计划经济的结束，市场经济条件下“单位制”社会渐渐退出历史舞台。“单位人”回归到“社会人”，社区作为社会生活共同体，不仅是一个行政的地域概念，而且是一个存在共同利益、共同价值追求、共同文化特质的社会单元，对社区的治理除了依据法律法规采取自上而下单向的行政管理之外，更重要的治理模式应该来自自下而上网络式的民主自治，不少城市在社区居民自治模式上进行了积极探索。2011 年 8 月，北京市印发了《关于全面加强城乡社区居民委员会建设工作的意见》，这个文件明确了未来十年首都社区居委会建设的目标任务，提出要进一步完善社区居民自治制度和居民参与机制。西城区创新听证会商制、楼门院长报告制和居民接待制等，积极推动居民参与社区管理。近年来，月坛街道在社区建设中，以强化社区服务能力为主线，以居委会建设为主体，以创新居民参与平台和机制为重点，积极构建社区自治体系，探索构建新时期社区治理现代化之路，取得了明显效果。

一 创新社区自治体系的月坛实践

（一）加强组织建设，构建党委领导下的社区自治格局

1. 建立社区党组织联络委员制度，准确把握社区自治方向

社区党组织是社区建设的领导核心，是保证社区自治健康有序发展的关键因素。月坛街道各社区在开展重大活动、决定重要事项之前，社区党委都要对其进行认真讨论，广泛征求党内外居民的意见，确保社区建设、组织发展的正确方向。为了更好地指导社区的党务工作，月坛街道工委建立了社区党委联络委员队伍：街道机关选出德才兼备的优秀党员干部，以社区党组织的委员候选人的身份，参加社区党组织的换届选举，当选后，成为社区党组

织的委员，参与社区党组织会议。月坛街道工委建立社区党组织联络委员队伍以来，一方面通过参与社区党组织会议和参与研究决策社区重大事项，对社区工作有了比较深入的了解，同时街道干部通过深入社区一线，帮助解决了大量的实际问题和困难。另一方面，联络委员扎实的工作作风，为社区党组织带来了活力，通过沟通交流，相互加深了解。街道工委建立社区党组织联络队伍，在指导社区党务建设、协助社区党组织把握社区建设正确方向方面，做了大量的工作，得到了各社区党组织的认可和好评。

2. 提高社区工作者队伍素质，打造社区自治服务组织体系

社区工作者是社区建设的主力军，是党和政府联系广大居民群众的桥梁和纽带，是服务居民群众、发展社区事业的骨干力量。社区工作者队伍的素质和能力影响甚至决定着社区自治的质量和水平。2015 年，月坛街道辖区 26 个居委会共有成员 192 人，平均年龄 54. 8 岁，居委会 77 名专职工作人员（主任、副主任）平均年龄 49 岁，大专以上的成员有 77 人，占 40. 1%，高中以下的成员有 40 人，占 20. 8%。2009 年 5 月，街道启动了面向社会公开招录社区服务站工作人员工作，通过报名、笔试、面试，录用了 40 岁以下、大专学历以上的“新人”108 名。这一批社工成为目前街道社区服务站的骨干力量。现在街道各社区的服务站人员平均年龄为 34. 5 岁，大专以上 141 人，占 74. 6%，高中（中专）48 人，占 25. 4%，有 14 人持有社会工作相关证书。社区党委、居委会和服务站社工综合素质的提高为社区自治功能的发挥奠定了良好的基础。

（二）加强社区规范化建设，完善社区自治运行机制

1. 加强制度建设，完善社区自治制度体系

在规范社区建设制度、完善社区自治运行机制方面，月坛街道主要紧紧依靠四个机制。一是以居民会议（即居民代表大会）为载体的决策机制。社区每年至少召开 2 次居民代表大会，讨论决定社区建设中的重大事项，向居民代表汇报社区各项工作的开展情况，接受居民代表大会的监督。二是以“三本三册”为载体的居民需求收集机制。月坛街道为各社区建立了“三本

三册”，即《会议记录本》《社区大事登记本》《居委会接待访问登记本》《民情日记手册》《居民代表工作手册》《楼门院长服务手册》。三是以居务公开为载体的监督机制。在街道的指导下各社区建立健全了居务公开制度，设立了居务公示栏，按照依法、真实、及时的原则，认真落实居务公开工作，例如每年政府下拨的8万元社区公益事业专项补助资金（简称“公益金”）的申请、使用情况，社区服务网点的收支、办公经费的使用明细，按照相关要求都要及时进行公开。四是以居民议事会等形式的议事机构为载体的民主协商机制。居委会通过落实“居民议事会”“居民听证会”等制度，实现居民自治。对涉及社区公共性的问题，召开居民“听证会”集体讨论决定。近年来，通过召开居民“听证会”，三里河一区解决了居民私自安装车位锁问题，复北社区解决了社区院内道路改造问题，木樨地社区解决了废品回收点扰民问题，白云观社区解决了8号院内环境脏乱问题。这些社区通过召开居民“听证会”，协调了居民各方的利益诉求，社区的秩序发生了很大的变化，实现了自我管理目标，体现了社区建设工作中居民自治的功能。

2. 加强和改善社区人员管理，激发社工工作活力

近年来，月坛街道以社区工作管理制度建设为突破口，从抓社区工作者的精神面貌和工作作风入手，修订了《月坛街道社区服务站社区工作者管理制度汇编》。该制度对社区服务站的社区工作者行为守则、考勤管理及休假制度、首问负责制度、社区工作者处理办法和考核办法进行了详细的规定，做到了有据可依、有章可循。月坛街道平时注重对新人岗前培训工作，依托专业科室对其进行业务和实操培训。通过建立健全社区工作者管理机制，实现了以制度管理人，以规范约束人，以考核激励人的目标，推动了社区工作者队伍规范化建设，促进了社区服务站整体工作水平的提升。

3. 加强社区服务站规范化建设，提高社区服务能力

社区服务站作为政府在社区设立的综合服务平台，侧重于发挥专业化、职业化优势。按照北京市、西城区对社区服务站规范化管理的工作要求，月坛街道加强社区服务站标准化建设。街道先后在26个社区服务站统一了服

务指示牌、灯箱、门头、功能引导牌、咨询台、公示栏、宣传资料架的标识；制定了《月坛街道社区服务站工作规程》和《社区服务站办公环境规定》，规范了社区服务站资料存档标准；为社区服务站工作人员制作了胸牌，便于群众随时监督；按照西城区《关于推进社区规范化建设的意见》，比对各部门职责职能，逐项进行了业务及职责任务的梳理；开通街道办事处局域网，为地区居民提供了“e 窗式”服务，形成了街道公共服务大厅、职能部门及服务对象异地跨空间“面对面”的服务。

（三）拓展居民参与渠道，构建社区自治平台体系

1. 完善社区自治章程

街道注重指导社区完善社区自治章程，坚持让居民成为制定和维护居民公约和守则的主角，发挥居民的积极性和创造性，增强居民当家做主的意识，培养居民形成尊重制度、自我约束的自治惯性。居民公约涉及社区治安、卫生、文化、婚姻家庭、邻里关系等方方面面，体现了社区文化内涵，具有针对性强、操作简便的特点，促使社区形成居民文明和睦、守望相助的良好风尚。每年街道各社区通过各楼门推选出文明家庭、和睦家庭、学习家庭、绿色家庭进行表彰，激励更多的居民成为公约和守则的实践者。

2. 实行信访代理制度

为拓展居民参与社区建设渠道，搭建居民参与自治平台，街道各社区通过设立群众意见箱、公示栏、定期召开会议、入户走访、楼门院长反馈信息等多种形式，让更多的社区居民参与社区建设活动，通过广泛收集信息及时掌握辖区内的社情民意、工作中的薄弱环节和突出问题。为保障群众利益表达机制畅通，26 个社区全部实行信访代理制度，即以社区党组织或居委会名义代表居民向政府及其工作部门反映群体性诉求，各社区依托人民调解网络平台，发挥楼门院“调解信息员”反映民声的作用，与街道地区综合投诉中心对接，通过综合投诉中心及时回应，妥善办理与解决民需民愿、社情民意等各方面诉求，为居民在家门口开通了一条连接街道、区政府各部门的

民意表达渠道。

3. 开展“多方参与、百姓评说”的活动，搭建“社区—居民”互动平台

街道根据西城区制定的《和谐社区百姓评说指标体系》，通过“和谐社区百姓评说问卷调查”的形式，开展主题为“多方参与、百姓评说”的活动，以居民群众满意不满意为评价标准，以居民群众的认同感、参与率和满意度作为评估社区和谐、社区建设的重要指标。百姓评说成为社区与居民沟通的有效互动平台。通过开展“多方参与、百姓评说”活动，激发了居民爱社区、建社区的热情。

4. 实施楼门院长报告制度

近年来，月坛街道借助科技手段，搭建了楼门院长信息沟通系统。该系统从技术上来讲，核心是一个转化器，它与楼门院长家里的固定电话相连，能够将街道、社区通过网络发来的文字信息，转化成语音信息并进行存储，以便他们多次收听；也可以将楼门院长打电话报出的语音信息转化为文字，通过网络发送到社区及街道，并进行分类存储。从机制上来讲，重点是搭建起了问题的三级报告机制和四级处理机制。三级报告：楼门院长—社区—街道。四级处理：第一级是由社区将能够通过社区自治、社区服务解决的问题筛出，进行处理；第二级是工作通过系统上报到街道的综合指挥中心，由中心进行分拣、转办及督办；第三级是相关科室、专业队、站、所按照职责进行处理；第四级是对于需要上报区有关部门或协调其他力量解决的问题，报街道领导协调处置。处置结果由中心进行反馈，形成“上报—分拣—处置—回复—反馈”的闭环系统。月坛街道目前共有楼门院长 2432 人，他们是社区工作的“神经末梢”和“毛细血管”，在系统的支持下，切实落实了他们“10 + X”（“10”是指本楼门户籍人数、常住人数、流动人口等10项固定信息，“X”是指群众诉求、安全隐患等特殊信息）的报告制度，搭建起他们参与社区建设的有效渠道（见图 1）。该系统的运行，畅通了信息上传下达的通道，破解了和谐社区建设中如何及时发现问题和如何有效解决问题两大瓶颈，使街道在社会管理及服务中能够更加人性化和精准化。

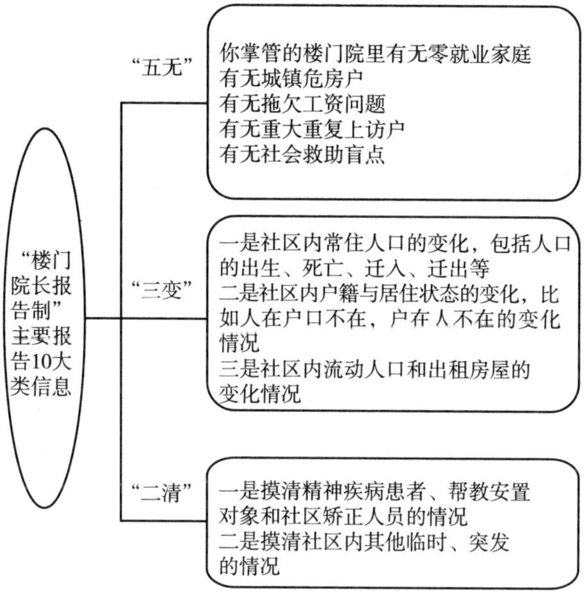

图1 "楼门院长报告制"主要报告10大类信息

二 社区自治面临的主要问题

月坛街道在推动社区自治体系建设中，做了一些有益的尝试，在逐步完善社区管理体制方面做了一些探索。但新矛盾、新情况也提出了新要求，在指导社区进一步推进社区自治建设进程中，值得探索的问题还很多。

（一）"社区冷漠症"削弱社区发展的动力

主要表现为社区居民参与社区活动和社区治理的积极性、主动性不高。社区发展的本质要求和根本动力是社区居民能够积极且能够持续参与社区治理和社区活动。"社区冷漠症"已经成为制约社区治理顺利推进的"瓶颈"，极大地削弱了社区发展动力，使社区治理难以达到预期目标。

（二）多元治理主体合作运行机制不健全

居民委员会、业主委员会和物业管理公司这三大主体组织作为社区治理的主要参与者，在相互博弈中共同进行社区治理，由此也带来各种问题。

一方面，居委会的身份一直难以从政府行政性事务中真正分离抽身。由于我国现行法律法规不完善，业主委员会虽然作为社区治理的重要主体，但法律主体资格仍然不明晰，难以在社区管理中发挥重要作用。相关部门对业主委员会的监管也不够。物业管理公司和业主委员会在社区治理中都存在权威性不足的问题。另一方面，如何协调居民委员会、业主委员会和物业管理公司之间的关系，发挥好各自的作用，也是亟须解决的问题。在社区治理过程中，居民委员会与业主委员会之间如何有效衔接，尤其是业主委员会与物业管理公司之间发生利益冲突时如何协调，都是影响社区和谐的主要因素。

（三）社区的身份困惑阻碍社区自治建设发展

首先，如何让居委会回归自治组织？在实际工作中，街道办事处与居委会“上下级”关系的色彩很重。街道把持着社区的人权、财权、物权、事权，对社区居委会不仅是给予“指导、帮助和支持”，而且在很大程度上是把社区居委会当作街道办事处的下属机构，经常下达指令性行政任务。面对日益增加的大量社会服务管理事务和日益增加的大量行政事务，居委会严重“超载”，亟须“减负”。如何科学界定和切实厘清政府权力和基层群众自治组织的关系，切实减少政府下派到居委会工作任务，为基层群众自治的负担“瘦身”，提高社区服务居民能力，需要深入研究、系统解决。

其次，如何实现社工职业化？社区普遍反映社工工资太低、人才难留。事实上，社工的工资待遇问题主要受制于其职业身份。按照《居委会组织法》，居委会成员由社区居民选举产生，居民委员会成员的生活补贴费是由政府规定并拨付，在这一法律框架下，社工属于自治组织成员，其收入属于“生活补贴费”，也不需要签订劳动合同。但从当前社区工作的实际出发，社工职业化已经是大势所趋。如何借鉴深圳等地的先进经验，在不违背法律的基础上通过机制改革加强社工队伍建设，需要有新的举措。

最后，如何破除社区“机关化”？从社区的工作内容看，“两委一站”承担了大量的政府职能，政社不分的现象大量存在；就社区工作者而言，招聘来的大部分社工不住在本社区，缺乏群众工作经验，很少入户与社区群众沟通；从社区工作方式看，以坐地办公等客上门为主，尽管实行了延长工作时间制，但是与群众工作的要求仍然有一定距离。

（四）社会组织发展缓慢影响社区发展的活力

向社区居民提供优质的公共产品和服务是社区治理的重要内容。要实现这一目标，单靠政府对社区文化、教育、体育、救助等的支持是远远不够的，这些公共产品和服务可以依靠大量的社会组织来承接。社会组织发展缓慢、能力不足，目前参与社区治理缺乏深度，大大影响社区发展的活力。

三　构建与完善社区自治体系的若干思考

党的十八届三中全会提出要创新社会治理体制，实现治理能力和治理体系的现代化。社区是广大居民工作生活的基本单位，是社会治理的基础工程，是社会建设的重要组成部分。做好社区共治是落实十八届三中全会提出的推进治理能力和治理体系现代化的重要方面。习近平总书记在2014年“两会”期间提出，加强和创新社会治理，关键在体制机制创新，社会治理的重心要落到城乡社区。因此，必须高度重视，统一思想，全力推进。

（一）探索文化引领社区建设新思路

文化是“魂”，文化是“根”，挖掘、研究、弘扬地区每一个居民小区的优秀历史文化，对于教育和引导社区居民自治，进一步促进和谐社区的建设，有着不可估量的作用。

近年来，月坛街道以“相互尊重，和谐共处，缔造人文新生活”为地区居民生活理念，深入挖掘符合各个社区发展特点的文化理念，例如三里河社区少数民族特色文化、白云观社区民俗特色文化等。未来几年，月坛街道将继续在全地区开展小区文化挖掘工作，主要在国家部委家属院挖掘社区廉政文化，在老旧小区挖掘邻里互助文化和为老服务文化，在广电系统社区挖掘和培育品牌文化艺术团队等。街道办事处支持地区各类社会文化因素的自然组合，在职能科室针对性的指导下，月坛地区尽快形成一个不仅统一规范，而且宽松自由，不但富于现代化气息，而且不乏传统风韵的社区文化环境，在教育和引导社区居民自治方面发挥重要作用。

（二）构建社区自治组织建设新体系

在健全社区代表会的基础上，建立和完善社区议事会和社区管理委员会，逐步探索实行“议行分设”。由社区成员代表大会进行审议、讨论和决定社区重要公共事务，包括社区的各类规章制度和居委会的工作报告等，更好地发挥居民对社区居委会的监督作用，更好地发挥好民主决策。社区议事会作为社区居民代表大会的下设议事协商机构，其职能是在居民代表大会闭会期间，代表居民代表大会行使针对社区事务的议事和决策职能。社区管理委员会作为居民代表大会的下设执行机构，在居民代表大会和议事会授权下，具体进行组织实施社区建设、服务和管理等，不具有决策权。社区居民代表大会、议事会和社区管理委员会可以聘请物业公司、驻区单位的负责人作为其成员。社区管理委员会对社区代表大会和议事会负责并定期上报工作情况，接受其监督和质询。社区管理委员会可根据社区建设内容和具体需要设立治安、环境、文教等工作部门。此外，要建立健全社区党组织、居委会、业主委员会和物业管理公司“四位一体”的联席会议制度，各主体之间既分工明确，又相互协作配合，共同致力为社区做好服务工作。切实发挥好社区党组织的统领作用，协调居委会、业主委员会和物业公司正确履行职责和发挥各自作用。

（三）深化社区治理体制改革新举措

一是要发挥政府指导作用，加大政府扶持力度。政府只有真正加大社区建设投入，为社区建设提供物质和经费保障，支持和指导社区居民依法管理自己的事情，才能促使社区居民和居委会真正成为社区建设主体。要坚持以人为本、服务群众的指导原则。只有一切从居民的实际需求出发，一切为居民的利益着想，社区居民才会信任政府；只有多开展凝聚民心工程、人民满意工程，社区建设才能得到居民支持。街道要帮助社区居委会解决基础建设、楼道治理、社区美化等惠民工程中遇到的难题，帮助居委会多做解难题、树威信的实事，提高居民对社区居委会的信任感，促进居民自治建设。街道动员社区居委会认真领会西城区社区建设工作精神，鼓励社区因地制宜大胆实践勇于创新，不断推动“一小区一特色”个性化小区建设工作。二是探索社区、社工管理体制改革。社区管理体制改革以“居站分设”“一站多居”“联合党委”为主要内容。几个地域相近的社区共同设立一个工作站，作为街道公共服务大厅的分站承担政府下沉到社区的治安、安全生产、维稳、城管、计生、社会事务等行政性工作；在同一工作站服务范围内的各社区组建联合党委，各社区设立专职副书记，在较大范围内整合服务资源，协调政社事宜；居委会不再承担政府职能，发挥“自我管理、自我教育、自我服务、自我监督”以及维护居民权益的功能，提高服务居民能力；社区党委、工作站、居委会“三套马车”并驾齐驱，各尽所能，各尽其责。对于社工管理体制改革，要积极探索建立现代社工工作制度，按照职业化、专业化、本土化的要求，明确社工的专业地位，明确社工的职业资格，将社会工作者职业水平评价工作纳入区专业技术人员职业资格证书管理范围，按照科学合理、精简效能的原则设定社工岗位，构架科学的社工薪酬体系，抓实社区工作者培训工作，通过购买社工岗位、购买公益项目等形式提高社工待遇。

（四）推进多元主体参与治理新路径

一是充分发挥辖区单位参与社区治理的作用。建立动员社会单位资源开放、共助共享的工作体系，建立与区域发展相适应的布局合理、功能齐全、作用突出的社会组织体系。积极推动驻区企业、学校、社区服务中心等单位将教育、卫生、文化、体育等活动设施向社区居民开放，加大对社区提供人力、物力、设施的支持力度，推动区域共驻共建、资源共享。

二是大力培育和发展社区社会组织。加强对社会组织的专业化指导和孵化，并探索社会组织的分类分级管理和扶植方案，建立完善社区社会组织发展和社工专业人才队伍建设的政策体系。探索建立公益创投机制，用“投资”理念，建立对社会组织的长效技术支持和管理服务，增加社会参与公益事业热情，使有限的资金发挥更大的社会效益。

参考文献

月坛街道办事处：《对加强社区自治建设与服务的探索与思考》2010 年 11 月。

月坛街道办事处：《以人为本　突出特色努力开创和谐社区新局面——西城区月坛街道和谐社区示范街道汇报材料》2011 年 10 月 21 日。

张垚、叶帆：《把社区建设成和谐的社会生活共同体——关于城市社区治理的研究综述》，《人民日报》2012 年 2 月 8 日。

刘功润：《社区如何实现真正自治》，《城市导报》2015 年 2 月 17 日。

B.7

完善社会动员网络　增强社会治理合力

——月坛街道提高社会动员能力的实践与思考

摘　要：　当前，社会发展处于转型的关键期，街道位于维护稳定的第一线、服务民生的最前沿，如何将区域内各层次、各类别、各领域的“力量”组织动员起来、参与社会建设，是推进社会治理创新的重要课题。月坛街道运用合作治理的理念，不断加强社会动员能力建设，将政府履行职能的行政力量，地区单位的社会责任，社会组织的专业力量，广大群众的公益热情进行整合，逐步建立起“党政主导、多方参与、共赢互动”的新型社会动员模式。本文在总结月坛模式的基础上，指出了当前社会动员中还面临的一系列难题，从发展理念、企业参与、政府创新等方面提出了新的思考。

关键词：　社会动员　社会治理　社会组织　社会参与

一　结合实际，转变视角，确立新型社会动员的理念

当前，社会发展处于转型的关键期，党的十八届三中全会强调“要创新社会治理体制，改进社会治理方式，鼓励和支持社会力量参与社会治理、公众服务，激发社会活力”。[①] 街道作为维护稳定第一线、服务民生最前沿，如何将区域内各层次、各类别、各领域的“力量”组织动员起来、参与社会建设，是推进社会治理创新的重要课题。

---

① 《习近平总书记系列重要讲话读本》，学习出版社、人民出版社，2014，第116页。

（一）社会形态的变化，要求社会动员模式进行改革

所谓社会动员，是指为实现特定目标，通过社会主导力量有效地发动群众广泛参与到其中而进行的一系列活动。改革开放前，我们主要是依托“国家—单位—个人”的“单位制”社会管理格局，采取“命令型”的社会动员模式，即政府依托行政权威、自上而下地对社会公众进行动员。这种动员方式覆盖面广，可以在相对较短的时间内聚集大量的人、财和物等资源，起到“集中力量办大事”的效果。这种具有“命令型”性质的动员模式与当时我国社会管理实际情况密不可分，并且发挥了巨大的作用。

改革开放以来，我国从计划经济逐渐向市场经济转轨，其表现就是社会成员不再依附于单位体制，人们的流动性和自主选择性增多，越来越多的公民由“单位人”变为“社会人”，公民意识增强，社会动员呈现多元化的形态，动员的内容和方式发生了深刻的变化，传统的以发通知、开会为主要形式的“命令型”社会动员模式，已不能够再覆盖全社会，无法实施有效管理。在这种情况下，需要对传统的社会动员方式进行改革，建立新型的社会动员模式和机制。

（二）地区社会建设需求，推动月坛街道探索建立新型社会动员模式

多年来，月坛街道一直高度重视社会建设，注重地区和谐发展，特别是自2003年确定了“四型月坛”的发展目标后，几任领导班子着力于提升社会动员能力和参与度，提高全地区“月坛人”的文化认同，做了大量工作。但传统的动员方式与当前社会建设的需要之间，还存在很大的差距。一是地区中央单位、大部委多，以街道为主要力量的行政动员方式力量有限，难以做到全面覆盖。二是地区人员素质较高，主体意识强，“命令型”社会动员的有效性较差。三是辖区重点区域多，老年人口多，对社会服务的需求较高，动员多方力量参与和支持，显得尤为重要。

同时，随着西城区落实首都新定位的深化，西城区对街道服务保障工作

标准也日益提高。这些都要求月坛地区根据社会建设的需要，不断加强社会动员能力建设，引导社会力量共同推进地区发展。目前，月坛地区的社会组织有229个，其中注册类社会组织9家，社区服务福利类39个，社区治安民调类27个，社区医疗计生类10个，社区文体科教类126个，社区环境物业类8个，社区共建发展类10个。

二　加大引导，打造品牌，推动社会动员能力持续发展

近年来，月坛街道基于地区特点，创新基层社会管理模式，运用合作治理的理念，深化体制改革，不断加大社会动员能力建设，将政府职能的行政力量，地区单位的社会责任，社会组织的专业力量，广大群众的公益热情进行整合，逐步建立起“党政主导、多方参与、共赢互动”的新型社会动员模式。

（一）加大地区单位动员，履行社会责任

一是健全区域化组织体系，搭建“协调平台”。街道成立月坛地区党建联合会，成员主要由国家发改委、国家财政部、国家统计局等国家部委机关及市属机关企事业单位、部队、“两新组织”、社区等党组织负责人组成。制定《党建联会会章程》，确立任务，设置机构，开展活动。同时在26个社区都建立了以“席位制”大党委为主体的联合会分会，吸纳驻区单位党组织负责人参与社区治理和服务。

二是加大服务力度，寻求广泛认同。近年来，街道以良好的双向沟通为基础，全面把握驻区单位需求，不断提升服务驻区单位的能力与水平。加大城市环境建设与社会综合治理力度，提升地区环境综合质量，维护地区社会稳定，打造优美整洁、安全有序的办公与居住环境。街道以奥运会和国庆60周年庆祝活动为契机，以解决群众关心的城市环境及社会治理的热点、难点问题为突破口，开展了一系列的街巷环境整治、老旧小区环境整治、黑车治理“脉冲行动”、非法占道经营整治等惠民工程，大力解决了一批影响

群众生产、生活的城市问题，赢得了地区单位对地区建设与发展的广泛认同。

三是加大协调力度，赢得大力支持。街道注重统筹地区单位优势资源，在不同领域以不同方式，引导、激发地区单位承担社会事务、履行社会职责。在募捐、文明城区创建、人口普查、换届选举等中心工作中，通过加大走访力度、向单位通报工作情况等方式，加强工作交流，积极协调地区单位广泛参与，发挥作用。街道还进一步拓展地区管委会职能，对维护区域运行的供电、供水、供暖、燃气、绿化、环卫等职能单位在地区的具体负责部门人员加强统筹，同时将驻地的中央机关、部队在京单位的后勤、物业、基建等城市管理有关部门和规模较大的社区居委会吸纳进管委会组织，促使多方力量参与环境维护和建设。

此外，街道还强化区域资源整合，鼓励和推动更多的社会资源向社会服务开放，出台《月坛街道社会单位资源开放共享奖励办法》《以项目支持推动地区职能部门开展工作的办法》，对政务服务以及地区各单位场地、人才、专业等资源进行分类梳理、登记，制作《月坛地区服务手册》，向驻区单位和居民发放，发动中央单位履行社会职责，参与地区社会建设。同时，深入挖掘地区中央单位资源，协调单位在提高社区服务水平、解决社区办公用房、提供办公会议及活动场地等方面的作用，为社区建设提供支持。如国家新闻出版广电总局、国家发改委开放食堂，为地区老人提供就餐、送餐、洗浴等服务项目，缓解了地区老人“就餐难”、“洗澡难”等问题。为各职能部门、社会单位、社会组织、社区居民共同参与辖区建设提供了有力的支撑和保证，最大限度地激发社会活力。

（二）加大社会组织动员，发挥公益作用

一是搭建工作平台，建立社会组织培育的新模式。2005 年 6 月，月坛街道在办公用房紧张的情况下，将 1600 平方米的原办公楼作为月坛地区社会组织服务楼，树立以空间换服务的思想理念，换取社会效益。为保证地区内新兴的、生存能力较弱的社会组织能够进入街道的视野，得到街道的扶

持，社会组织服务楼面向月坛地区所有社会组织开放，对有发展潜力或能够为月坛地区提供有益补充的社会组织提供办公用房、活动场地、物业服务等保障；提供财政资金，设立社区文化项目基金 30 万元，用于开展活动的项目委托费用，为社会组织提供了坚强的后盾。目前，月坛社会组织服务楼内已入驻月坛社区建设协会、月坛调查队、悦群社会工作事务所、玖久缘文化养老中心、月坛文联、月坛老龄协会、《人文月坛》编辑部、月坛街道机关老同志协会等十余家社会组织。借此孵化各类活动团队、兴趣小组、项目工作室数十个。同时，项目办公室还积极探索社区与高校相结合的社区共建新型模式，建立了首都师范大学科技园月坛分园，整合各种文化和教育资源，带动社会组织的生成，在需求与服务对接和调整中，不断产生具有一定生命力的团队小组，为规范社会组织的发展奠定基础。同时，街道注重统筹地区单位优势资源，积极搭建社会组织交流合作平台，实现地区社会组织资源共享。

二是完善工作机制，形成社会组织管理的新格局。首先建立了专项支持的资金保障机制，街道各职能部门用于地区社会组织培育的扶持资金累计 200 余万元。其次是建立完善了社会组织的准入、培育、发展及退出机制，严格准入及退出标准，从而引导更多优秀的社会组织进入街道的培育视野，扶持其不断发展、壮大。最后是建立了优胜劣汰的考评机制。对于开展工作规范、社会效益较好、符合培育方向的社会组织，继续向其提供办公用房及活动场地；对于工作开展不好、没有取得良好社会效益的，减少、取消办公用房及活动场地。通过评估，调动了入驻社会组织的积极性。

三是凝聚社会力量，实现社会组织专业化的新提升。为提高政府管理社会事务效能，街道加大对具备专业技能的职业化社会组织的培育，积极探索社会组织协助政府加强社会管理和公共服务的机制。以组建“月坛社会调查队”为试点，牵动街道各职能科室在培育社会组织的实践中不断拓展或转变职能。街道公共安全办公室组建了“地区安全健康志愿者促进协会”，街道综合监控指挥中心组建了“月坛监督者协会”，社保所成立了“地区就业指导中心”，司法所成立了“地区社区阳光扶助中心”，宣传部打造了

《人文月坛》社区周报编辑部，这使得社会组织在承接公共服务中不断发展壮大，并获取了越来越多的社会效益。同时，借助社会专业力量，提高社会公共服务的效能。成立“悦群社会工作事务所”，为社区居民及社会提供专业的社工服务。针对地区老年人缺乏精神关爱的实际情况，与玖久缘文化养老中心进行合作，对辖区老人实施文化养老，并组建了“月坛爱心助老天使团队”，成立了夕阳写作室、夕阳茶座、读书会、健身队、歌友会、书画室等各类兴趣小组，开展休闲娱乐等活动。

四是以项目促发展，形成更大的政社合作态势。街道与社会组织的合作机会并不多，本身互不熟悉，运行方式迥异，信任基础也需要逐步建立。在实践中，月坛街道大胆创新政府委托与公共服务外包的新模式，总结经验教训，应对各类挑战，跳出物理空间，寻求更广泛领域的拓展，与相对成熟的区域外社会组织建立合作关系，发挥各自的积极作用，实现政府与社会组织的良性互动关系。近年来，街道不断完善政策支持，制订《月坛街道向社会力量购买服务试行办法》及《月坛街道购买社会力量服务资金使用管理细则》等相关配套文件，设立月坛街道购买社会力量公共服务评审委员会，同时设立街道购买社会力量服务专项资金，用于购买社会力量服务；建立项目推广机制，注重将成熟的服务模式进行推广，帮助做强做大，扩大覆盖面，更大范围内服务于群众，以良好的社会动员能力推动社会问题的解决。街道还和社会机构积极开展养老服务常态化合作模式探索，与天津鹤童老年福利协会在养老方面进行了实质性的合作，双方发挥各自优势并形成互补，共同为无自理能力老人乃至其家庭提供公共服务，不仅减轻了街道的负担，而且还为养老事业发展拓展了管理机构范围，是街道与社会组织合作伙伴关系确立的典型范例。与玖久缘文化养老中心的合作，拓展了街道养老体系中文化养老的新天地。街道还与社会团体“惠泽人”进行了志愿者培训项目和英国儿童福利基金会专项资金帮扶地区不良少年项目的合作，拓展了社会组织的资金来源。

五是以社会组织培育社会组织，带动地区各类社会组织发展。近年来，月坛街道大胆尝试了通过社会组织培育社会组织的方法，即成立并大力发展月坛社区建设协会，以建设协会为龙头，带动地区各类社会组织不断发展。月坛社区建设协会是1998年由月坛街道办事处和驻区单位联合发起成立的，是北京市第一家经注册登记具有法人地位的街道层面的社会团体。将社区建设协会定位为业务枢纽和党建龙头，并授权负责社会组织服务楼的日常管理，对地区居民需求进行调查和分析，对入驻社会组织的服务领域、项目申报等给予引导和把关，对政府购买服务的项目进行绩效评估。近年来，以月坛社区建设协会为龙头，带动组建了月坛文联、老年协会等众多的项目活动小组，组织开展大量公益活动，承接了大量公共服务项目，成为单位之间、社会组织之间、社区之间、单位与社区、企业与社区、社会组织与社区信息沟通、资源共享的重要平台。

（三）加大群众力量动员，扩大社会参与

一是提高社区自治水平。街道贯彻市区社会建设相关精神，按照以社区党组织为领导的“两会一站”基本框架的自治组织体系开展工作。进一步规范了社区居委会与服务站的职责分工，居委会侧重于公益性、群众性工作，服务站侧重于公共性、事务性工作，逐步形成在社区党组织领导下，社区居委会和社区服务站的协作共治和责任共担机制。在完善社区民主自治运行机制方面，各社区紧紧依靠居民会议（或居民代表大会）决策社区重大事项，实行民主选举、民主管理、民主决策、民主监督。在社区形成以社区党组织为领导核心，以社区居委会为主体，以社区服务站、业主委员会、物业公司为依托，以联席会制度为纽带的“五位一体”的社区管理服务模式。通过实践探索，增强社区党组织的凝聚力，全面加强社区党组织、社区居委会、社区服务站建设，充分调动社区社会组织、驻社区单位、社区居民的积极性，提升社区自治能力和提高社区服务水平，把社区建设成为管理有序、服务完善、文明祥和的社会生活共同体。

二是推动楼门院长队伍建设。月坛地区目前共有楼门院长2432人，分布在街道所辖26个社区中，楼门院长作为社会管理最前端的触角，是社区开展各项工作的中坚力量，也是社区管理与服务最基础的工作单元。街道借

社区管理格局调整之机，采取优化队伍结构、完善工作制度、规范工作流程等措施，切实做实居民楼门院长队伍，逐步形成“楼门院长—社区—街道”的层级式沟通渠道和互动平台。2009年，月坛街道借助科技手段，搭建了楼门院长信息沟通系统，通过该系统有效畅通了社会信息的发现和报告渠道，保证了信息传递的及时快捷，破解了在和谐社区建设中如何及时发现问题和如何有效解决问题两大瓶颈，使街道在社会管理及服务中更加人性化和精准化。

三是加大对各领域工作力量的动员。街道对各专业部门安排在街面上的各种工作力量进行整合，形成社会管理服务的有生力量。主要包括派出所保安、交通协管员、报刊零售人员、机动车管理人员、城管保安人员、文明乘车管理员、保洁队、社区服务网点人员及城管网格化管理人员。赋予他们的主要任务是发现、举报、协助解决社会治安和城市管理等方面的问题，街道对举报有功的人员按规定进行不同等次的奖励。这大大扩大了街道的信息来源和支撑力量。

四是加大社区志愿者培育。志愿服务作为社会协同中不可忽视的一支力量，越来越为各级政府所关注和重视。近年来，志愿服务作为公共服务的有益补充，已经成为一种新型社会动员方式。各社区在志愿者组织培育工作中，坚持以为居民解决实际困难，满足居民群众的利益需求为出发点，发动居民参与维权服务志愿者、社区治安志愿者、环保志愿者、红十字会志愿者等志愿者队伍，广泛开展社区志愿者活动。社区各类志愿者组织，通过政府购买服务安排巡视员定期对社区有需求的空巢、独居老人进行巡视，与老人聊天进行精神慰藉，解决老人就餐难等问题。近年来，街道每年下拨社区的公益金中，其中40%的资金用于培育社区自治组织，在资金上为社区社会组织的发展提供保障。2009年11月，街道在26个社区先后成立了社区文化体育协会、社区养犬自律协会、社区志愿者协会（开展社区治安、为老、维权等志愿服务活动）、共驻共建协会、青少年教育协会五个公益协会。引导社区居民积极参与社区各类公益协会组织，通过组织的形式参与社区的自治管理。

三　当前社会动员中面临的难题

近年来，月坛街道在动员社会力量共同参与地区建设方面取得了明显的成效。但在实际工作中，仍存在一些不足，主要表现在以下几个方面。

（一）加强社会动员的手段和方式仍不足，有力的激励机制尚不完善

社会动员需要调动全社会的力量共同参与，这就需要更大的政策保障，建立多渠道、多层面的评价奖励方式，调动各方工作积极性。要加大对社会组织的扶持力度，完善公共财政和福利彩票公益金对社会组织的奖励扶持机制，将符合条件的社会组织纳入政府产业扶持和社会事业发展扶持政策范围。倡导企业、学校、社区等向公益类、服务类社会组织开放更多的公共资源，落实社会组织税收优惠和公益性捐赠税前扣除资格认定政策，支持民办非企业单位发展教育、医疗、养老等领域的社会事业，鼓励探索有限产权和合理回报制度等。在国外一些国家和地区，慈善捐赠通常享有免税、减税的优惠政策，对个人参加志愿活动或从事义工都予以充分鼓励和肯定，一些注重履行社会责任的企业，甚至将其作为本单位、本部门的一项职责考核内容。要使公益慈善行为在社会评价上具有越来越高的等级，形成越来越广泛的共识。

（二）社会责任需求方与提供方之间的对接机制亟待建立

应进一步加强信息技术手段的应用，为社会单位、社会组织、志愿者及个人参与社会建设搭建联系平台，畅通联系渠道。积极推动建立政府负责、民政牵头、有关部门配合、社会组织协同的工作机制，加大社会组织服务平台的建设力度。社会组织服务平台的组织形式一般是社会组织服务中心、孵化园和社会组织促进会（联合会）、基金会等，大多登记为社会组织。鼓励各行业协会（商会）积极参与和协办沙龙活动，塑造沙龙品牌，共同促进多元化、跨行业的合作和交流。

（三）公益文化及志愿精神的形成和培育还需要一个漫长的过程

公民志愿精神主要指公民具备不计回报为他人服务的素养，表现为公民的公共价值、公共意识、和谐共生的理念等。它是社会组织产生和存在的精神基础，社会组织的建立和发展主要依靠公民的志愿精神。缺失志愿精神的社会组织难以发挥表达民众意愿和联系民众的作用，就会失去其本真含义，从而失去社会治理能力。虽然我国社会的公民参与意识和志愿精神越来越强，志愿活动日益兴盛。但我国社会组织还不发达，政府和民众对其功能缺乏认识，现阶段，对志愿精神和志愿者的了解也还不广泛、不深刻，同时，也缺乏对志愿者和志愿活动必要的认可制度。以上这些主要因素都阻碍了我国社会组织的成长。然而，西方很多发达国家都将社会组织视为政府的亲密合作伙伴，重视并充分发挥社会组织社会治理能力，推动本国经济和社会发展。由此可见，我国还需要通过教育、舆论引导等手段培育公民志愿精神，更需要进一步转变观念，积极推进社会理论研究，充分认识社会组织对于社会发展、公民利益的重要意义，放权给社会，为和谐社会的建构助力。

（四）行政干预过多，社会力量独立性不强

独立性是社会组织的一个重要特征，是社会组织赖以存在的前提条件，是社会组织为实现真实表达民意所要具备的素质。但在我国的发展现实中，“工、青、妇”等主要社会组织面对双重管理制度，独立性缺乏，这严重制约了社会组织社会治理功能的发挥。必须加快政府职能转变，扩大社会独立空间，社会组织才会赢得独立的能力，才能更加广泛地参与到社会治理之中，与政府共同推进社会发展。

（五）立法滞后，容易导致社会组织偏离正确的发展方向

组织的规范运作有赖于健全和完善的法律框架。对社会组织而言，缺乏法律建构，社会组织发展就会缺失必要的保障，同时也缺乏必要的监督，社会组织的发展方向就难以把控。目前，社会组织作为非营利性的组织，其开

展工作所需要的资金一方面通过政府提供，另一方面也依靠公众的捐助。立法的不完善，造成了对社会组织监督机制的缺位，社会组织容易落入以营利为目的的发展陷阱，会丧失公益性，从而严重挫伤社会组织联系民众的形象，严重影响公民志愿精神的培育。当前，迫切需要在有关立法和司法机关的带领下，着力为社会组织的建立、发展和运作制定配套法律体系，为社会组织合法运作提供法律保障。

四　关于深化社会动员体系和能力建设的思考

当前和今后一段时期，既是重要战略机遇期，又是深化改革的攻坚期，更是各种矛盾的凸显期。在严峻挑战面前，深化社会动员体系和能力建设，推进社会动员的持续、有序、健康发展尤为紧迫。

（一）把握社会动员新理念，关注网络化传媒动员

在社会动员中，为了确保共同目标的一致，就需要对社会动员宣传的理念、口号等进行科学设计。改变以往不符合时代氛围的口号、横幅满天飞等现象，充分利用网络、手机、微博等新技术、新媒介，使其不仅成为民意诉求表达的快速渠道，更要通过这些平台在基层营造良好的社会氛围，实现有效的社会动员，推进网络虚拟社会动员与现实社会动员的有机结合。

（二）注重激发社会活力，助力社会组织履行社会责任

社会组织的发展运行是在社会、社区范围内进行的，其行为必然会与社会、社区发生密切的关联和互动。作为非营利型组织，社会组织理应承担更多的社会责任来回馈社会。如果成功激发社会组织履行社会责任的活力，实现社会组织参与社会建设和发展，则会大大提高社会动员的建设水平。

（三）推动政府管理创新，提升社会动员能力

现代意义上的社会动员是一项多元参与、系统联动的活动，仅靠行政命

令持续调动公众的参与热情是难以为继的，有效的社会动员客观上要求政府在管理手段上进行创新，即由刚性的行政手段转向法律手段、经济手段、行政手段的灵活运用与配合使用，不断提升社会动员能力。

社会动员是一项持续进行、不断深化的工作。在今后的工作中，月坛街道将继续推动多领域统筹协调、联动多部门共同治理、驱动多渠道宣传激励、促动多方面积极参与。将针对工作中存在的不足，探索建立健全社会动员激励机制，搭建志愿服务平台，加大志愿精神及公益文化的培养培育，增强社会建设的生命力、凝聚力和建设力，形成社会动员的良好氛围，不断动员社会力量参与社会建设和社会管理，参与公共社会服务，共同推动月坛地区“四型月坛”的建设，实现地区的和谐、科学、持续发展。

参考文献

月坛街道办事处：《关于社会动员力的实践与思考》。

月坛街道办事处：《充分发挥社会组织服务楼的功能　积极推进社区社会组织健康发展——在北京市社会组织交流暨工作推进会上的发言》2010 年 8 月。

月坛街道办事处：《月坛街道创新社会组织发育模式介绍》2014 年 9 月 12 日。

朱士华：《提升非政府组织的社会治理能力》，《光明日报》2014 年 5 月 24 日。

B.8

月坛街道构建地区社会治理体系的探索与思考

摘 要： 作为中央重要办公区所在地，为了顺应社会发展的趋势，强化社会治理能力，月坛街道坚持以问题为导向，围绕“四型月坛”的共同愿景，构建了一整套党政机关、社会单位、社会组织、社区居民力量共同参与地区治理的工作体系，形成了一个目标明确、主体多元、结构完善、技术先进的街道基层治理框架。本文通过对街道社会治理体系的深入调研，提出了以精准化为中心提升社会治理水平的思路，并从公共服务体系、完善服务机制、加强制度建设、加强社区建设、发展社会组织、提高公共安全水平、做好源头治理等方面提出进一步提升工作水平的建议措施。

关键词： 社会管理　社会治理体系　治理能力　精准化

目前我国经济的发展正处于增长速度换挡期、结构调整阵痛期和前期刺激政策消化期，经济体制、社会结构、利益格局、思想观念等面临深刻变革。经过持续三十多年的经济高速增长，我国已经实现了经济发展的三级跳：从一个典型的低收入国家进入低中等收入国家的行列，然后再进一步成长为高中等收入国家。2010 年，我国的经济总量超过了日本，成为世界第二大经济体，在全球事务中也开始发挥举足轻重的作用。但是我国的社会建设明显滞后于经济建设，社会发育程度、社会管理水平、社会保障体系建设凸显许多问题，贫富差距不断拉大、社会矛盾日益加剧，国家陷入“中等收入”陷阱的风险增大。因此，我国必须创新社会治理，切实加强社会建设、着力改善民生、扩大民主参与、推进社会法治，实现社会治理与经济建设的全面协调可持续发展。

一 从社会管理到社会治理

（一）社会管理的概念界定

我国学术界从不同的角度出发，对“社会管理”的概念进行了不同的界定和解释。从社会学和公共管理学的角度，社会管理有狭义和广义之分：狭义的社会管理一般与政治、经济领域的管理相对，也就是对社会公共事务中除去政治事务和经济事务以外的其他部分事务进行管理和治理；广义的社会管理与公共管理的概念属于同等范畴，是指政府及非政府公共组织对各类社会公共事务所进行的管理活动，包括政治、经济、文化、社会等各个领域。社会管理的另一种概念是从总结社会管理过程的角度提出的，认为社会管理是指政府、企业、社会组织、公民等主体为维护社会的正常运行和健康发展，而对社会管理的各个过程开展的组织、协调、服务、规范、指导、控制和监督等一系列活动。目前学术界众多学者普遍认可和接受的社会管理的概念，一般是指“以政府为主导的包括其他社会力量在内的行为主体，在法律、法规、政策的框架内，通过各种方式对社会领域的各个环节进行组织、协调、服务、监督和控制的过程”。

（二）社会治理是社会管理创新的基本方向

党的十八届三中全会做出的《关于全面深化改革若干重大问题的决定》明确提出，“创新社会治理，必须着眼于维护最广大人民根本利益，最大限度增加和谐因素，增强社会发展活力，提高社会治理水平”。“社会治理”的提出，是我们党顺应新时期我国经济转轨、社会转型的形势要求和人民群众的新期待，在总结长期实践经验基础上，对社会建设和社会管理理论的重大创新，是推进国家治理体系和治理能力现代化的重要内容，是我国从传统社会管理迈向现代社会治理的重要标志，体现了我们党对共产党执政规律、社会主义建设规律、人类社会发展规律的新认识。正如习近平总书记指出的那样，“治理和管理一字之差，体现的是系统治理、依法治理、源头治理、综合施策”的重要思想，具有重大的理论和现实意义。

二　以问题为导向构建基层社会治理体系

月坛街道有其鲜明的区域特点。第一，月坛是中央国家机关政务办公集中区，副部级以上的中央单位有国家发改委、国家信访局、国家财政部、国家工商总局、国家新闻出版广电总局、中华全国总工会等23个。同时，国家部委工作人员住宅区较多。第二，月坛高低端两方面人群特点均比较突出，地区离休干部5000余人，接受过大专以上高等教育的人口占总人口的49.7%，是北京市学历水平较高的地区之一。另外地区低保、残疾、重点人等困难群体比较多，约占地区人口的8%，高低端差异较明显。同时，地方所属产权建筑较少，中央单位产权建筑较多，因此，地区社区活动、办公场所建设较为落后。第三，月坛是一个老龄化较严重的社区，其中60岁以上的老年人约占居民总数的20%，已提前达到国际人口老龄化的标准。第四，月坛各种群体的人员构成比较复杂，辖区内有回族、满族、蒙古族、朝鲜族等36个少数民族，少数民族的人数为8999人，占总人口的6%。三里河社区、广电总局第二住宅区两个具有民族特征区域，涉及宗教问题等群体性不稳定的因素较多。辖区习练“法轮功”人员具有在册人员多、重点人多、刑释解教人员多等特点。人多事杂，不稳定因素较多。

面对月坛街道的特殊情况，伴随着社会的不断发展，各种社会矛盾层出不穷，居民群众的利益需求也越来越多元化，社会不稳定的因素增加，街道在管理和服务上的压力和任务都越来越重。为了顺应社会发展的趋势，提高社会建设的水平，做好“四个服务”工作，月坛街道坚持以问题为导向，把顶层设计与重点问题的突破结合起来，从制约地区社会和谐发展的突出问题入手，积极创新社会治理方式，在构建科学的地区治理体系方面做了不少有益的探索。

（一）以共同愿景凝聚人心——确立“四型月坛”的发展目标

2003年底，街道领导班子立足实际，在全面分析区域特点的基础上，经过反复调查研究，确立了“打造人文型月坛、发展数字型月坛、构筑学习型月坛、创建服务型月坛”的发展目标。“四型月坛”是街道几任领导班子共同推进的目标，四型之间相辅相成、循序渐进、集约发展，在不同时期有不同的创新以及工作重点和内涵。2010年，月坛街道依托北京市委党校，组成有相关专家、教授参与的课题组，在总结“四型月坛”发展经验的基础上，经过大量的调查研究，制定了《月坛街道“十二五”发展规划，暨“四型月坛”发展规划》，使今后发展的方向更加明确。2012年，街道总结近年来“四型月坛”发展的情况，进一步更新理念，明确“打造人文型月坛为区域名片，发展数字型月坛为技术保障，构筑学习型月坛为思想引领，建设服务型月坛为根本任务”这条主线，加强地区各项事业的发展。通过加强“四型月坛”建设，街道不断适应新发展和新要求，扎实打基础、创新谋发展、全力保稳定，党的建设不断加强，城市管理得到提升，公共服务更加完善，民生保障更加有力，地区各项事业和谐发展，街道各项工作呈现持续发展的良好势头。

（二）以体制改革聚合力量——推行“中心制”

2004年，为进一步推进政府管理与服务职能到位，月坛街道承担了西城区街道体制改革试点任务，实行“大部制”。即按照系统划分、内部整合的原则，将工作性质、工作职责、工作任务基本相同或相近的科室，进行整合，设置形成了“七部二室一厅”的格局。这种体制较好地解决了过去街道内部机构分工过细，部门之间交叉管理，干部承担工作不均，工作各自为政等问题。2011年，根据社会管理及服务的需要，街道又进一步深化体制改革，推行“中心制”，形成了“两部七中心”的新格局。即以“部制”

为基础，将一些驻地单位纳入日常的工作体系之中，同时各中心根据需要，成立一些协会等社会组织，协助承担相应工作。其核心思想是构建一个更加开放的、具有更广泛社会参与的工作体制。在中心内部，实行日常工作、专项工作分工协作，重点工作、突发事件整体联动的工作机制。这一体制及工作机制，为社会服务管理提供了有力的组织保障。

（三）以枢纽组织整合社会——成立“月坛社区建设协会”

2005 年 6 月，月坛街道在办公用房紧张的情况下，将 1600 平方米的原办公楼腾出作为月坛地区社会组织服务楼，确立了以空间换服务的思想。同时，成立了“月坛社区建设协会”，以其为龙头，培育地区各类社会组织。目前建设协会已有 100 多个团体会员，6 名专职工作人员。十年来，服务楼先后入驻了 20 家社会组织，现在在其中发展的有 16 家，它们还带动建立了数十个活动团队、兴趣小组、项目工作室，共举办各类活动 1500 余场，受益人群达 15 万人次。同时，街道注重统筹地区单位优势资源，积极搭建社会组织交流合作平台，实现地区社会组织资源共享。

（四）以楼门院长联系群众——建立居民需求三级报告四级处理机制

2009 年，月坛街道借助科技手段，搭建了楼门院长信息沟通系统。它与楼门院长家里的固定电话相连，能够将街道、社区通过网络发来的文字信息，转化成语音信息并进行存储，以便他们多次收听；也可以将楼门院长打电话报出的语音信息转化为文字，通过网络发送到社区及街道，并进行分类存储。从机制上来讲，重点是搭建起了问题的三级报告机制和四级处理机制。三级报告：楼门院长—社区—街道。四级处理：第一级是由社区将能够通过社区自治、社区服务解决的问题筛出，进行处理；第二级是工作通过系统上报到街道的综合指挥中心，由中心进行分拣、转办及督办；第三级是相关科室、专业队、站、所按照职责进行处理；第四级是对于需要上报区有关部门或协调其他力量解决的问题，报街道领导协调处置。处置结果由中心进行反馈，形成“上报—分拣—处置—回复—反馈”的闭环系统。目前街道共有楼门院长2432人，他们是社区工作的“神经末梢”和“毛细血管”，在系统的支持下，切实落实了他们“10+X”的报告制度，搭建起他们参与社区建设的有效渠道。该系统的运行，畅通了信息上传下达的渠道，破解了在社会管理服务中如何及时发现问题和如何有效解决问题两大瓶颈，使街道在社会管理及服务中能够更加人性化和精准化。

（五）以大数据技术提高效率——建立“e窗式”数字服务模式

月坛街道以便民、高效、透明为原则，不断创新公共服务模式，建立了街道公共服务大厅和社区服务窗口，居民可在任意窗口办理所有业务，实现了接待、综合办理的一口受理。推出了“e窗式”数字服务模式，实现了承办人员、职能部门以及服务对象跨空间的“面对面”沟通。并通过预约服务、延长服务时间、叫号机轮号制度等方式，大大方便居民办事。同时，搭建了覆盖整个月坛地区的无线城域网、无线监控网以及月坛街道内部局域网，开发和升级了月坛街道OA系统、网络信访处理系统等街道业务系统，大大提高服务效率。

（六）以系统思维做好管理——探索三个工作体系建设

月坛街道打破部门分割，探索三个体系建设：地区环境秩序监控体系、地区环境保洁管理体系、地区矛盾排查化解工作体系。按照卫生、安全、信访、处置等环节，建立统一的地区综合监控应急指挥系统，把视频监控和城管监督员巡视结合在一起，对地区实行全面的、全天候的监控，及时有效地处理各类环境问题。同时，进一步发挥地区管委会的协调作用，建立与地区大单位的日常沟通协调机制，调动社会单位主动参与到环境建设工作中来。同时动员、发动群众广泛参与地区环境建设，鼓励居民在各个环节中帮助想办法、出主意，形成共同维护环境、有效治理问题、共享发展成果的良好氛围，并逐步形成居民群众的自我管理、自我服务的常态机制。

（七）以源头治理化解矛盾——建立“1211”信访工作新机制

按照建立大信访工作格局的要求，月坛街道发挥中心制体制的优势，充分整合资源，建立完善了“1211”街道信访及矛盾化解工作的新机制：建立一个领导小组——月坛街道人民内部矛盾化解督查督办领导小组；强化两个中心——地区综合投诉中心和街道社会矛盾调解中心；做实一个工作站——社区“调解工作站”；建设一支调解队伍——在街道和社区两个层面建立一支以人民调解员为主，干部、律师、志愿者参与的调解队伍。在新的工作机制中，重心向社区下移，深入一线化解矛盾，重点做好民生保障工作，从源头上遏制信访事件的发生，努力把矛盾和纠纷化解在基层。

三　以精准化服务为中心提升基层社会治理水平

通过多年的实践探索，月坛街道围绕“四型月坛”的共同愿景，构建了一整套党政机关、社会单位、社会组织、社区居民力量共同参与地区治理的工作体系，形成了一个目标明确、主体多元、结构完善、技术先进的街道基层治理框架，这个框架现在看来仍然是一个粗线条的体系。随着社会的发展和时代的进步，特别是在目前落实首都新定位、创新“四个服务”方式的新形势下，需要以精准化服务不断完善其内涵，强化其功能，全面提升地区治理水平。具体来说，重点要做好以下工作。

（一）突出民生保障，完善公共服务体系

一是建立综合就业服务体系。打造智能化的就业服务体系，不断完善就业服务硬件建设，依托网上政务办理平台，开通业务进度查询服务平台，深入开展就业社区建设，建立社区工作站终端网络服务，形成“区、街、站三级联动”的劳动力市场管理和服务体系，不断提高公共就业服务效能。整合地区创岗联盟集团单位，动员社会力量积极参与，成立促进就业协会，开发适合本地区失业人员就业的岗位。拓展地区技能培训实习基

地，搭建失业人员专业技能实习平台，创建以西城培训学校为主导，以月坛市民学校、地区技能学校为补充的培训模式，实现培训—实习—就业良性循环的工作模式。

二是完善社会救助保障体系。转变现有救助、募捐模式，依托成立慈善协会分会的契机，建立专业团队运作、会员单位协作、志愿者参与实施的社会化模式，制定救助金分类标准，完善救助、募捐的监督评估与应急处理机制。强化刑释解教安置工作，动员和协同社会各界大力开展帮困解难活动，积极为刑释解教人员建立回归安置基地，进一步畅通生活补贴和困难救济申领渠道，为刑释解教人员解决就业、生活等实际困难。建设保障部门一体化业务数据中心和综合决策、查询平台，实现多部门信息共享，防止重复救助现象发生。

（二）完善“精准化”服务机制，提升社会服务水平

一是构建综合便民服务平台。以公共服务大厅为枢纽，着力推进“区、街、居三级联动”行政服务体系建设，拓展服务功能，努力将社区服务站打造成为“业务精、服务优”的公共服务立体化平台。建立多层次、普惠性、全参与、一体化的综合便民服务平台，成立地区服务联盟，形成政府、社区组织、服务商、驻区单位、志愿者参与的服务模式，打造集信息发布、智能结算、预订、配送于一体的生活服务体系，创新居民对服务的监督机制，切实为居民提供高质、高效、实惠的生活服务。

二是完善老年人服务。以居家养老为主要形式，大力发展地区文化养老事业。在认真落实“九养”政策基础上，推进“居家养老＋社区照料＋机构养老”的多元化养老体系建设。依托专业养老机构和行业组织，建立一支专业社区养老家政员、护理员队伍，推进养老家政市场化。启动“111626”工程，以多主体参与的市场运作方式，设计和策划精神健康服务，打造具有月坛特色的精神文化养老体系，创建多个“老龄生活”的服务品牌。坚持“三个结合”原则，积极创造以老年人兴趣为核心的、适合老年人特点的室内和户外活动。提高对退休老干部的服务水平，不断满足老

年人日益增长的物质和精神文化需求。

三是完善流动人口服务。严格按照《北京市房屋租赁管理若干规定》等法律法规实施出租房屋管理，建立健全基础调查工作的长效机制，准确掌握区内居住流动人口和出租房屋基本情况以及在区工作的流动人口基本情况，并进一步加强流动人口劳动权益保护，积极主动地配合有关部门解决好教育、医疗、就业、子女入学等民生问题。加快完善流动人口管理队伍体系与业务水平，实现管埋与服务并重。以楼门院长、社区单位负责人、物业公司负责人等为触角，构建社区流动人口管理与服务网络。积极创造多种交流与活动平台，增进流动人口的属地归属感，将地区流动人口纳入月坛地区安全、文化、社会建设等领域体系中。

四是构建数字便民服务网络。以居民便利为前提，构建集信息通畅、服务便利、智能消费于一体的月坛地区便民服务网，实现信息发布、服务预订、配送服务等功能，突出服务信息的同步、自动更新功能，建立公众参与的便民信息发布机制，保障信息的时效性、准确性，搭建全参与、高质量和高效率的全民服务网络。构建基于移动互联网技术的便民服务网，提供基于地理信息定位的网点搜索服务。拓展数字便民卡的功能，增加智能结算等服务，实现虚拟服务与现实消费的深度结合。

五是物联配送进社区。基于网络和移动终端，开通社区 QQ 群、社区论坛、网上跳蚤市场、博客、播客、贴吧等热门的网络交流渠道，居民可随时随地通过网络结成基于兴趣爱好的新型社区关系，可随时随地参与社区建设及社区活动，并在虚拟的社区交往中使社区关系从“网上”到“网下”，由“虚拟”到“现实”，实现虚拟社区关系网络与现实社区关系网络互相映射衔接。

（三）加强制度建设，提升城市管理水平

一是建立城市管理长效机制。做实地区管委会，整合街道相关城市管理部门，统筹驻地城市管理资源，有效调动驻地单位及各社区参与环境建设、城市管理工作的积极性和主动性，建立健全统一指挥、责任到人、联勤联

动、专兼结合、运转高效、全面覆盖的城市管理长效机制，形成齐抓共管、资源整合、共同参与、成果共享的城市管理新格局。

二是推进城市网格精细化管理。依托街道网格化管理信息平台，构建城市网格精细化管理工作模式，实施“一格三员”的网格治理模式，实行以“统筹、发现、预警、分流”四个机制为主体的网格管理规范运作，制定网格管理考核奖惩办法。按照“缩小管理范围，增加管理内容，提高管理效率”的思路，紧紧围绕“垃圾、卫生、排污、占道、渣土、美化、绿化、亮化、施工围栏、户外广告、非法小广告、油烟噪声扰民、市政设施管理”13个方面的问题，试点推行网格化城市管理。

三是推进城市管理常态化、科学化发展。加强政府组织、协调和引导，调动社会单位的积极性，发动社会单位积极参与地区城市管理和环境建设，形成全社会共同维护环境、共享城市发展成果的良好氛围，逐步建立起符合地区实际的常态化、科学化城市管理体系。

（四）抓住关键环节，加强社区建设

一是打造社区特色文化。安排资金支持和鼓励各社区自主创造特色品牌活动，努力实现26个居委会都能打响自主的社区文化品牌；通过创立社区共同愿景、设计制作社区标识、形成社区文化宣传口号、安装社区宣传文化灯箱和标语牌等多种形式来宣传社区的品牌文化。将各社区多年来倾心培育的民族团结文化、双拥文化、廉政文化等社区文化不断向“人无我有、人有我优、人优我特”方向发展。

二是完善以居民代表大会为主导的居民会议制度。坚持每年至少召开两次居民代表大会，探索建立社区居民会议常务会制度，逐步形成以居民代表大会为主导，以社区居民会议常务会和社区工作联席会议为有效手段，以居民听证会、议政会、评议会等为补充的居民自治机制。

三是构建志愿组织体系。构建“社区内部志愿者＋社区外部志愿者”的组织体系。建构社区内部志愿力量，开展“时间储蓄互助活动”，建立“时间储蓄卡”制度，使居民互享服务；建立统一的志愿服务考评体系和奖

励基金，用以表彰有突出贡献的志愿组织和居民。建构社区外部志愿力量，招募社会上的专业志愿群体参与社区服务，积极推进和完善志愿者登记注册制度、服务分类制度，发挥志愿者的特长和技能，提高服务效率；不断完善大学生志愿行动的保障激励机制，实行以“小时制”为主要取向的志愿服务认证制度，联合学校将志愿者服务与学生综合测评、奖学金评定、荣誉称号等结合起来。

四是打造社区“品牌”服务站。从符合百姓需求的服务形象做起，设计既能充分体现“为民服务理念”，又具有个性化的社区服务站的标准色、标准字，规划统一办公形象、服务流程、服务标准、工作人员形象等，旨在追求全程优质服务和群众满意度，充分体现我们的服务理念和宗旨，使其成为社区公共服务的“助推器”。

（五）完善培育和扶持机制，促进社会组织发展

一是建立专项资金保障机制。设置专项资金，用于购买社会力量服务。加大公益经费的投入，用于各社区扶持社会组织发展和购买社会组织服务项目。向月坛社区建设协会提供专项资助资金，用于各类活动经费。各职能部门投入一定资金，用于地区社会组织培育和扶持，以此保障各类社会组织的长期发展。

二是注重社会组织的专业化建设。顺应政府职能转变要求，积极探索社会组织协助政府加强社会管理和公共服务的有效途径，随着社会工作的专业化要求日益提高，积极培育专业社会组织，提供专业化社会服务，力争在运行中有效动员并组织更多的群众参与城市管理和社区建设，协助政府更好地推动公共服务的专业化发展。

三是完善优胜劣汰的考评机制。制定考评细则，对入驻社会组织服务楼内的社会组织的服务覆盖程度、群众参与率、能否利用项目拓展服务领域等具体指标开展考评，实行优胜劣汰。

四是创新社会组织的培育发展模式。发挥街道工青妇等枢纽型社会组织作用，建立以工青妇和居委会为主体，残疾人协会、民兵、治保、老年人协

会、志愿者、业主委员会等相互配合的社区组织体系。大力培育自律类协会、监督类社会组织，继续支持有条件的社区成立注册社区社会组织，发展备案类社区社会组织，扩展社区社会组织的服务范围。加大对社会组织的扶持力度，实行“政府规划服务领域、社会组织提出项目、公开评审项目设计、政府资助项目实施”的政府购买服务模式。建立竞争性服务外包机制，促使社会组织的良性发展。鼓励社会组织通过参与社区服务项目的招投标工作，获取福利彩票公益金的资金支持。

（六）构建“大安全”格局，提高公共安全水平

以综治维稳中心为龙头，多部门同步协作，实现地区安全由专业监管向综合统一管理转变、由事后处理向提前预警防范转变，及时处理安全隐患的根源，全面推行“五分钟平安圈”的建设。进一步完善社会稳定风险评估机制，建立群防群治机制，强固人民调解疏导工作体系与特殊人群安置帮教工作体系，推进大排查、大调解、大走访等重点工作。建设“预防监测为主，控制监管为辅”的社区安全管理模式，持续推进“科室牵头，责任分解”的安全工作模式，逐步稳固“大安全”环境格局。加强先进技术手段对安防工作的支撑，进一步发挥二级安保网、楼门院长信息传递系统、综治维稳中心平台等信息技术手段作用，加强对“监控录像的智能分析”“基于多网络媒介的信息快速传递”等多渠道信息资源的有效管理和利用，加快月坛街道隐患排查记录预警分析系统的二期开发。

（七）完善“大信访”机制，着力做好源头治理

一是加强“网络信访”广泛应用。整合街道各类资源，综合有效利用已有的月坛街道监控指挥中心视频图像信息系统、街道便民呼叫中心即“3999”热线、北京市社区服务热线“96156”和楼门院长信息传递系统等多个应用系统和指挥监控平台，实现多系统对接，建立月坛地区的信访平台，实现信访服务零距离，助推上下信访信息系统的互联互通。

二是完善预测防范机制。定期召开民主管理和监督委员会监督员座谈

会、纪检委员例会，多渠道、多形式、多内容地了解、分析社情民意，并将所收集的热点、难点问题列为年度群众满意“折子工程”予以落实。进一步调整月坛街道民主管理和监督委员会监督员结构，让关心月坛发展、了解社情民意、敢于建言献策、乐于参与解决居民实际问题的地区单位或主要社会组织成员、人大代表、政协委员加入监督员队伍，完善民主管理和监督委员会职能，扎实、经常性地推进民主管理和监督工作，提高监督员的政治参与和社会参与度，充分发挥其作用。

总之，社会治理创新必须着眼于满足居民群众的实际需求，并且把更多的精力投放在服务居民、社会救助、化解矛盾、改善市容市貌、加强社区建设等方面。通过精细化、高质量的管理和服务，努力为群众提供一个舒适宜居的生活环境和宽松便捷的发展环境。

参考文献

王飞：《县域社会管理创新研究——以娄烦县为例》，硕士学位论文，山西大学，2013。

李培林：《我国加强和创新社会管理的若干问题》，2011 年 7 月 13 日，中国人大网，http：//www. npc. gov. cn/npc/xinwen/2011 - 07/13/content_ 1663360. htm。

王雪梅：《地方政府多中心治理模式探析》，《人民论坛》2011 年第 14 期。

王学军：《论企业化政府理论形成的背景、内涵及其现实意义》，《宁夏党校学报》2004 年第 3 期。

胡鞍钢：《人民社会为何优于公民社会》，2013 年 7 月 19 日，共识网，http：//www. 21ccom. net/articles/dlpl/szpl/2013/0719/article_ 87952. html。

B.9

创新社会服务方式　完善社会服务网络

——月坛街道完善社会服务体系的实践与探索

摘　要：　当前随着社会发展，社会结构发生较大变化，居民对社会服务的依赖性越来越高。位于首都主城核心区的月坛街道，人口结构多元化和需求复杂化现象更为明显。近年来，月坛街道不断探索加强和创新社会服务管理的新路子，加强社会服务体系建设，形成了持续推进的工作模式，取得了一定的成效。本文通过对月坛街道相关工作的调研，总结了月坛街道在创新社会服务体系中的主要做法，分析了月坛街道在完善社会服务体系中存在的问题与挑战，并提出了完善职能体系建设、发挥地区党建联合会作用、加强社会组织规范化建设、完善便民体系建设等对策建议。

关键词：　社会服务　社会服务体系　公共服务　创新

月坛街道是北京中央部委的办公集中区和相对集中居住区，人口教育程度高、民主意识强，人口密集大，社会结构也较为复杂，老龄化现象凸显。满足各类人群的服务资源相对较少，但多元需求在不断增长。为顺应社会发展的趋势，应对居民不断增长的社会服务需求，近年来，月坛街道不断探索加强和创新社会服务管理的新路子，取得了一定成效，但也存在一些问题与挑战，需要深入研究，进一步推进。

一　社会服务与社会服务体系创新

（一）社会服务的概念

社会服务的概念早在1958年由英国学者首次提出，是指以劳务性的服务满足社会人群中的困难和弱势群体等的基本需求，并不以营利为目的，可以由政府提供，也可以由社会组织提供。在我国，社会服务项目尚不健全，内容单一，覆盖对象有限（如孤寡老人、残疾人、孤儿和城镇“三无”人员等），且仅仅是作为补缺型的一种福利，已经无法适应市场经济形势下的社会转型与变迁，难以满足社会特殊群体的需要。近年来，随着我国民政服务的转型，社会服务被纳入公共服务。社会服务的内涵得到了进一步扩充，即通过专业化的社会工作服务，对有需求的人群提供化解矛盾、困难救助、心理疏导、资源协调、社会功能的修复和促进个人与环境的适应等专业服务。“十二五”时期，我国基本公共服务规划正式将基本社会服务纳入基本公共服务的九大类别中。2012年，民政部联合财政部制定的《关于政府购买社会工作服务的指导意见》是我国第一个关于社会服务的公共政策，大大扩展了原有社会服务的内容。党的十八届三中全会提出“推进基本公共服务均等化”的要求。党的十八届五中全会提出，要“加强义务教育、就业服务、社会保障、基本医疗和公共卫生、公共文化、环境保护等基本公共服务，努力实现全覆盖”，在均等化基础上提出了全覆盖的更高要求，对社会服务和公共服务的内容和要求都做了进一步明确。

（二）创新社会服务体系的特征

社会服务体系具有治理性、创新性、开放性、发展性、综合性等特点。社会服务体系创新的“创新”二字主要体现在服务主体的构成转变上，即实现服务主体和方式多元化的转变，由以往单一政府主体转变为由市场多方参与的多元化主体；在服务资源供给方式方面，也要建立多种渠道及方式，除了发挥好政府主导作用，还要注重市场在资源配置中的作用。

我国的社会服务体系仍处于初级发展阶段，长久以来，“大政府、小社会”的局面导致社会服务体系的开放性和创新性严重不足，迫切需要切实有效的措施来进一步健全和完善。按照全面深化改革的思路，月坛街道深刻意识到要想“创新”、必须“转变”，即必须进一步加快政府职能转变，实现有效的政府治理，才能发挥市场的活力和优势。

二　月坛街道创新社会服务方面的主要做法

近年来，月坛街道以建设“四型月坛”为目标，从多方面着手，引进了“国际安全社区”的先进理念和方法，以社区诊断为出发点，以项目推进为主要手段，以多部门合作、多方参与为工作方式，以社会服务信息平台为载体，大力培育社会组织，不断探索加强和创新社会服务管理的新路子，加强社会服务体系建设，形成了持续推进的工作模式，取得了一定的成效。

（一）以机构改革推动工作方式改进，实现街道组织机构重构

月坛街道在西城区率先实行“大部制”体制改革，将工作性质、工作任务基本相近的科室进行整合，解决了过去街道内部机构分工过细，交叉管理，干部承担工作不均，工作各自为政等问题。在工作当中，进一步深化推行“中心制”，成立了“八个中心”，分别是党群工作中心、综合指挥保障中心、纪检监察中心、综治维稳中心、城市管理中心、社会建设与社会动员中心、社会保障中心和社区服务与老龄事务中心。按职能将“八个中心”进行了分类，指挥督办职能的有：综合指挥保障中心。策划执行职能的有：党群工作中心、综治维稳中心、城市管理中心、社会保障中心和社区服务与老龄事务中心。发现评价职能的有：社会建设与社会动员中心。监督检查职能的有：纪检监察中心。实行“大部制”后，街道的主要工作职能进一步清晰化，不仅解决了干部职数少的难题，同时也减少了职能交叉的现象，街道工作形成了合力，大大提高了工作效率。并将一些驻地单位纳入日常的工

作体系之中，构建了更加开放、更加广泛的社会参与工作体制和日常工作、专项工作分工协作，重点工作、突发事件整体联动的工作机制。

（二）促进社会多元主体间合作，推动社会各类主体自主服务、自我服务

制定《月坛街道社会单位资源开放共享奖励办法》《以项目支持推动地区职能部门工作开展的办法》，为辖区单位、组织和个人共同参与辖区建设提供有力支撑和保证。成立月坛地区党建联合会，制定《月坛地区党建联合会章程》，在街道和社区层面同步构建月坛地区横向互联、上下贯通的区域化党建工作格局。制作《月坛地区党建服务手册》，会员单位可选择志愿项目予以认领，也可了解其他单位服务内容，满足需求，实现“组织共建、党员共管、场地共用、活动共搞、资源共享、困难共帮”的目标。深入开展“部长进社区”活动，通过国家统计局领导与辖区居民面对面交流，建立国家统计局、街道、月坛社会调查队“三位一体”的资源共享格局。吸纳地区单位老干部、人大代表等成为月坛社区建设协会理事，协助街道为地区各类社会组织，提供协调资源、指导业务等服务。引入高校教育、科研优质资源，开创科研院所与社区建设相结合的组织合作机制，提升社区建设科技含量和文化品位。与清华大学联合开发楼门院长信息管理系统，畅通民意渠道，提高问题快速应急处置能力。与清华大学网络行为研究所共同开发社区网络学习平台，共享课件资源供居民学习。与首都博物馆合作办学，建设“月坛—首博‘社区文博学苑’”，打造社区学习品牌。组织居民参观地震台网中心，共同开展防灾减灾日活动，提升防灾能力。

（三）以“公民本位”为改革理念，完善社会服务信息平台

街道坚持“数字月坛”的建设理念，利用信息化手段创新社会服务管理工作，逐步使信息化技术成为提供公共服务的重要支撑。搭建覆盖月坛地区无线城域网、视频监控网和百兆互联网带宽的融合网络群，接入街道机关、26 个社区居委会（工作站）、地区职能站（队）和社会组织的 500 多

个终端。建设“清华大学网络学习平台”，创建综合资源平台“月坛网”，并延伸到社区和商业楼宇触摸屏、主要干道的LED显示屏等，向月坛地区居民、流动人群等共享社会服务信息。利用语音技术建设完成“楼门院长信息传递系统”，覆盖地区2342个楼门院长，建立“三级上报、四级处置”工作机制，将政府社会管理工作的触角从社区居委会延伸到社区楼院中，完善民主诉求渠道。搭建“月坛全响应社会服务管理指挥调度平台”，将月坛地区社会治安综治维稳网格、城市建设监督网格和“全响应”社会服务管理网格，按照“三网合一”要求进行统一，将26个社区划为112个精细化社会服务管理网格单元，实现网格化的全覆盖。在每个网格单元内配备网格巡查员、协调员和监督员。构建月坛街道“一格三员”的网格化社会服务管理工作新型协作模式。建设并不断完善月坛街道“全响应社会服务管理指挥中心”，形成以问题为出发点、以居民需求为中心的多部门联动机制和社会组织及服务企业、个人协同的响应机制，从而提高各类诉求的解决和处置能力，实现社会服务管理信息共享和业务协同。

（四）提升社会服务专业化水平，创新社会组织培育机制

月坛街道将1600平方米的原办公楼作为地区社会组织服务楼，成立社会组织服务楼项目办公室，用以培育、扶持社会组织的成立和发展。树立“以空间换服务”的理念，社会组织为地区提供服务并取得良好社会效益，社会组织服务楼向社会组织提供办公用房和活动场地。通过社会组织培育社会组织，打造发展社会组织的新模式。月坛社区建设协会，作为枢纽型社会组织，对各类社会组织的业务开展给予指导和支持，对政府购买服务的项目进行绩效评估，以社会组织培育社会组织，拓展服务领域。通过项目促发展，提高社会组织的服务能力。不断加大政府购买服务力度，把一部分专业性强，社会组织更擅长做的工作，以项目购买的方式，交给社会组织承接。建立项目经费的保障机制，按照居民需求，梳理归纳十大公益项目，投入资金400余万元，让越来越多的社会组织参与辖区建设。2015年，街道已有注册社会组织7家，备案社区社会组织227家，共举办各类

活动 3000 余场，受益人群达 20 万人次。初步形成“小政府、大社会”的服务格局。

（五）运用社区建设先进理念，完善安全服务体系建设

引进“国际安全社区”先进建设理念和方法，以社区诊断为出发点，以项目推进为主要手段，以多部门合作、多方参与为工作方式，建设国际安全社区。自月坛街道成为世界卫生组织第 139 个安全社区网络成员以来，以辖区居民伤害和需优先解决的社会安全问题为目标，通过广泛与科研教育机构、志愿者组织、社会组织、社区以及企业等开展合作，认真开展社区诊断，扎实开发安全促进项目，推动区域内事故伤害逐渐减少，推动安全社区建设不断深入开展。街道顺利通过世界卫生组织对国际安全社区复审认证，制定完善月坛街道新一期国际安全社区建设五年规划，以开展安全社区建设活动为载体，完善立体化安全防控体系，并将这一工作理念延伸至街道社会服务管理工作的其他方面。

（六）积极开放市场化合作，打造覆盖全方位的社会服务体系

一是打造“十五分钟便民服务圈”，建立覆盖面广的便民服务体系。按照市政府“办实事”项目要求，结合月坛街道实际，街道建设了三里河、白云观、复兴门等“十五分钟社区服务圈”，梳理月坛辖区内公共服务设施、便民服务设施 897 个，覆盖了全部 26 个社区，为社区居民提供小时工、保姆、送餐、理发、修脚、家电维修、管道疏通等服务项目百余项，受到社区居民及老年人的欢迎。二是丰富“无围墙敬老院”内涵，建立健全完善社区养老服务体系。“无围墙敬老院”以社区为平台，按照市场化原则，将社区及部分外部为老服务资源整合，通过建设专业指导、专职人员、志愿者三支队伍，根据老人需求，提供专业化、针对性、多元化的服务。将社区老年人分为不能出户和能出户两类。对不能出户的老人，重点抓好入户照料指导。广电总局新 302 食堂为地区老人提供就餐、送餐、洗浴等服务项目，其中为行动不便的 29 位老人入户送餐。组建近 500 人的爱心助老天使团队，

对地区老人进行入户巡视，对不能自理老人进行生活照料和精神慰藉。对能出户的老人，重点抓好人员的“组织化”。搭建“文化养老”平台，成立玖久缘文化养老中心，在26个社区开设自愿组织参加、自定活动主题的夕阳茶座。利用社区活动场所、广场等，开展形式丰富的活动。组建星月艺术团、银帆艺术团等21支街道老年文体团队，启动老年文体团队“进社区入家庭”活动，为地区行动不便的老年人提供公益演出等精神关怀服务。开展“夕阳金辉”老人评选表彰活动，创作编写系列文化养老类书籍《穿过幸福时差》。三是扩大社区卫生服务网络，打造社区急救服务体系。街道立足实际，搭建以复兴医院为龙头，以地区10个社区卫生站、13个地区单位卫生站所为支撑，以社区内离退休专业医务工作者志愿参与服务为补充的社区卫生服务网络，扩大医疗服务覆盖面。开展社区急救项目，当病人发生紧急情况时，居民拨打市急救电话的同时，拨打社区卫生站电话，在市急救车辆未到达之前，由社区医院先开通急救通道，争取抢救黄金时间。

三　月坛街道完善社会服务体系中存在的问题及面临的挑战

（一）社会服务需求的深度和广度仍在不断扩大

我国社会结构面临深刻变化，目前最为紧迫的是人口老龄化的趋势，居民对深层次的养老服务需求越来越迫切。月坛街道老年人口较多，随着工作人口的压力不断增大，家庭成员能够给予的关照与服务不能满足老年人的需求，因此让辖区老年人享受到专业养老服务变得越来越紧迫。街道目前为不能出户的老人提供的服务主要集中在送餐和精神抚慰等服务上，服务内容较为单一，且仍依靠传统的志愿者，老年护理专业人员、社会工作者和专业志愿者缺乏，更专业、更有针对性的服务需求仍难以满足。由于辖区资源紧张，社区仍缺少为老年人提供服务和开展活动的场地和硬件设施。

（二）居民对生活环境及生活方式的改善意愿强烈

近年来，随着社会的发展，环境污染严重、食品安全威胁事件频发，居民对整洁有序的生活环境、安全健康的食品品质、方便快捷的服务方式有着强烈的需求。尤其随着互联网时代的到来，街道便民服务网点仍以传统经营方式为主导，不能满足居民对服务时效和服务方式等的要求；街道蔬菜零售网点规范化、品牌化程度还不能达到居民的要求；在服务网点的分布上也并不均衡，呈现北多南少、西多东少的状态，由于月坛地区地处核心区域，地区空间有限，网点增量存在困难，除此之外，网点营业时间相对较短不能满足居民随时性需求；等等。因此，街道需进一步提升收集和梳理地区居民迫切需要解决的问题的能力，建设便捷高品质的服务体系以满足居民多样化高标准的需求。

四　月坛街道进一步完善社会服务体系的对策建议

（一）进一步完善职能体系建设，提升解决民需能力

月坛街道在体制改革的基础上，强化为民服务职能，对“八个中心”的职能进行明确，整合划分为四大职能，即督办和指挥职能、策划和执行职能、发现和评价职能、监督和检查职能。四个职能之间相互连续、相互依存。其中综合指挥保障中心承担督办和指挥职能，社会建设与社会动员中心承担发现和评价职能，主要通过推进社区居民自治来发现、评价策划执行为民服务工作中的困难问题及工作成效；纪检监察中心通过对工作纪律的执行、工作程序的合法性的全程跟踪，监督检查，切实推进各项为民服务工作廉洁高效、顺利有序进行；策划和执行部门职责由其他五个中心（党群工作中心、综治维稳中心、城市管理中心、社会保障中心和社区服务与老龄事务中心）承担。四大部门充分发挥职能作用，密切配合，相辅相成、相互制约，形成完整的群众工作体系。深入开展党的群众路线教育实践活动，抓

好在为民服务、为民办事中的作风问题，将为百姓办实事，提高服务水平作为财政经费使用的唯一标准，提高居民的受益率和满意程度。

（二）大力发挥地区党建联合会作用，拓展地区资源向社会服务开放

进一步发挥月坛地区党建联合会作用。联合会由街道工委发起，由地区内不同隶属关系的机关、部队、企事业单位和“两新组织”的党组织共同参与；在社区层面成立分会，吸收小微企业的党组织为会员单位。联合会通过建立沟通、会商、协调机制，搭建信息交流平台，充分整合和利用各党组织的资源优势，协调解决地区经济发展、社会建设、城市管理中的难题，创造良好的发展环境。要通过大力发挥月坛地区党建联合会的作用，开展共建活动，引导会员单位党组织及全体党员积极参与地区性、社会性、群众性和公益性活动，服务地区各项建设。

（三）加强社会组织规范化建设，拓展政府购买服务范围

梳理办事处职能，编制“月坛地区向社会力量购买服务清单”，将更多专业性强，社会组织擅长做的工作，以项目购买方式，交给社会组织承接，进行更深层次的政社合作。对地区社会组织进行全面梳理设计，建立社会组织准入退出机制、项目购买机制等，不断增强社会组织建设协会对其他社会组织的辐射带动作用。

（四）完善便民体系建设，打造零距离服务体系

落实“月坛街道菜篮子工程建设规划”，推进地区菜篮子工程建设，建设管理、采购、配送、标准、品牌“五统一”的连锁化便民菜店。将社区原三产用房腾出建立商品销售与展示、配送、电子缴费、物流中转等连锁便利终端站点。在南中北三片分别建立蔬菜等商品的储备中心。引入连锁企业承接站点的运营管理，探寻建立或合作设立农产品基地，建立蔬菜等商品从基地到社区的物流配送体系，降低商品运送成本，保证食品安全新鲜。依托

街道无线网络及“月坛网”平台，搭建街道便民服务电子商务平台，升级“月坛街道便民卡”，实现身份识别、刷卡服务、商品预定、网上结算等功能，打造信息化、“零距离”社区生活服务模式。

社会服务面向社会，而社会是分为层级的，尤其随着我国社会结构深刻变化，社会阶层不断多元化，各社会阶层之间的需求差异不断拉大，不同层级的社会成员对于社会服务的需求都存在较大差异，而为了进一步化解社会矛盾，除了做到对弱势群体兼顾福利和公平外，还要在满足家庭及个人群体的需要方面体现自主性和自助性。就资源供给方面而言，除了要发挥政府的主导作用外，应运用社会服务的商品属性，体现市场机制的优势，构建起福利性社会服务、有偿社会服务以及社区互助服务多层次服务网络。

参考文献

张序：《社会服务：一种重要的公共服务》，《中国青年报》2013 年 7 月 8 日。

谢庆奎：《机构改革背景下的社会服务》，《中国民政》2010 年第 6 期。

吕普生：《政府与公民社会组织在养老服务供给中的合作模式研究——基于北京市宣武区三种合作方式的分析》，《科学决策》2009 年第 12 期。

朱玉知：《政府购买养老服务的公共政策分析》，《天水行政学院学报》2008 年第 4 期。

张洪武：《社区公共服务中的多中心秩序》，《学理论》2008 年第 12 期。

B.10

“精神慰藉＋休闲娱乐” 构建普惠式文化养老新模式

——月坛街道完善社区养老服务体系的实践与探索

摘 要： 月坛街道退休干部多，文化层次高，以往的待遇养老和物质养老已经无法满足辖区退休老人的需求，老年人开始追求更高层次的文化养老。针对这一特点，月坛街道近年来不断关注老年人精神生活的幸福程度，提倡并实施的文化养老，以“精神慰藉＋休闲娱乐”为切入点，结合首都及本地区特点，积极营造健康向上的养老氛围，努力探索一种与当代老年人心态、习惯和需求相适应，符合中国国情的文化养老模式，为辖区的老年人提供更高质量的精神生活和服务帮助。

关键词： 文化养老 人文关怀 社区养老

一 文化养老的重要性

“文化养老”是一种结合传统文化并体现当代人文关怀的养老方式。它是在老年人物质生活需求得以基本满足的基础上，以满足精神需求为出发点，以通过情感的沟通和思想的交流促进身心健康为内容，以愉悦精神为目的的养老方式，文化养老具有群体广泛性和互动共享性等特点。

党的十八大报告中提出，让人民享有健康并且丰富的精神文化生活，是全面建成小康社会的重要内容。党的十八届五中全会指出，要积极开展应对人口老龄化行动，弘扬敬老、养老、助老社会风尚。在人口老龄化迅速发展、家庭养老功能弱化、单位制向社会制转变的形势下，养老问题已经成为需要政府、社会和家庭共同努力去承担的问题。当前，对于机构养老，政府应加大兴办力度，出台相关政策，给予扶持。但是，随着社会经济的不断发展和物质生活水平的不断提高，人们的养老观念已经不再局限于基本的“吃、穿、住”，而是把生活质量的全方位提高当成新的目标，老年群体对精神生活的追求也在不断提升。目前，对于在家养老的老人，政府主要从活动场地、安全健康服务项目、专业志愿者队伍等方面，完善社会支持系统，即完善社区层面的养老服务供养能力，让在家的老人都能够享受到多方面社会化服务。同时，随着我国家庭养老功能的不断弱化，老年人在没有家人陪伴和照顾的情况下，精神生活逐渐空虚化，迫切需要全社会给予更多的人文关怀和心理慰藉。因此，随着养老工作观念的不断更新，如何更好地推进文化养老，以顺应新的趋势及新的方向，成为当前养老工作所面临的一个重要挑战，也是新形势下进一步提高老年工作科学化水平的重要命题。

二　月坛街道文化养老的现实需求分析

（一）月坛街道老年人受教育程度分析

前面提到，国家部委家属区密集分布在月坛街道，因而离退休干部也较为集中在这一区域内，这部分人群的受教育程度普遍较高，大大高于其他地区的同龄人群。通过随机抽样对1220名（男性532名，女性688名）60岁及以上老年人的有效问卷调查，根据调查的相关数据统计，月坛街道老年人受大专以上教育的占37.56%，受高中教育和中专教育的也占到17.42%，文盲率仅为6.98%（见表1），大大低于全国老年人口的文盲比例和北京市老年人口的文盲率。受大专以上教育的比例也大大高于全国及北京市处于同一教育水平老年人的占比。由此可见，月坛街道老年人的受教育程度大大高于全国和北京市的平均水平。

表1　月坛街道老年人受教育程度

单位：%

文化程度	男	女	合计
大学及以上	33.40	18.20	24.82
大专	14.34	11.50	12.74
高中和中专	16.79	17.90	17.42
初中	20.00	21.54	20.87
小学	13.21	20.23	17.17
文盲	2.26	10.63	6.98

此外，我们统计数据时发现，月坛街道老年人受教育程度还具有性别差异的特征，老年人口中女性受教育程度低于男性。受大专以上教育的女性比例为29.70%，男性的这个数字则为47.74%，高于女性18个百分点；女性的文盲率为10.63%，而男性仅为2.26%（见表1）。

（二）月坛街道老年人离退休前的职业分布

月坛街道老年人离退休前主要是在行政机关和企事业单位工作。这一比例远远高于北京市老年人口的平均就业比例。而其他无业或所从事的职业无法归类的老年人口仅占到2.63%。退休前在行政机关工作的老年人超过22.93%，退休前在企业工作的老年人占41.17%，在事业单位工作的也占到33.27%（见图1）。由于在月坛街道的各国家部委经济收入较好且收入稳定，老年人退休后有完善的退休服务和社会保障，住房条件也较好。

（三）月坛街道老年人收入来源分析

由于月坛街道超过90%的老年人群主要在国家机关和企事业单位中工作，这就意味着月坛街道的老年人每月都有固定的退休金。从统计数字来看，89.84%的老年人退休后的收入来源为退休金，也就是说这部分老年人退休后收入来源稳定。但是，这其中也有3.44%的老年人依靠配偶的退休收入供养，还有3.28%的老年人依靠子女的赡养。此外，还有0.66%的老

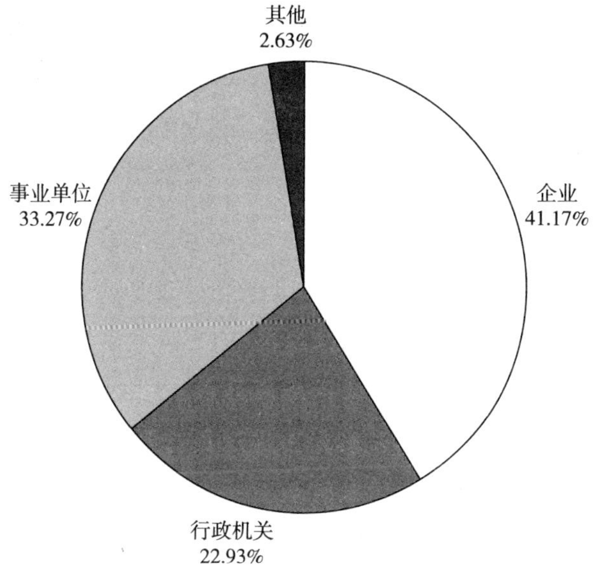

图 1 月坛街道老年人退休前职业分布情况

年人依靠最低社会保障金，2. 79% 的老人依靠配偶、子女及政府外的其他经济生活来源（见表 2）。

表 2 月坛街道老年人收入来源情况

收入来源	绝对数(人)			百分比(%)		
	男	女	合计	男	女	合计
退休金	508	588	1096	95. 49	85. 47	89. 84
配偶供养	5	37	42	0. 94	5. 38	3. 44
子女赡养	2	38	40	0. 38	5. 52	3. 28
低保	1	7	8	0. 19	1. 02	0. 66
其他	16	18	34	3. 01	2. 62	2. 79

（四）月坛街道老年人收入水平分析

由于月坛街道老年人经济收入主要来源为退休金，因此，退休前的职业状况对老年人退休后的经济收入具有很大的影响。以离退休金为主要经济来源并且月退休金在2000元以上的老年人在老年人口中所占比例最高，达到47.71%（见表3）。月退休金在2000元以上的老年人口，主要集中在行政机关和事业单位中，分别占78.47%和67.64%，而在企业工作的老年人仅占20.54%（见表4）。

表3　月坛街道不同经济收入来源的老年人收入水平

单位：%

月收入水平	离退休金	配偶供养	子女赡养	低保及其他
500元以下	0.92	7.32	51.35	68.75
500~999元	6.42	26.83	21.62	6.25
1000~1499元	27.06	24.39	18.92	6.25
1500~1999元	17.89	2.44	2.70	0.00
2000元以上	47.71	39.02	5.41	18.75

表4　月坛街道老人退休前从事行业的收入情况

单位：%

月收入水平	企业	行政机关	事业单位	合计
500元以下	1.92	0.96	1.33	1.54
500~999元	11.32	1.91	1.59	6.23
1000~1499元	45.87	7.66	11.67	27.01
1500~1999元	20.35	11.00	17.77	17.71
2000元以上	20.54	78.47	67.64	47.52

（五）月坛街道老年人对社区精神文化服务的需求情况分析

对月坛街道老年人养老需求的相关调研数据统计显示，老年人社区家庭养老服务需求的前三位分别是医疗健康、生活照料和精神文化服务。月坛街道有超过17%的老年人对各类社区精神文化服务有需求，仅次于生活照料和医疗健康服务需求（见表5）。

表 5 月坛街道老人需求情况

服务种类	绝对数(人)			百分比(%)		
	男	女	合计	男	女	合计
生活照料	110	132	242	20.68	19.19	19.84
医疗健康	207	282	489	38.91	40.99	40.08
精神文化	100	115	215	18.80	16.72	17.62
合 计	417	529	946	78.39	76.90	77.54

对各类精神文化的需求大致可分为文体娱乐的需求、表演展示的需求、纺织绘画的需求、工艺制作的需求、法律咨询的需求、心理咨询的需求、读书读报的需求等七类具体内容。根据调研数据来看，月坛街道有将近 60% 的老年人有不少于一项的社区精神文化服务需求，从男女需求量的统计数字对比看，男性需求量超过女性 5 个百分点，其中女性为 57.41%，男性为 62.41%；超过 33% 的老人有两项精神文化服务需求，男性需求量约超过女性 3 个百分点，其中女性为 31.98%，男性为 35.15%（见表 6）。由此可以看出，在月坛街道的绝大多数老年人都有着不同程度的社区精神文化服务需求。而且从男女两性需求比例可以看出，男性比女性对社区精神文化服务的需求更高，这可能与男性较高的文化程度有关。

表 6 月坛街道老人精神文化需要情况

单位：%

社区健康服务	服务排序:第一位			服务排序:第二位			服务排序:第三位		
	男性	女性	总体	男性	女性	总体	男性	女性	总体
文体娱乐	28.76	27.33	27.95	4.14	4.22	4.18	3.01	1.74	2.30
表演展示	1.69	2.18	1.97	3.57	4.36	4.02	1.69	1.74	1.72
纺织绘画	0.94	2.62	1.89	2.44	3.63	3.11	1.88	1.16	1.48
工艺制作	0.19	1.02	0.66	0.94	2.18	1.64	0.94	1.02	0.98
法律咨询	7.89	7.41	7.62	7.52	6.25	6.80	2.82	2.47	2.62
心理咨询	6.02	5.09	5.49	5.26	5.23	5.25	2.07	3.05	2.62
读书读报	13.35	8.28	10.49	9.77	5.81	7.54	3.38	2.47	2.87
其他	3.57	3.49	3.52	1.50	0.29	0.82	0.38	0.44	0.41
合 计	62.41	57.42	59.59	35.14	31.97	33.36	16.17	14.09	15.00

三 月坛街道养老工作情况回顾

近年来，月坛街道在已有的养老服务工作基础上，着力于养老体系建设，打造可推广、可复制的优质养老服务模式。同时，探索以政府购买项目、资源共享、奖励等方式，撬动更多社会资源、专业机构参与进来，丰富服务形式，提高服务的普惠度和覆盖率，让更多的老人从社区得到他们需要的服务，提高老人的生命质量。

1. 建立居家养老服务模式

月坛街道以汽南社区为开展居家养老服务试点，以“无围墙敬老院”为实践理念打造居家养老服务品牌，构筑以满足“融合社区区域资源，提供规范标准为老服务”为核心的社区居家养老体系。目前，街道积极运作，已经和40多家服务商签订为老服务协议，为老年人提供家政、送餐、理发、文化娱乐、精神慰藉等10余项服务项目。这种由政府主导的模式，使得居家养老工作方向明确、保障到位、措施有效，受到社区老年人的欢迎。

2. 养老服务社会化参与

月坛街道与国家农机协会招待所合作，投资200多万元将其改造为集收住和服务为一体的居家养老服务设施；与天津鹤童老年协会合作，为老人提供专业化护理；成立月坛老龄协会，以文化养老为主要方向，联系驻区各涉老单位和部门，反映老年人的要求，实施资源共享，开展各类活动；与国家新闻出版广电总局新302食堂合作，为地区老人提供就餐、送餐服务。经过多年探索，初步形成政府主导、社会组织承办、项目化运作、专业化服务、利用地区资源、志愿者服务为补充的社区养老运行模式。

3. 区域内养老资源统筹共享

发挥街道在社区养老服务工作中的统筹协调作用。利用地区资源优势，挖掘街道内部、驻区单位、社会组织、社区和家庭资源，实现资源共享。培育骨干队伍和打造服务品牌，吸引更多的社会组织和服务项目进入社区养老服务平台，扩大社区养老覆盖面，提高社区养老的能力和水平。

4. 文化养老具备一定基础

针对地区老年人群文化素质高，注重精神生活需求的特点，街道倡导以“文化养老”为核心的社区养老服务体系。月坛街道专门成立玖久缘文化养老中心，为地区老年人提供心理关怀、精神慰藉和生活救助等服务；组建一支近500人的爱心助老天使团队，对地区老人进行入户巡视，对不能自理老人进行生活照料；利用《人文月坛》社区报等宣传载体，举办活动，吸引老年读者参与；开展“老故事·新生活”活动，征集地区老人革命、工作、生活故事；创作编写文化养老类书籍《穿越幸福时差》，传承老年人精神价值。同时，连续3年在驻区单位和社区中评选表彰月坛“夕阳金辉”老人，形成“夕阳金辉老人”群体效应，并将其创建为地区特色品牌活动。

四 月坛街道在文化养老工作中的实践探索

结合区域特点和功能定位，月坛街道以文化养老为核心，以政社合作为形式，以多方参与为主体，以老人需求为导向，以老人的健康快乐为目标，探索建立文化养老路径和模式。

（一）推进文化养老工作过程中，注重落实四项原则

1. 因地制宜、形式灵活的原则

一是注重加强基础设施建设。根据社区实际情况，充分挖掘驻区单位和社区现有的可供开展养老服务的资源，划分活动场所，增加活动地点，在设施条件较好的社区开辟专门活动场所。二是注重活动形式灵活多样。依托老年学校、老年活动室、社区健身苑等场所，举办讲座、授课、群众性文艺演出等活动，丰富老年人群的闲暇生活，拓宽知识面，推广健康向上的群众性文化活动。

2. 以人为本、因人而异的原则

一是了解实际需求，开展服务内容。了解老年人的实际需求，做好需求分析。通过签订服务协议等形式，为不同层次、不同类别的老年人提供多样

化服务。同时，根据其文化水平、个人喜好等因素组织开展活动，避免千篇一律的项目设置。二是探索活动方式，创新活动内容。根据老年人群特点，研究探索适合老年人身体状况、满足老年人需求的活动方式；开发老年群体的人才资源，培养活动骨干和积极分子；扶持街道和社区文化团队，以街道提供活动场地换取公益服务的形式，为地区老年人群，特别是空巢老人提供公益演出、一对一上门服务；提倡和支持老年人传播知识、经验和智慧，实现老有所为。

3. 全面指导、全程关注的原则

一是搭建为老服务社会化支持体系。通过购买服务、合同外包等形式，培育和支持专业服务机构、社会组织和个人承接社区养老服务项目。在此基础上，整合地区分散的为老服务资源，搭建为老服务社会化支持体系。做到规模经营、规范服务，提升质量、降低成本，实现经济和社会效益双提升。二是建立为老服务监管评估系统。街道相关科室定期进行业务指导，建立监管评估系统。有计划、有步骤地落实对执行过程和结果的评估、监管工作，保证为老服务工作高效、有序、健康、规范运转。

4. 专业指导、持续开展的原则

文化养老工作是一项专业工作，因此服务是长期、有序、有计划的。要发挥专业力量，开展了解需求、巡视探访、心理咨询等专业服务指导。要坚持精神慰藉、专业照料等服务工作常态化。

（二）文化养老具体操作中，注重服务的辐射性和专业性

1. 点面结合，提高服务辐射力

充分利用社区各类服务设施作为养老工作阵地，以社区为平台，运用文化手段，吸引和组织老年群体参与活动，弘扬健康向上的老年文化。抓好两个重点人群。一是对于能够出户的老人，重点抓好“组织化”。一方面，以兴趣爱好为原则，组建各种团队，丰富老年人群生活；另一方面，通过“夕阳茶座”的服务形式，组织居养学习、传授健康技能、提示风险规避、展示才艺特长、倾听心事烦事、开展心理疏导、宣传健康理念等活动。二是

对于不能出户的老人，重点落实精神慰藉和入户照料服务。加强对不能出户老人子女的宣传教育，督促他们履行赡养义务，掌握护理技能、给予亲情关爱，妥善安排好老人晚年生活，创造温馨舒适的家庭环境；依托“爱心助老天使”志愿服务者和街道居家养老巡视员队伍，为老人提供医疗、康复、护理、购物、日常探视、出行帮扶等服务；通过邻里互助、“一帮一”结对子的形式，开展情感交流、心理疏导等精神关怀活动。

2. 齐抓共管，打造系统化专业服务队伍

一是提升专职服务人员的工作水平。进一步提升“玖久缘”社会组织工作人员和街道居家养老巡视员的业务水平。健全专职服务人员的职业道德和职业技能培训，形成完整的培训和管理体系，掌握开展服务所必需的专业知识、岗位技能和职业道德，提升综合素质和业务技能。二是健全志愿者队伍，提高志愿服务技能。整合和利用地区人力资源，大力发展志愿服务队伍。完善“爱心助老天使”团队；发挥驻区单位、专家团队和地区老年协会、社区老年协会等专业组织力量，成立“月坛街道老年精神文化关爱联系会”。对社区养老志愿服务队伍定期进行助老护理专业知识培训；引入宣传激励机制，使队伍逐步走向规范化和制度化轨道。三是发挥专业指导队伍的辅导作用。与北大护理学院、北京老年医院老研所、北京市第二医院合作，利用院校优势资源，成立专家团队，对现有的社区养老服务人员和志愿者进行培训，培养高素质的社区养老工作管理和服务人员，为社区养老的长期发展储备人才资源。

（三）完善文化养老体系建设，注重从五个方面着手

1. 打造工作模式

打造以文化养老为核心的社区养老服务模式。在9个社区开展文化养老示范活动，由点到面、示范引导、层层推进。以“精神慰藉＋文化活动＋专业照料”为切入点，进一步推进政府、社区和社会组织的合作，探索符合地区老年人心态、习惯和需求的为老服务模式。

2. 打造工作平台

一是坚持因地制宜原则，加大资源整合力度，动员各方力量投入到社区文化养老服务建设。充分利用老年活动资源和人才资源，通过与驻区单位共建、发挥社会组织专业力量等形式，拓宽老年人群活动渠道，为居住分散的老年人提供就近活动平台。二是坚持以人为本原则，开展多元有益活动。借助社区工作平台，开展形式多样、丰富多彩、健康有益的文化养老活动，做到服务功能上有延伸、活动内容上有创新、活动形式上有拓展。具体做法是建立街、居、社区养老关怀服务体系，建立1626关爱工程（设立1所“舒心苑”心理服务工作室；打造6个快乐基地，即健康乐园、生活乐园、墨香乐园、文化乐园、爱心乐园、e乐园；在26个社区建立“老年夕阳茶座”）。

3. 打造工作团队

一是培育工作团队的爱心。从感情上贴近老人，主动为他们提供优质高效服务。二是培育工作团队的热心。发挥工作主动性和积极性，拓宽服务渠道，多方面、多途径满足地区老人的日常生活和精神文化需求，用真诚的工作态度和热情的服务意识取得老人的信任。三是培育工作团队的责任心。加强与老年群体的沟通，明确工作任务，倡导奉献精神，强化服务意识，增强工作责任感。四是培育扶持激励机制。为工作团队提供物质和精神上的支持。定期对工作进行讲评，肯定成绩，查找不足，表扬并奖励成绩突出、服务满意率高、服务时间长的从业人员和服务实体。

4. 打造工作体系

推广、复制各社区做实、做优、做好的服务经验。同时，整合地区医疗卫生、文化体育、生活照料、家政服务、康复保健、紧急救助、精神慰藉、信息资讯等为老服务资源，搭建养老服务的生产及传递链条，建立联合、合作、共享的地区文化养老服务体系。

5. 打造工作品牌

月坛街道扎实推进文化养老品牌建设，通过打造一流的专业团队做保障，通过完善的社会服务体系作为支持，使地区老年群体能够享受到有品质保障的、完善的、成体系的为老服务。

五 月坛街道文化养老工作中存在的问题

（一）服务内容和形式相对滞后

在现代文明不断发展的今天，人们的知识水平不断提高，精神需求也在不断提升，尤其在月坛地区表现得较为明显，这和月坛街道离退休干部居多有着很大的关系。老年人的身心需求呈现日益多样化的趋势，原有的一些服务内容和形式，以及提供的服务质量、途径、载体等与现实需求有着不小的差距。

（二）服务资源和阵地比较零散

文化养老服务组织和管理体系已基本建立，但各类服务资源缺乏有效整合的问题日益突出。社区养老服务呈现零散性、自发性和区域性特征，各种服务项目之间缺乏关联性和统筹度，没有建立起一个完善的资源管理体系；社区内的文化教育和活动场地、信息资讯等服务资源分属不同部门管理，缺少有效沟通和协调，未从根本上打破部门限制，形成开展文化养老服务的合力。由于月坛街道地处首都核心区域，活动空间受到限制，文化基础设施和设备等均相对滞后，集中活动场所和活动质量难以得到保障。

（三）服务工作需要政策引导

政府要充分发挥统筹作用，在匹配养老服务资源与养老服务需求、实现服务有效传递的过程中，切实履行政府的主导职责，努力实现有限资源的效益最大化。同时，由于社区养老服务对象的特殊性，在实际操作中存在风险和隐患。特别是开展服务的保险和补贴等问题，需要相关政策给予支持和保障。

（四）服务队伍专业化、规范化建设有待提高

文化养老的推进，亟须一批具备专业知识和技能的人员从事服务工作，

但是现阶段缺乏精神护理、心理支持、情感慰藉方面的专业服务人员。志愿服务队伍建设仍需加强，现阶段，开展志愿服务的随意性较大，服务流程不规范，养老助老服务质量还有上升空间。因此，建立组织、激励和培训机制，培养一批有爱心、有知识、有能力的高素质社区养老管理和服务人员将是今后工作的关注点。

六　深化月坛街道社区文化养老服务工作的建议

面对新形势、新要求，月坛街道仍需要通过服务、场所和设施等方面的优化，改善老年人的健康条件、生活环境、参与机会和安全保障，努力实现地区老年群体老有所养、老有所医、老有所为、老有所乐，促进老年人生活质量全面提高。

（一）在探索文化养老的同时做好困难老人服务养老

为老年人群提供必要的社会化养老服务补贴和老年护理保险，不仅要做好对生活困难老人、生活自理能力低下的空巢老人的补贴和扶助，也要加强对他们的人文关怀。一是政府部门加大投入力度。按照公共财政要求，保障居家养老服务经费的投入，明确投入方向，形成逐年增长的机制，逐步扩大养老服务补贴的覆盖范围。二是倡导建立养老慈善基金。通过接受社会捐赠、与市场上现有的服务商合作等形式，补贴经济困难老人和用于开展服务项目，增加老年人的社区居家养老服务购买和消费能力，使更多老年人能够享受到社区养老服务。

（二）发挥家庭在参与为老服务中的作用

运用政策引导方式，鼓励、吸引有能力、有资源、有热心的家庭参与为老服务工作。一是保护性的政策引导。制定为老服务工作责任、意外事件处理方法等规定，保证家庭参与为老服务工作的权利。二是奖励性的政策引导。建立和完善优惠激励机制，大力培育、扶持和吸引有实力、有意愿投入到居家养老服务工作的家庭。对参与家庭给予精神鼓励、物质奖励和经费补贴，最大限度地发挥他们的作用和潜力。对于有成效、受欢迎的家庭，制定具体措施，进一步加大扶持力度。

（三）加大养老服务链条相关社会组织培育力度

政府要大力扶持社会组织参与为老服务。一是立项购买服务。立项购买公共服务和公益服务，委托社会组织承接项目，并进行业务指导。加强对执行过程和执行结果的监管力度，建立并扶持枢纽型社会组织，整合分散的个体、互助小组、社区服务站、服务厂商等资源。二是发挥社会组织的专业资源和业务优势，加强沟通协作，扩大合作范围。通过完善规章制度、购买服务和财税补贴等形式，加大对社会组织的支持力度，调动社会组织参与为老服务工作的积极性和主动性，增大社区居家养老服务的供给能力，满足老年人群的多样化需求。三是引导社会资本介入。通过政策扶持、财税补贴等形式，引导社会力量参与为老服务，吸引社会资本投入社区养老服务工作。

（四）探索"老人互助"小组项目

充分挖掘社区潜在的人力资源优势，鼓励老年人发挥余热，促进老年人之间的沟通交流，建立老人之间"互养、共养"的社区居家养老模式。扶持各种老年互助小组。以楼门、邻里为基础，组建医疗保健、日常探视、出行帮扶、心理咨询等各种互助小组，实现低龄老人为高龄老人服务的循环机制。通过建立服务信用积分等方式，激励老年人积极参与"互养、共养"小组，确保老人互助小组的可持续发展。

参考文献

钟春洋：《社区文化养老的发展路径探析》，《四川行政学院学报》2012 年第 1 期。

唐晓英：《传统文化视域下我国社区文化养老方式探究》，《西北工业大学学报》

（社会科学版）2011 年第 2 期。

丁秋玲：《论当代孝文化的实践生成和具体展开》，《贵州师范学院学报》2012 年第 11 期。

宋波：《对加大离退休人员科普宣教工作的若干思考》，《武钢政工》2007 年第 2 期。

杨晖：《浅谈离退休人员的服务和管理工作》，《科技信息》2009 年第 19 期。

赵建兰：《提高企业离退休人员生活质量的若干思考》，《中国西部科技》2010 年第 5 期。

徐祖荣：《人口老龄化与城市社区照顾模式探析》，《长江论坛》2007 年第 4 期。

案例报告

Case Reports

B.11

月坛街道“大部制”解决部门间职能交叉困境的实践

摘　要：“大部制”改革是我国政府机构改革的方向。2007 年，党的十七大报告指出，要“加大机构整合力度，探索实行职能有机统一的大部门体制，健全部门间协调配合机制。”2012 年，党的十八大报告指出，要“稳步推进大部门制改革，健全部门职责体系。”作为城市政府行政层级中的最低层级和最基本单元，街道办事处自身的治理体制改革不仅是地方政府“大部制”改革的重要内容，还是决定整个政府机构改革成败的关键环节。加强对街道的“大部制”改革研究特别是案例研究，丰富我国“大部制”改革的理论体系对我国政府推进“大部制”改革具有非常重要的意义。本文采取实证研究的方法，选取西城区月坛街道的“大部制”改革为研究对象，系统分析月坛街道“大部制”改革所处的背景以及 2004 年以来“大部制”改革的相关探索，并结合月坛街道实际和存在的问题，从“位”“权”“钱”“人”等方面提出进一步完善月坛街道“大部制”改革的对策建议，并试图为我国街道层面“大部制”改革提供参考。

关键词：“大部制” 职能重构 街道管理体制改革

一 “大部制”改革是提高政府效能的重要方式

2008年，我国开始进行“大部制”改革，在2013年上半年国务院完成政府职能转变和机构改革之后，接着在下半年也展开了地方政府的职能转变和机构改革。所谓“大部制”改革，就是将职能相近、业务范围趋同的政府部门加以整合和重组，形成一个部门统一管理，避免多头管理与职能交叉，进而简化行政审批手续，提高行政效能，节约行政成本。

（一）“大部制”改革是我国行政体制改革的新方向

政府部门在行政管理的过程中，经常会出现职能交叉、多头管理和关键时刻又相互推诿的情况，对此，网友常戏称“十几个部门管不住地沟油”“几个部门管不了污染”。因此，如何精简政府机构、提高行政效率是我国政府治理面临的一个重大难题。改革开放30多年来，我国政府机构改革取得了很大的成效，政府已经由适应计划经济体制要求的政府转变为适应市场经济需求的政府。然而，由于社会的不断发展，政府面临的问题也在不断增多，主要表现在两个方面：一是中国经济的快速发展在资源、能源和环境上付出了很大的代价；二是中国在改革发展过程中积累了征地拆迁等大量的社会矛盾，这些矛盾被社会经济的快速发展所掩盖，随着经济发展的减速而逐渐显现。政府必须推动自身行政体制改革，而“大部制”改革正是我国进一步深化行政管理体制改革的重点和方向。

（二）街道职能明确呼唤“大部制”改革

近年来，随着改革事业的不断深入开展，社会各项事业发展突飞猛进，居民群众对社会服务和治理的要求日益提高，街道办事处的职能和任务也随之发生了重大转变，街道在治理和服务上的压力越来越大，在工作中面临的问题越来越多。有些街道办事处权力和职责不明确，管理缺位、越位、错位的情况时有发生，政府行政管理的效能大打折扣。作为区委、区政府的派出机构，街道扮演着治理辖区又直接服务居民的角色，直接与群众的切身利益相关，因此行政体制变革是大势所趋，而“大部制”是当下我国行政体制改革中的亮点举措，通过“大部制”改革让街道的功能和职责更明确，街道的工作才能更加扎实有效。

二　从“大科制”到“大部制”，月坛街道“大部制”改革呼应群众需求

（一）实行“大部制”，有效整合内部资源

2004年，为进一步深化街道管理体制改革，推进政府管理与服务职能到位，根据《西城区关于深化街道管理体制改革试点街道机构设置方案》，月坛街道承担了“大科制”试点任务，将原先20个工作性质、工作职责、工作任务基本相同或相近的科室，以系统为单位进行划分和整合，成立了“七部二室一厅”，即“党群工作部、组织人事部、统筹发展工作部、城市管理工作部、公共安全工作部、社区事务工作部、社会保障工作部、街道办公室、纪检监察工作办公室、公共服务大厅”。

在“七部二室一厅”的架构中，公共服务大厅设有综合窗口、涉财窗口、临时工作窗口、民困民愿接待室、行政投诉中心、政务信息公开与查询区、社会保障服务区及等候区等服务区域。公共服务大厅的功能定位是辖区政务办理中心、城管指挥协调中心和民愿接待受理中心，承担街道的公共服

务职能。在实际的运行过程中，服务大厅体现了三个方面的优点：一是整合为“大部制”后，形成主体明确、职责清晰、责权一致、统分结合的组织架构，解决了过去街道存在的机构分工过细、部门之间交叉管理而又各自为政、领导干部工作量苦乐不均的问题。二是服务大厅实行日常工作、专项工作分工协作，重点工作、突发事件整体联运的工作机制。日常工作中机关干部均承担与上级单位对应的相对固定的工作职责，保证区委区政府各项工作在街道的落实；遇有重点工作、综合性工作和突发事件时又作为一个整体，在部门负责人的统一调度下，相互配合、密切协作、共同承担。这样可以降低管理成本，提高干部的能动性，加大统筹协调力度，增强工作方式的灵活性。三是在保持处、科级领导职数和人员编制相对稳定的基础上整合人力资源，一方面处级领导合理分工，科级领导择优任用，机关人员内部调剂；另一方面按照“大部制”工作职责、工作任务、工作标准、工作重点配置人员，充分调动每一名干部的积极性，全面提高为民服务的工作效率和水平。

此外，在推进“七部二室一厅”的基础上，为进一步健全街道统筹和监督机制，加强综合管理和服务职能，月坛街道建立并完善了民主管理和监督委员会以及地区管理委员会，“两委”的设立不仅对提高街道统筹组织协调辖区内政府社会管理和公共服务事务的能力起到有效的促进作用，同时也形成“下评上，民评官”的监督评议机制，进而强化了地区整体的监督意识。2005 年月坛街道多次召开地区管委会会议，组织成员单位，对地区群众反映的热点问题和城市管理的难点问题，进行了多次联合整治，取得了初步的成效。

（二）建立中心制，有效整合外部资源

随着社会的不断发展和变化，街道工作面临很多新形势和新任务，需要依托地区队、站、所的支持，需要更多的社会组织和志愿者队伍参与，更需要整合辖区单位的资源实现共享共建。为此，月坛街道依据市、区关于加强和创新社会管理，全面推进社会建设的相关要求，从深化体制改革入手，在整合内部，形成“大科制”的基础上，进一步探索与外部资源的整合形式。

2011 年，街道在“七部二室一厅”的基础上，成立了“两部七中心”，即“党群工作部、组织人事部，综合管理指挥中心、纪检监察与综合投诉中心、综治维稳中心、城市管理中心、社区建设与社会动员中心、社会保障中心、社区服务与老龄事务中心”。2013 年，街道进一步整合资源，将“两部七中心”调整合并为“八个中心”，即“党群工作中心、综合指挥保障中心、纪检监察中心、综治维稳中心、城市管理中心、社会建设与社会动员中心、社会保障中心、社区服务与老龄事务中心”（见图 1）。

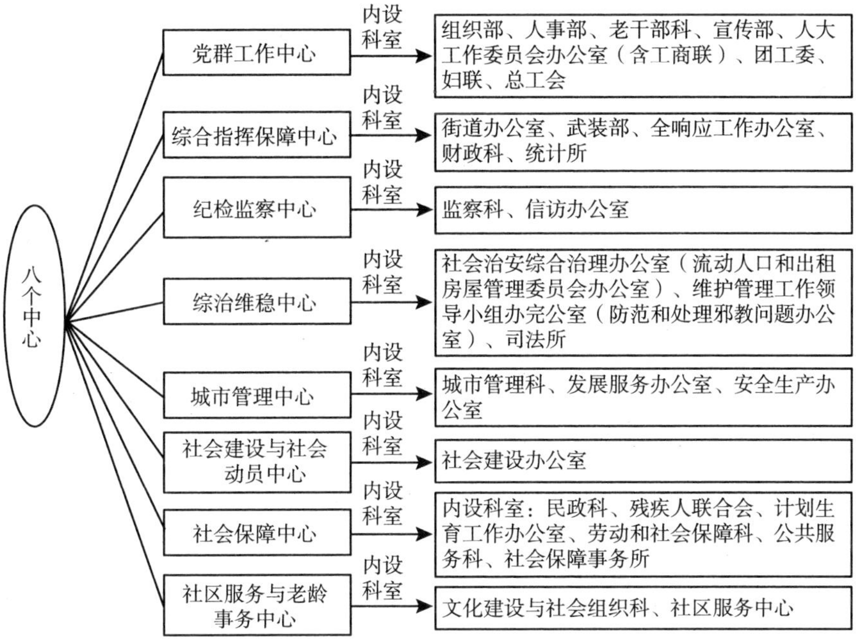

图 1　“八个中心”的结构

在中心制运行过程中，为了强化为民服务职能，街道对“八个中心”的职能进行明确，整合划分为四大职能，即督办和指挥职能、策划和执行职能、发现和评价职能、监督和检查职能。四个职能是相互连续、相互依存的关系，其中综合指挥保障中心承担督办督查和服务保障职能；社会建设与社会动员中心承担发现和评价职能，主要通过推进社区居民自治、社会调查队专业调查以及征求人大代表和政协委员意见建议等途径来发现、评价执行为民服务工作中的困难问题及工作成效；综合投诉与纪检监察中心通过对工作纪律的执行、工作程序的合法性的全程跟踪、监督检查，切实推进各项为民服务工作廉洁高效、顺利有序进行；策划和执行部门职责由其他五个中心（党群工作中心、综治维稳中心、城市管理中心、社会保障中心和社区服务与老龄事务中心）承担，着力策划和解决地区各类民生问题。四大部门充分发挥职能作用，密切配合、相辅相成、相互制约，形成完整的群众工作体系。

月坛街道实行的“八个中心”制，从党群工作中心、综治维稳中心、城市管理中心、社会保障中心和社区服务与老龄事务中心等科室名称可以看出，这是一种对群众需求、区域发展的呼应。经过多年的发展，“大部制”的运行，基本上解决了过去街道内部机构分工过细、部门之间交叉管理、干部承担任务苦乐不均、工作中各自为政等问题。

三　强化街道办事处在城市治理中的基础地位

月坛街道持续推进“大部制”改革10多年，有力地整合了体制内外的各种力量和资源，有力地促进了“四型月坛”的建设，有力地推动了街道各项工作的开展，是城市基层管理体制机制的重要创新，对推动街道社区管理体制改革具有重要借鉴意义。但是，基层体制创新需要有法规、政策的支持。从月坛街道的实际出发，对照党的十八届三中全会《中共中央关于全面深化改革若干重大问题的决定》的要求，要使街道切实发挥在城市管理中的基石作用，保证城市管理的良性运转，需要进一步明确街道的功能和定位，切实解决街道存在的各项问题和困难。

（一）加快立法，建章立制，解决“位”的问题

对于街道办事处是“区委、区政府派出机构”的性质，最早的依据是1954年全国人大通过的《城市街道办事处组织条例》，尽管2009年6月22日该条例已经废止，但时至今日仍无新的法规出台。60多年来，特别是改革开放30多年来，我国经济社会发生翻天覆地的变化，街道在整个国家、

城市治理体系中是一个什么位置？起什么作用？“区政府派出机构”的内涵、外延到底是什么？没有人能够说清楚。以至于在实际工作中，街道成为一个什么都装的“桶”，承担了许多无法承担、也不应该承担的职责和任务。目前街道工作出现的几乎所有问题都与这个模糊的定位有关。

1. 完善顶层设计和政策支持

当前，尽管街道被赋予“统筹辖区发展”的职能，但街道落实这一职能的政策法规依据不足，统筹手段有限。街道对辖区的公共服务规划布局、城市建设和管理实施没有实质性的发言权，对各部门派驻辖区的科、部、队、所没有实质性的管理调度权，与驻区企业、社会单位联合共建缺乏实质性的政策支持。落实街道“统筹辖区发展”的职能，至少需要在区级层面有顶层设计和政策支持。

2. 规范职能部门向街道转移工作责任

目前街道干部普遍反映工作量大、加班停休多、倒休很难实现，究其原因，主要是街道干部属地责任重，安全稳定、环境管理等方面不确定性工作多，上级或职能部门临时性任务多、检查评比多、会议多，街道干部疲于应付。如何进一步规范职能部门向街道转移工作责任，在区级层面建立有效的“准入”机制，建立街道与专业职能部门之间事前通气、事中联动、权责对等、责任共负的工作机制，需要深入研究。

3. 划清街道在社会服务中的职责边界

按照《北京市社区基本公共服务指导目录（试行）》，社区基本公共服务包括10大类60项，覆盖各类人群。其中哪些由部门提供，哪些由街道、社区提供（直接提供或通过购买服务提供），提供到什么程度，哪些是需要在政府支持下撬动市场资源来提供，哪些应该纯粹由市场提供，各个责任主体的职责边界并不十分清楚。这些问题既需要管理者明白，也应该让老百姓知道，否则供需都会错位。

4. 探索在政策法规依据不足的情况下推进工作的方式

街道属地责任包揽一切，在推进诸如群租房整治、疏解人口等许多中心工作时，会遇到政策法规依据不足的问题。一方面，社会发展速度快，不少管理领域法律法规建设没有及时跟上，政府管理依据不足，不同部门之间管理依据有相互矛盾的地方，基本工作无所适从；另一方面，部门制定的政策法规在执行层面有许多不切实际的地方，难以操作。面对一些工作难点，仍然缺乏有效的应对办法。如目前以公司为主体的拆迁模式下，政府在谈判之外如何推进拆迁进度等方面，仍然没有找到一条有效的解决路径，不少拆迁项目拖延时间太长，人为造成很多矛盾。如何在政策法规依据不足的情况下推进中心工作，是一个需要深入研究的问题。

（二）理顺体制，下放权力，解决“权”的问题

街道办事处是社会治理的“神经末梢”，担负着一系列的公共服务与管理职能。然而，在实际的工作中，街道办事处面临的常常是上级政府“下任务不下权力”的问题，造成街道办事处事权与职权不统一，阻碍了工作服务效率的提高。通过对月坛街道的调研，我们更进一步了解到，在利益主体多元化而法律制度又不健全的背景下，“有利的事情各部门争着做，没利的事情谁都不愿意做”的现象常有发生，缺乏相关配套职能的街道办事处承担了很多政府部门下派的任务，一旦出了问题又要拿街道是问，使街道基本处于“有责无权”的状态。综合上述分析，不难发现，目前城市治理体制存在的主要问题是条块职责不清，统一管理和分级管理没有能够有机地结合起来。因此，加强城市治理，最关键的还是城市治理体制的科学建立问题。

一是结合政府机构改革，理顺条块关系。要明确各“条”在“块”里面的归属机构，按照属地原则和高效原则，将能够归于街道管理的尽可能地归于街道，使各“条”的职能向街道转移。近年来，月坛街道尽管实现了“八大中心”，但是并没有从根本上改变条块分割的行政管理体制。

二是条块联动，共同加强对第三级的管理，使街道的责权能够统一。要赋予街道办事处必要的城市管理权，如卫生管理权、城市规划监督管理权、城市管理执法权等，以充分调动街道工作人员的积极性和创造性。而对于暂时不能够下放、授权或委托执行的权力，应该设立条块的责任分工和协调配合机制，以减少治理的漏洞和死角。

（三）“费随事转”，财力下沉，解决“钱”的问题

城市治理离不开政府财力的支撑，街道为居民服务也离不开财力的保障。目前，各地街道办事处普遍存在经费管理不够完善的问题，很多职能部门将任务下放至街道时，并没有划拨相应的经费。而要解决这一问题，就必须落实“条随块转”“费随事转”。

首先，要取消财政经费包干的管理办法，实行以工作任务、项目管理为依据的财政预算管理办法，按照工作职责，将要求街道办事处承接的工作经费直接划拨给街道；其次，各级职能部门委托给街道办事处承担的事务，应当按照“费随事转”的原则将相应的经费也随之转给街道办事处；第三，创新资金来源，缓解经费紧张。在月坛街道调研时我们发现，当街道遇到经费不足的情况时，通常会采取“拉赞助”的方式解决问题，而且此类情况下，地区的企事业单位也都很愿意给予资金支持。因此，在政府财政部门发挥主导作用的前提下，街道应该主动加强与街区企事业单位的合作，实行活动经费“上面争一点、财政拨一点、单位赞助一点、社会捐赠一点、自己筹集一点”的投入方式，以此来解决街道开展相关工作的经费问题，提高公共服务的效率和水平。

此外，对于“钱”的问题，可借鉴上海的做法。2014 年上海市委“一号课题”《关于进一步创新社会治理加强基层建设的意见》明确指出，从 2015 年起，对街道职能进行调整，使街道工作重心切实回归“三个公共”——公共服务、公共管理和公共安全，所有街道取消招商引资职能以及相应的考核指标和奖励，街道经费支出由区政府全额保障。

（四）强化管理，建好队伍，解决“人”的问题

“人”的问题是一切问题的核心。而在这个核心问题上，街道办事处层面，尤其是社区层面，还存在很多问题。比如，在政府行政事务不断下沉社区的背景下，社区工作人员受专业背景、知识水平、工作能力的限制，工作压力大、完成效率低，很多工作只能停留在应付检查的层面，而不能发挥其

协助政府进行城市管理的能力。

要解决“人”的问题，就必须引入竞争机制，以事定岗，优化人员配置。要加强对工作人员的培训、监督和评估，不断提高工作人员的综合素质和专业技能。同时，还要加强对社区工作站和社区居委会的指导，定期选派优秀机关干部到社区任职，以充实社区力量，从根本上巩固城市治理的基础。

参考文献

西城区月坛街道：《创新体制改革推进“四型月坛”健康发展》2014 年 9 月。

毛永红：《浅析北京市街道办事处的服务型职能转变——对北京市月坛街道办事处的个案研究》，《求实》2010 年第 1 期。

中共江汉区委党校课题组：《“大部制”视域下的城市街道管理体制改革研究——基于武汉市江汉区唐家墩街实践的分析》，《学习与实践》2010 年第 12 期。

王思斌：《城市社区建设中的中介组织培育》，《北京行政学院学报》2001 年第 1 期。

李亚雄：《第三部门的发展与我国的城市社区建设》，《华中师范大学学报》（人文社会科学版）2003 年第 3 期。

纪德尚：《对全面建设小康社会中城市社区建设的思考》，《郑州轻工业学院学报》（社会科学版）2003 年第 2 期。

李宝库：《在全国城市社区建设工作会议上的总结讲话》，《社区》2001 年第 7 期。

B.12

社会组织培育的“月坛经验”

摘　要：社会组织是社会建设的重要参与力量。党的十八大明确提出了“加快形成政社分开、权责明确、依法自治的现代社会组织体制”。大力培育社会组织既是推进国家治理体系和治理能力现代化建设的重要举措，又是调动一切因素全面建成小康社会的必然要求。近年来，月坛街道在市、区社工委的指导下，立足街道特点和地区需求，大胆转变观念、积极创新工作，以“社会组织服务楼”为基地，积极培育社会组织，取得了较好的社会效益。本文采取案例研究的方法，系统分析月坛街道社会组织培育经验和举措，并针对社会组织培育过程中存在的问题提出思考，以期能为新时期首都社会治理创新提供重要参考。

关键词：社会组织　公共服务平台　社会组织服务

社会组织是社会公共服务的重要提供者和社会公共利益的重要维护者，是党和政府连接民意、服务民生和解决社会问题不可或缺的重要帮手。党的十八大明确提出了“加快形成政社分开、权责明确、依法自治的现代社会组织体制”，第十二届全国人大会上通过的《国务院机构改革和职能转变方案》将改革社会组织管理制度纳入其中，为加强现代社会组织建设指明了方向。月坛街道辖区内有副部级以上的中央单位22个、市区单位200多个、社会组织229个、其中注册类社会组织9个、社区服务福利类39个、社区治安民调类27个、社区医疗计生类10个、社区文体科教类126个、社区环境物业类8个、社区共建发展类10个。近年来，月坛街道坚持把培育发展社会组织作为社会治理创新的重要环节，把硬件建设、制度建设、组织体系建设、政策资金支持结合起来，全方位推动社会组织发展，建成了1600平方米的社会组织楼，历时6年时间培育出一批专业化、枢纽型、示范性的社会组织，并将大量的公共服务以政府购买的形式交由各种社会组织承担，直接受益人群超过15万人次。

一　筑巢“引”凤+筑巢“孵”凤

（一）搭建全区首家“公益孵化器”

月坛街道搭建了全区首家“公益孵化器”，这就是月坛地区社会组织共同的家——社会组织服务楼。新一轮的社会治理热潮要求政府放权给社会，增强社会自治能力，重构社会秩序，但政府要放权，必须有相应的社会组织承接。在月坛街道有一些腾退出来的老楼，这些老楼如何使用成为街道各方面争论的焦点，“以空间换服务”用于引进社会组织，为地区提供专业服务，建成社会组织培育基地，形成“政企”合作的理念从各种观点中脱颖而出，成为街道领导班子的共识。月坛街道社会组织服务楼应运而生，社会组织可以在这里免费获得生存、发展的空间。同时，月坛街道对社会组织楼从外观形象，到内部运行机制，进行全面梳理和设计，建立社会组织的准入机制、退出机制、以空间换服务机制、购买项目机制等，并强化该楼对各社区社会组织的辐射带动作用和对各种公益力量的聚合引领作用。

（二）设立“社会组织管理与服务办公室”

为了配合社会组织服务楼的管理，月坛街道专门设立了“社会组织管理与服务办公室”，成立了物业中心、财物中心等独立的运行机构，由专业人员为大楼里的社会组织服务。从水、电、暖气等日常工作的需要，到专业的账目设立、事务所注册等事项，都有人提供免费服务，所有费用都由月坛街道办事处“买单”。此外，月坛街道每年从社区公益经费中抽出60%～70%用于支持和扶持社会组织，街道各职能部门用于地区社会组织培育扶持资金累计超过100万元。月坛街道社会组织服务楼已经入驻了月坛社区建设协会、玖久缘文化养老中心、汽南社区建设协会、月坛社会调查队、“汽南无围墙敬老院”、悦群社工事务所共6个具有独立法人资格的注册社会组织，另有8个社会组织处于培育阶段，可以为地区提供养老、助残等专业服务。

（三）不断探索政社合作新模式

月坛街道各科室全面梳理、分析各自业务，把更多的专业性强、社会组织擅长做的工作，以项目购买的方式，交给社会组织承接，以多种形式协助政府开展工作，形成更大范围、更深程度的政社合作。街道梳理归纳了十大公益项目，即“无围墙敬老院”项目、“月坛好邻居”资源共享项目、“专业支持　个案帮助”悦群社工服务项目、“安全健康携手快乐生活”安全健康促进服务项目、“公益服务　法之月坛”公益法律服务项目、“爱暖心田”失独家庭关爱项目、“传承月坛文化　凝聚公益力量”百姓宣讲团进社区项目、“就业联盟”再就业促进项目、“分享爱　超越碍”残疾人关爱项目、“扶危济困”特困家庭救助项目，仅十大公益项目的资金投入就达400余万元，让越来越多的社会组织参与到社会建设中来。

（四）不断完善社会组织的机制保障

街道从提高社会组织的服务能力入手，不断完善相关机制，为社会组织发挥作用提供良好环境。建立项目推广机制：在一些优秀的社会组织中，注重将成熟的服务模式进行推广，帮助做强做大，扩大覆盖面，更大范围内服务于群众；建立政社合作机制：街道发挥自身优势，重点做好体系搭建、服务模式的总结推广、服务资源的引进激励、服务项目的购买推动，让社会组织、服务企业发挥各自的核心优势，提高服务能力；建立资金保障机制：街道逐年加大资金用于项目购买，每年从200万元的社区公益经费中抽出60%～70%用于支持和扶持社会组织。2013年，市、区、街共投入400万元购买社会组织服务项目，投入700万元用于培育社会组织的基础性建设。

二 培育社会组织的"四四模式"

（一）以四大平台探索社会组织培育新模式

一是以社团楼为基础平台，发挥其"基地"和"孵化器"功能。2006年，月坛街道建立地区社会组织服务楼，以空间换社会效益，并成立了社会组织服务楼项目办公室，用以培育、扶持社会组织的成立和发展，并通过服务社会组织，为更多市民群众提供更为广泛、丰富、有序的服务。社会组织服务楼面向月坛地区所有社会组织开放，对有发展潜力或能够为月坛地区提供有益补充的社会组织提供办公用房、活动场地、项目委托、物业服务等保障性支持。几年来，月坛社会组织服务楼内先后入驻了20家社会组织，现在保留的有16家，并借此孵化各类活动团队、兴趣小组、项目工作室数十个。同时还积极探索高校与社区相结合的新型模式，建立了首都师范大学科技园月坛分园，通过各种文化和教育资源在社区落地的项目，带动社会组织的生成，在需求与服务对接和调整中，不断产生具有一定生命力的团队小组，成为规范社会组织的发展基础。截止到2014年底，月坛地区社会组织服务楼共举办各类活动1500余场，受益人群15万人次；培育注册类、备案类及分支机构35个，指导管理社区社会组织217个，指导培训文化骨干队伍60支。

二是以建设协会为枢纽型组织平台，发挥其培育社会组织的龙头作用。月坛社区建设协会，是1998年由月坛街道办事处和驻区单位联合发起成立的，是北京市第一家经注册登记具有法人地位的街道层面的社会团体。在工作中，街道大胆尝试了以社会组织培育社会组织的方法，即做实月坛社区建设协会，并以建设协会为龙头，带动地区各类社会组织不断发展。建设协会已有100多个团体会员、6名专职工作人员。近年来，建设协会筹建了月坛文联、老年协会、众多的项目活动小组，组织实施了小教员培训和具有一定影响力的大型活动。通过转承公共服务项目、组织地区单位和社区开展活动、开展国际民间交流、组织协调其他社会组织开展服务，为单位之间、社会组织之间、社区之间，单位与社区、企业与社区、社会组织与社区实现信息沟通、资源共享搭建平台，充分发挥了街道与社会组织之间的枢纽作用，有效体现了街道职能转化的具体实践。如月坛文联、老年协会独自举办的“红歌会”，已经从第一届仅 8 支队伍参赛发展成为国家发改委、财政部、国家广电总局、中科院等国家部委竞相参加的第三届 39 支队伍 1500 余人参赛的地区大型歌咏比赛。

三是以社区服务中心为公益组织平台，发挥其培育社会组织的骨干作用。街道从 2007 年对社区服务中心进行改革，其社会组织培育部进驻服务楼，使中心由服务群众向服务组织拓展、由提供服务向组织服务拓展、由阵地活动向龙头带动拓展，力求在资源有限的情况下，为社会组织和社区组织服务；力求通过培育各类社会组织尤其是公益型组织，提高承接政府委托的相应服务能力。

四是以区域外社会组织合作为服务平台，发挥其专业化服务的示范作用。实践中，街道大胆创新政府委托与公共服务外包的新模式，与相对成熟的区域外社会组织建立合作关系，如街道与天津鹤童老年福利协会在养老方面进行的合作、与玖久缘文化养老中心的合作，发挥各自的积极作用，实现政府与社会组织关系的良性互动。此外，街道还与社会团体惠泽人进行了志愿者培训、使用英国儿童福利基金会专项资金帮扶地区 40 名不良少年两个项目的合作，拓展了社会组织的资金来源渠道。

（二）以四个机制构建社会组织培育新格局

近年来，街道以转变工作职能，加强社会治理和公共服务能力为契机，合理定位街道与社会组织之间的关系。为保障社会组织的建设与发展，街道从机构、经费、设施、人才、项目上给予保障支持，逐步建立了四大工作机制。

一是建立统筹协调的领导工作机制。为了加大对社会组织发展工作的支持力度，2005年街道为贯彻北京市第五次城管会精神，进行“大科制”试点，将原社团单项工作调整为科室建制。2009年为贯彻《北京市加强社会建设实施纲要》“1+4”系列文件，街道在人员编制少的情况下，在调整阶段增设“社会组织管理与服务办公室”，并由一名副主任（处级）主抓。并对其他所有科室提出明确要求，根据各自工作需要，切实发挥培育及发展社会组织的作用，在全地区逐渐形成多领域、多层次、多角度的社会组织发展的管理格局。

二是建立资金保障机制，为社会组织提供坚强的后盾。一方面街道从财政上给发展社会组织工作提供资金支持，设立社区文化项目基金30万元，用于开展各类活动的项目委托费用。另一方面在月坛街道社会组织服务楼成立了社会组织服务楼物业管理中心，统筹社会组织所有相关设施的日常事务，使之纳入有序管理、得到高效使用。

三是建立考评机制，实行优胜劣汰。街道为了引导入驻社会组织服务楼的社会组织能够实现自我发展、自我管理的长期目标，放弃了“争先进，夺锦标”的短期利益，耐下心来，不干预并帮助社会组织开展工作。同时，对入驻社会组织服务楼的社会组织的服务覆盖程度、群众参与率、能否利用项目拓展服务领域等具体指标开展考评。对于开展工作规范、社会效益较好、符合培育方向的社会组织，继续向其提供办公用房及活动场地；对于工作开展不好、没有取得良好社会效益的，减少、取消其办公用房、活动场地。通过评估，调动了入驻社会组织的积极性。

四是建立以“空间换服务”的培育机制，拓宽了为社会组织服务的新领域。街道让社会组织通过努力为地区提供服务并形成良好社会效益换取社会组织服务楼场地的使用权。将社会组织为社会和居民群众提供服务创造的社会效益，折算成需投入的财政奖金数额，再借此换算成可以提供的办公空间、活动场所及其他支持服务。社会组织服务楼不仅向社会组织提供办公用房和活动场地，还积极扶持社会组织拓展服务领域，做到“以空间换服务，以服务促培育”。

（三）从四个层面推进社会组织新发展

一是加强街道层面社会组织建设，发挥社会组织服务社会功能。2006年7月，月坛街道面向社会招募并经统计协会专业培训，组建了月坛社会调查队。2008年7月，社会调查队申办了民办非企业独立法人单位，成为北京市在统计调查领域注册的第一家街道层面的社会组织。四年来，调查队承接各类社会调查任务45次，完成的任务质量和专业化程度也已经远远超出了以往街道包办、四处抽调的模式。经权威统计机构监评，其专业化作业数量和质量，均远远超出过去街道相关业务承办的业绩。社会调查队的成功实践，促使街道各职能科室在培育社会组织的实践中不断拓展或转变职能。街道公共安全办公室组建地区安全健康志愿者促进协会，街道综合监控指挥中心组建月坛监督者协会，社保所成立地区就业指导中心，司法所成立地区社区阳光扶助中心，宣传部组建《人文月坛》社区周报编辑部，使社会组织在承接公共服务中不断发展壮大，并获取了越来越多的社会效益。

二是加强社区层面社会组织建设，增强社区自治功能。2009年初，月坛街道率先开发了社区楼门院长信息沟通系统，实现了日常信息和工作通知快速、高效地上传下达及民需民愿、社情民意等各方面诉求及时收集与妥善办理，推动了社区自治建设。2013年以来街道借社区管理格局调整之机，切实做实社区社会组织——居民楼门院长队伍建设。月坛街道26个社区有楼房571栋、平房院67个，共推选楼门院长2342人，将社区13万人口、4万多户家庭划分到各个楼门院，实现了楼门全覆盖。为切实发挥楼门院长作用，街道制定了《楼门院长服务手册》，完善奖励机制、规范工作职责。

三是加强社工层面社会组织的培育，推进社会组织管理的职业化进程。现代社会的社会工作，其专业化和技术含量正日益提高，由具备相应学科知识和专业技能的职业社会工作者或社会管理人才提供专业化社会服务是必然趋势，因此发展职业化社会组织是政府对社会事务管理更富效率的重要环节。2009年6月，街道成立“悦群社会工作事务所”，提供以师生心理咨询、低龄学生心理辅导与安全教育、社区高危人群介入服务为主的公益社会服务。“悦群社会工作事务所”承接了三里河三小等6所学校的第三方驻校社工服务工作。其作为北京市首创进驻中小学校园的常态社工组织，受到团市委嘉奖。

四是加强地区单位层面优势资源统筹，从而实现社会事务的组织化管理。实践中，月坛街道统筹地区单位优势资源，在不同领域以不同方式，引导、激发地区单位承担不同社会事务；街道做实地区党建协会，为应对社会建设的需要成立了街道社会工作委员会，确定以党联政的目标，协调辖区单位党组织开展地区性、社会性、群众性、公益性的工作，实现资源互补、职责共担。街道还进一步拓展地区管委会职能，对维护区域运行的供电、供水、供暖、燃气、绿化、环卫等职能单位在地区的具体负责部门人员加强统筹，同时将驻地的中央机关、部队在京单位的后勤、物业、基建等城市管理有关部门和规模较大的社区居委会吸纳进管委会组织，促使建立多方力量参与环境维护和建设的常态机制。

三　推动社会“再组织化”要有新思维

近几年来，月坛街道将社会组织的扶持培育放在突出的位置以寻求重点突破，在实现更广泛的社会参与、不断强化政府的社会管理和公共服务职能方面努力实践、大胆创新，通过引导社会力量参与社会建设、承担社会事务、投入社会管理，取得了明显的成效。月坛街道建立的“社会组织服务楼”的直接受益居民超过15万人次。社会组织发展带动的是社会自我管理、自我服务能力的提升，同时社会组织的社会管理服务具有低成本、高效率、专业性和可选择等优势，社区居民能得到的服务自然也变得越来越丰富。月坛街道社会组织服务楼自成立以来，共举办各类活动1500余场，受益人群超过15万人次，培育注册类、备案类及分支机构35个，指导管理社区社会组织217个，指导培训文化骨干队伍60支。实践证明，在提供高质量、高效率的公共服务等方面，政府包不了，如果鼓励各类社会组织积极参与其中，将更有效、更经济，群众也更满意。月坛街道培育社会自组织的经验对于社会组织的发展具有重要启示。

（一）谁来投入——以公益孵化器培育社会组织

一是月坛街道通过公益孵化器培育社会组织，树立了以“空间换服务”的理念，让社会组织通过为地区提供服务取得良好社会效益。

二是通过建立社会组织准入退出机制，确保社会组织的发展良性循环。实际上，社会组织的发展不仅仅需要培育和扶持，更需要监督和规范，这是让社会组织不断壮大的重要措施。

（二）怎样支持——以购买服务培育社会组织

月坛街道通过制订《月坛街道向社会力量购买服务试行办法》及《月坛街道购买社会力量服务资金使用管理细则》等相关配套文件，对月坛街道购买社会力量服务的购买领域、购买对象以及购买流程进行明确，同时加大街道科室购买社会力量服务的力度，要求科室在编制年度预算时加强对购买社会力量服务的思考。月坛街道设立月坛街道购买社会力量公共服务评审委员会，评审委员会由街道党政主要领导、主管领导、项目委托方会同街道办事处文化建设与社会组织科、财政科、社会办、监察科等部门组成，同时设立月坛街道购买社会力量服务专项资金（以下简称专项资金），用于购买社会服务。

（三）如何培育——以社会组织培育社会组织

一是充分发挥以社会组织培育社会组织的作用。“月坛社区建设协会”，是北京市第一家经注册登记具有法人资质的街道层面的社会团体，目前已有100多个团体会员、6名专职工作人员，以此为基础建立的各分支机构，包括月坛老龄协会、月坛文化联合会、星月艺术团、民间工艺及书画等专业分会已经分布大部分社区。

二是完善了培育发展机制，进一步扩大建设协会职能职权。授权建协负责社会组织服务楼的日常管理，对地区居民需求进行调查和分析，并据此对入驻社会组织的服务领域、项目申报等给予引导和把关。同时，协助街道对各类社会组织的业务开展给予指导和支持，对政府购买服务的项目进行绩效评估，促进地区各类社会组织的健康发展。

（四）如何监督——以社会监督促进社会组织健康发展

为保证社会组织健康发展，月坛街道将社会组织工作放在社会管理的整体环境中，以“社会组织服务楼”为平台，以枢纽型社会组织为主体，在培育的同时加强监管。一是充分借助社会第三方专业力量对社会组织发展绩效给予客观评价；二是加强社会组织信息公开，创新监督评价方式，引导服务对象对社会组织的服务进行过程监督；三是推动社会组织内部形成良好的自律与约束机制；四是完善社会组织长效管理机制，推进分级分类管理，促进内部管理规范化建设。

参考文献

中国政府网：《马建堂：为建设现代化服务型统计提供扎实根基保障》2013 年 3 月 14 日。

北京市社会公共服务平台：《月坛街道推进和谐社会建设惠及民生》2012 年 5 月 29 日。

北京市委市政府：《北京市委市政府印发加强社会建设“1 +4”文件》2008 年 9 月 27 日。

谢雷雷：《我国社会组织管理中存在的问题以及对策思考》，《商》2012 年第 17 期。

中国民族贸易促进会《关于新时期加强社会组织管理的思考》，《商场现代化》2011 年第 32 期。

盖宏伟、张婷婷：《新时期创新社会组织管理的对策思考》，《商品与质量》2012 年第 7 期。

B.13

月坛街道"无围墙敬老院"破解都市养老难题

摘　要： 据全国老龄办的调查数据，到2020年，中国老年人口将达到2.48亿，老龄化水平将达到17%。"未富先老"已经成为现实，养老问题成为我国亟须面对的重要问题。为探索和解决社区养老难题，月坛街道依据居民的真实需求自发探索出一种新型养老模式——"无围墙"养老模式，丰富了社区居家养老的内涵，对其他社区推进居家养老服务具有借鉴和启示意义。本文采用案例研究的方法，从我国面临的养老形势入手，系统分析了月坛街道在"无围墙"养老模式方面的创新举措，并从中得出破解养老难题的启示。

关键词： 老龄化社会　居家养老　社区养老

一　居家养老模式成为北京主流的养老模式

国家统计局2015年2月26日发布的《2014年国民经济和社会发展统计公报》显示，截至2014年末，我国60岁及以上人口占总人口比重为15.5%，总数达21242万人；65岁及以上人口数占比10.1%，总数达13755万人。2014年北京市60岁及以上老年人口占户籍人口的22.6%，总数为301万人；65岁及以上老年人口占户籍人口的15.3%，总数达204.3万人。按照1956年联合国《人口老龄化及其社会经济后果》确定的老龄化社会划分标准（一个国家或地区的人口进入老龄化社会的标志是60岁以上老年人口占人口总数的10%，或者是65岁以上老年人口占人口总数的7%），我国已经步入老龄化国家行列。

据全国老龄办的调查数据，到2020年，中国老年人口将达到2.48亿，老龄化水平将达到17%。有关专家预测，中国老年人口到2050年将达到总人口的三分之一。老年人口的快速增加，严重的高龄化、失能化、空巢化现象，再加上家庭小型化的结构，使老年人对医疗保健、生活照料、康复护理、精神文化等需求日益增强，养老问题异常严峻。

在人口老龄化发展迅速、家庭养老功能弱化、单位职能转变的趋势下，养老问题不再是局限于家庭或单位的小问题，而是一个极为重要的社会问题。根据北京确定的“9064”养老发展战略，即到2020年，全市90%的老年人在社会化服务的协助下通过家庭照顾养老，6%的老年人通过政府购买服务实现社区照顾服务养老，4%的老年人入住养老服务机构集中养老。居家养老模式将成为北京市未来主流的养老模式。

二 多措并举创新“无围墙”居家养老模式

月坛地区是人口老龄化程度较高的中心城区。2014年，月坛街道60岁及以上常住老年人口已达到23700人，占地区常住人口的20%。空巢老人6091人，占常住老年人口的26%；80岁以上老年人7059人，占常住老年人口的30%；90岁以上老年人757人；95岁以上老年人143人；100岁以上老年人11人。为探索和解决地区老年人群社区养老问题，月坛街道主动创新社区养老服务模式，丰富社区居家养老的内涵，将养老服务纳入地区发展战略全局，建设“无围墙敬老院”居家养老体系。

（一）强化模式顶层设计，确保服务专业规范

所谓“无围墙敬老院”，就是把社区内的家政服务、医疗服务、文化娱乐以及日常生活服务等资源进行整合，建立社区服务队，以专业化、规范化的手段进行市场化运作，使每位老人在自己的家里就能享受到与敬老院一样

的专业化服务。月坛街道推进“无围墙”居家养老服务建设，始终遵循公益性、系统性、专业性和可操作性的原则，强化模式的顶层设计，使养老体系的建设既适合居家养老的现状，又满足专业服务的需求。

一是政府引领，整合资源。由于居家养老的公益性特征和相关产业与社区力量发展的滞后性，政府必须在建设中发挥引领作用，设计体系架构、运营机制、标准，建设配套设施和组织试点工作，体系运营平衡后交由市场和社会力量自行运行，政府承担规划和监管职能。同时，“无围墙敬老院”居家养老服务体系的建设需要实现各种实体服务设施和社区工作者、服务企业、非营利组织、社团、志愿者、科研机构、家庭等资源整合和有机集成，以充分发挥社会力量的作用，保障服务体系长期平稳运行和发展。

二是系统设计，实现有限目标。在充分挖掘月坛街道居家养老工作的优秀做法与特色、借鉴国内外先进成果和充分论证的基础上，高标准制定和规范“无围墙敬老院”居家养老服务体系的定位、架构、运行机制、工作规范、流程、评估标准及服务与管理系统架构和内容，提高建设工作的系统性和全局性。同时，居家养老服务体系是一个长期的过程，根据建设目标优先次序及资源配备和动员的可能性，制订详细、可行的实施计划，分步实施，在不同的年度实现有限目标。

三是需求导向，注重实效。通过科学手段，持续掌握居民需求，以需求为导向设计和配置服务内容、运行机制、配套设施和与技术平台，并随着需求的变化不断调整和完善，使服务体系真正发挥实效，惠及百姓。同时，完成“无围墙敬老院”居家养老服务体系的顶层设计，明确其定位、架构和运行机制，制定工作规范、流程和评估标准，完成数据调查、数据库建设和服务与管理系统的开发，实现居家养老服务的全覆盖、全参与、专业化、个性化、综合化和可持续发展。

（二）强化政府公共责任，构建养老服务体系

一是建立数据库。建设街道级及社区级动态管理数据库。委托流调队在26个社区按照年龄、类别、状况、需求等开展街道老年人口基本情况调查，

建立动态数据库。根据对老年人居家养老服务需求调查数据和养老院服务内容的分析，设计居家服务标准，针对不同老年人的需求，提供日间照料、医疗服务、文化生活、精神慰藉、生活服务等多元化服务。

二是建立月坛街道“无围墙敬老院”居家养老服务中心站。设日间照料室、心理咨询室、康复训练室、文化活动室、居养培训室、餐饮配送站、浴室等。以空巢、独居、孤寡、困难等老人为重点服务对象，提供生活照料、配餐送餐、康复护理、心理关爱、助洁、信息管理、娱乐活动等综合性服务，以及辐射社区居家服务。委托各类服务组织开展社区生活便利服务，如委托民非组织——月坛街道“无围墙敬老院”实施监督、运行管理；委托天津鹤童老年福利协会开展老年人日间照料服务；委托月坛卫生服务中心开展卫生医疗服务；委托玖久缘文化养老中心开展文化养老及精神关爱服务。

三是建立居家养老网络平台。委托北京城市工程研究中心进行专业化设计和实施。开发居家养老服务与管理系统，根据区养老生活照料中心五大类标准，建立“无围墙敬老院”居家养老服务体系，在月坛“市民综合服务中心”建立网络平台，实现老人基本信息和能力状况评估与管理，服务项目公示与推送（短信、邮件、网页和手机客户端等多种方式），个性化服务方案制订与跟踪管理，远程服务订制（服务热线和网页订制），提供便民服务（社区急救、健康咨询、便民卡应用），服务质量评估和服务机构（人员）管理，发布政策性养老保障信息等功能。

四是不断完善以“文化养老”为核心的社区养老服务体系。针对月坛地区老年人群文化素质普遍较高的情况，大力倡导“文化养老”，关注老年人群的精神生活需求。利用《人文月坛》社区报等宣传载体，举办征文、作品展示等活动，为老年朋友的才华提供展示平台；开展“老故事·新生活”活动，分享地区老人革命、工作、生活的精彩故事；创作编写文化养老类书籍《穿过幸福时差》系列，传承弘扬月坛老年人精神价值；“夕阳金辉”老人的评选持续开展4年，已评选出百位“夕阳金辉老人”，功勋老人、奋进老人、公益老人、幸福老人等“金辉精神”已经在驻区单位和社区形成很好的群体效应，成为地区特色品牌活动。

五是与社会组织联手，持续开展为老人“送家政、送安全、送健康”服务，保障老人“安心生活”。月坛社会组织联手，每年“两节”“十一”为生活困难、独居、高龄老人提供居室清洁、被褥拆洗等服务；每年开展1~2次健康检查、送健康用品等活动；与月坛房管所联手，每年按不同年龄段以及困难程度，为月坛65岁以上老人逐步开展用电安全检修、燃气检修活动，2014年为50余位80岁以上生活困难、独居老人的进行了此项服务；为轮椅老人提供送文化及免费理发服务；坚持开展节日走访慰问活动，为特困老人及敬老院老人送去慰问品、文艺表演及节日问候。

六是实施“爱暖心田”失独老人家庭关爱计划。通过专业社工结对帮扶、志愿者亲情服务等方式，为地区100多个失独家庭提供经济帮扶、心理辅导、精神慰藉等多方面的帮助。

（二）整合地区优势资源，丰富居家养老内涵

一是开发国家广电总局机关服务中心新302餐厅加入街道居家养老服务体系，建立月坛地区居家养老供餐示范点，为地区26个社区的老人提供就餐服务、为23个社区的老人提供送餐服务，日平均服务量400余人，其中有2000余人在餐厅办卡就餐。

二是与60余家服务企业、2家部委机关、11家医疗机构及月坛房管所签订为老服务协议，提供家政、小时工、家电房屋维修、送餐、医疗、订报、送奶、配镜等百余服务项目，年服务总额630余万元。

三是在北京市率先建立月坛地区超市老年结算绿色通道，月坛地区的长安商场、美廉美超市等9家商业单位，为老年人提供超市购物高峰期时段优先结算的便利服务。

四是启动“月坛好邻居”资源共享项目，建立资源共享激励机制，促进更多地区单位开放内部资源、参与社会事务、承担社会责任。

（三）携手专业社会组织，实现专业服务与居家养老联姻

一是建立与本地区6家为老服务类注册社会组织沟通交流的机制，进一

步整合与共享资源，完善月坛社区养老服务体系。通过坚持每月召开月坛为老服务交流会，整合地区玖久缘文化养老中心、月坛社区建设协会、月坛老龄协会、悦群社工事务所、汽南社区建设协会、金助友家政服务公司等为老服务资源，发挥社会组织及专业机构的优势和作用；充分发挥社区服务中心桥梁纽带、政策保障、资金支持等政府职能，统筹协调为老服务组织的发展；做好为老服务资源整合，并及时了解专业社会组织的服务情况和需求，帮助开展服务的专业社会组织做好与社区的对接。

二是建立项目委托运作机制。以项目委托的运作方式，推进“12345”社区养老新模式建设（见图 1），将社会组织开展的多项为老服务与老年人的不同需求有效对接，设计实施有针对性的服务内容。与玖久缘文化养老中心合作，在 26 个社区为能出户的老人开展“老年夕阳茶座”“夕阳写作室”“夕阳歌会”“夕阳剧社”“夕阳健身队”项目，为不能出户的老人开展入户照料指导项目及“进社区入家庭”为老送欢乐活动；与月坛社区建设协会合作开展老年文化骨干培训项目，培训对象为 70 岁以下社区老年人和驻地老干部局的离退休人员中的文艺骨干，每年开展 9 个课程的项目，每年培训人数达 260 余人；与月坛老年人协合作开展“金辉老人”评选及“分享金辉精神，乐享晚年生活”金辉老人进社区宣讲活动，倡导“六十而立，文化养老”理念，传播积极养老的正能量，并为 100 位金辉老人建立信息档案，开展个性化服务；在月坛开展丰富的老年文体活动，如举办歌友会、京剧票友会、书画笔会、扑克牌比赛，组建老年门球协会等。同时，建立驻区单位离退休老干部局局长联席会制度，形成信息互通、资源共享，共谋月坛为老服务发展的局面。

三是携手专业机构探索养老服务新模式。

（1）与北京城市系统工程研究中心合作，利用其专家力量，建立月坛远程居家养老中心。街道投入 100 万元项目经费建设社区综合服务中心，北京城市系统工程研究中心再向科委申请 100 万元配套经费，就共同开展老年服务科技产品研发、远程养老综合平台建设、便民服务呼叫、居家安全、“无围墙”大讲堂等项目达成战略合作协议，共享科研专家的优势，争取技术支持。

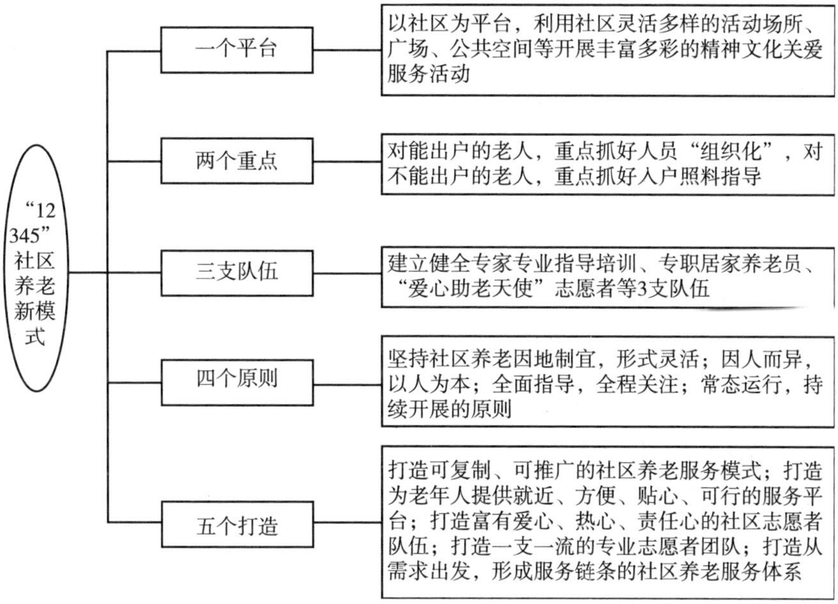

图1　"12345"社区养老新模式

（2）与科研机构合作，制定《月坛街道为老服务项目评估标准》，使为老服务工作的开展有依据、有标准、有目标。与北京劳动保障职业学院合作，借助学院开办老年服务与管理专业的师资及在校学生资源，为社区老人提供生理健康、心理健康、慢病照护、营养膳食等专业指导及建立长期志愿服务等项目。同时为该院实现学生培养与社会需求零对接。与北大医学护理学院、北京老年医院老年病研究所、北京第二医院康复科、月坛卫生服务中心等医疗科研机构合作，充分引进专家队伍，开展为老服务志愿者培训、康复护理知识的疑难问题解答、老年病调查、义诊咨询、健康检查等活动。

（3）与国家农机协会招待所合作，投资200多万元将白云路西里甲13号近1000平方米房屋改造成为月坛街道敬老院。敬老院集住养、日托、送餐、洗浴、修脚、理发等服务于一体，委托天津鹤童老年协会管理，对提出入院申请的老人由该服务组织实行专业化评估，主要收不能自理或不能完全自理的老人。目前，敬老院床位数52张，但始终处于供不应求的状态，其服务质量受到家属的好评。月坛街道引入ISO9000质量管理认证体系，对街道敬老院进行服务水平评估及资质认证，进一步完善街道管理体制、提升管理质量，强化监督及管理职能。

（四）完善志愿服务体系，加强为老服务队伍建设

一是培育文化活动志愿者。每年以统一、分类的技能培训方式，培育一批社区及驻地中央单位老年文体骨干，培训结束后的骨干将回到社区，为更多的老年人组织开展活动或传授所学专业知识，引导老年人积极参与社区文化活动，丰富老年人的精神文化生活。

二是拓展为老服务志愿者。为了不断壮大为老服务群体，月坛街道从街道财政预算申请了每年5万元的志愿者奖励资金；委托玖玖缘文化养老中心建立了“爱心助老天使”激励机制，并从市区专项经费中拿出一定奖励金额。定期对为老服务志愿者进行业务培训，开展专家讲座，交流座谈等活动，查找和解决在服务过程中出现的难点及问题；对优秀志愿者设立奖金，并免费开展技能提升专业培训、实地考察调研等活动；开展明星“天使”评选活动，弘扬志愿精神，凝聚志愿力量，让为老服务志愿者数量有序发展、水平逐步提升。

三是吸纳家庭成员自我服务。通过玖久缘文化养老中心、悦群社会工作事务所、月坛老龄协会等专业社会组织的专家资源，对不能自理或半自理老人家庭进行一对一的指导，让老人的“身边人”掌握基本的照料技术，使之成为居家养老的一支基础力量。

四是发挥好街道为老服务专职社工的作用，8位月坛社区服务中心居家养老助残员，每周两次为52位有需求的老人进行入户巡视，解决老人生活不便、提供心理慰藉、指导健康生活、提示风险规避等；每个社区居委会、服务站各配有一名老龄工作专干，负责政策宣传、办理老年各项优待手续、了解需求反馈需求、组织为老服务等事项。另外还有近500名“爱心助老天使”、4个“社区老协”队伍、15名“送三暖”养老巡视员，为不同情况的老人提供包括康复训练、定期巡视、文化养老、入户照料、心理咨询等各种服务。

三 “无围墙”养老模式的启示

月坛街道社区“无围墙”养老模式，是在长期的基层实践中，依据居民的真实需求自发探索出的一种新型养老模式，对其他社区推进居家养老服务具有借鉴和启示意义。

（一）坚持政府主导、政策支持，切实落实政府责任是构建特色养老服务体系的关键环节

目前，我国的社会保障体制还不够健全，养老问题是整个社会共同面临的一个重大挑战。政府在养老问题上具有不可推卸的责任，因此必须明确政府在养老服务体系中的职责定位，加大政府投入。例如，西城区政府资金使用上优先考虑养老、为老服务，每年在财政预算中设立养老服务的专项资金，并以制度化的方式确保养老服务的连续性，以政府补贴等形式，除对高龄老人实行特殊津贴制外，对一些常规的服务项目如健康保健、文化活动、就餐等具有普遍性需求的服务项目提供连续性的资金支持。同时，通过建立相应的管理和监督制度保证服务的质量和连续性，尽量满足不同年龄结构和生理结构老人的需求。

（二）坚持实事求是、因地制宜，一切从实际出发是构建特色养老服务体系的重要基础

一方面，月坛地区位于北京市的核心地带，土地使用成本高昂、房租租赁费用昂贵，养老服务项目场所非常紧张；另一方面，2004 年月坛街道老龄人口已占地区总人口的 21%，且空巢家庭不断增加。在这一现实情况下，月坛街道从实际出发，在北京市首创居家养老的新模式——在汽南社区“无围墙敬老院”的基础上，建成了有 38 个床位的月坛街道敬老院，以这个敬老院为依托成立了街道居家养老服务中心，并把汽南“无围墙敬老院”、三里河一区养老站作为街道居家养老服务中心的站点，为其周边的社

区老人提供居家养老服务。2006 年月坛街道计划在月坛地区再建几个居家养老的服务站点，将居家养老服务辐射整个月坛地区，逐步实现在全地区开展社区居家养老服务。同时，在深入打造以“无围墙”敬老院品牌建设的居家养老服务模式的过程中，月坛街道开展街道老年人口基本情况摸底调查，建立动态数据库，根据调查数据分析结果，按照不同层次人群、不同需求，分类提供生活照料、医疗护理、精神慰藉、紧急救护、居家安全等“菜单”式服务内容，把服务送到老人身边。“无围墙敬老院”，实现了养老机构的专业化服务项目向家庭延伸，既解决了养老服务场所紧张问题，又提供了专业的机构养老服务，因而受到群众的欢迎。

（三）坚持社会参与、多方联动，形成多方力量的协调配合机制是构建特色养老服务体系的必要条件

养老服务是一项全方位、多层次的工作。居家养老仅仅依赖政府的投入是远远不够的，必须动员社会力量参与其中。充分整合社会资源，着力培育社区中介服务机构和组织，鼓励扶持非政府组织参与居家养老服务事业，是今后居家养老的发展方向。月坛街道以满足社区老人需求为目标，以服务资源优化整合为基础，以医疗卫生和家政专业队伍为骨干，形成了“政府支持、民间组织承办，市场化运作、专业化服务，社会力量参与、志愿者服务为补充”的居家养老运行模式。养老服务逐步实现由政府包办向政府主导、社会参与转变，资金来源由政府全额投资向政府购买服务、“民办公助”等多元投资方式转变，服务模式由单一机构养老向机构养老与居家养老相结合转变。不仅缓解了资金和场所紧张问题，还在一定程度上解决了人员匮乏问题，创新了社会养老服务发展模式。

参考文献

西城区月坛街道：《积极建立社会组织参与模式助推“无围墙”居家养老服务全面

发展》2014 年 9 月。

西城区月坛街道：《推进政社互动合作创新社区服务管理》2013 年 12 月 5 日。

西城区月坛街道：《以文化养老工作为核心完善社区养老服务体系》2013 年 12 月 5 日。

李兵、张文娟、洪小良：《月坛街道社区居家养老服务调研报告》，2010。

青连斌：《居家养老是适合中国国情的养老方式》，《人民日报》2014 年 12 月 26 日。

李天际：《市人大牵头起草居家养老地方立法》，《北京青年报》2015 年 1 月 20 日。

孙颖：《北京一张养老床位成本 55 万　居家养老是大势所趋》，《北京晚报》2014 年 10 月 31 日。

B.14
月坛街道“三维数字流管系统”提升流动人口服务管理效率

摘　要：《中华人民共和国2015年国民经济和社会发展统计公报》显示，截止到2015年底，全国人户分离的人口2.94亿人，其中流动人口2.47亿人。人口流动和家庭结构变化给公共服务和社会治理带来巨大挑战，提升流动人口服务管理效率和水平已经成为各级政府亟须解决的一件大事。在这种形势下，作为直接面对流动人口服务管理的街道和社区责任重大。本文以月坛街道人口管理为研究对象，在分析月坛街道面临的流动人口管理问题的基础上，对月坛街道运用现代化的技术手段解决流动人口管理问题的方式和方法进行了概述和评价，并由此得出科学解决流动人口问题的一些启示。

关键词：三维数字流管系统　流动人口服务体系　数字月坛

一　创新流动人口服务管理是创新社会治理的重大课题

随着我国城镇化进程持续快速推进，城镇吸纳了大量农村劳动力转移就业，大量农村人口进入城市，中国进入了一个“流动的时代”。数据显示，从1978～2015年，我国城镇常住人口数量从1.7亿增加到了7.7亿，我国城镇化率也从17.9%增加到52%，其中，仅2000～2011年，农村人口就减少1.33亿。城镇化率与城镇户籍人口占总人口的比例极不相称（见图1），

《中华人民共和国2015年国民经济和社会发展统计公报》显示，截止到2015年底，全国流动人口达到2.47亿人。

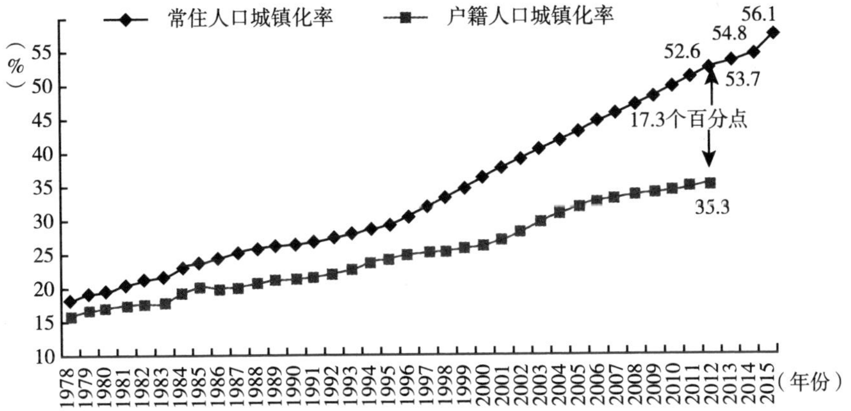

图1　改革开放以来我国常住人口城镇化率与户籍人口城镇化率变化情况

资料来源：《国家新型城镇化规划（2014～2020年）》、2013～2015年《中华人民共和国国民经济和社会发展统计公报》、1978年以来《中国统计年鉴》。

北京作为全国的政治、经济和文化中心，因其特有的城市性质、经济和文化优势，吸引了大量的外来人口涌入，成为我国流动人口集聚的热点城市之一。第六次全国人口普查显示，北京2010年常住人口为1961.2万人，其中外来人口为704.5万人，与2000年第五次全国人口普查相比，外来人口增加447.7万人，平均每年增加44.8万人，年平均增长率为10.6%，每4个北京人中就有1个是流动人口。《北京市2015年国民经济和社会发展统计公报》显示，2015年末全市常住人口2170.5万人，比2014年末增加18.9万人。其中，常住外来人口822.6万人，占常住人口的比重为37.9%；常住人口密度为每平方公里1323人，比2014年末增加12人；年末全市户籍人口1345.2万人，比2014年末增加11.8万人。

《中国流动人口发展报告2011》相关数据显示，我国流动人口家庭在流入地租住房屋的占3/4，且在北京受房价的制约，群租现象严重。流动人口中，大多为农村剩余劳动力，具有年龄低、学历低、收入低的特点，这些人普遍法制观念不强、安全意识薄弱、城市归属感差。由于未能在教育、就业、医疗、养老、保障性住房等方面享受城镇居民的基本公共服务，流动人口从迁出地到迁入地的过程中，在适应城市化的进程中，不可避免地与迁入地的经济、文化、社会和生活等方面产生矛盾和摩擦，从而带来社会治安、城市管理、公共服务等一系列问题和矛盾。

流动人口的管理工作出现的问题和情况越来越受到政府以及社会各界的重视，一是随着流动人口规模的不断扩大，流动人口的服务和管理工作任务越来越重；二是流动人口的动态性、开放性等特征，在脱离了户籍所在地的管理后，存在社会管理盲区和死角，管理难度加大，其违法犯罪行为增多，治安管理任务加重；三是随着流动人口的集聚增多，人口与资源环境的压力逐渐增大，水资源短缺、城市交通拥堵等问题越来越凸显。

月坛街道流动人口有3万多人，且辖区内分布着各大国家部委，是首都重要的行政功能区，特殊的地理位置对月坛地区的安全稳定工作尤其是流动人口和出租房屋的管理提出了更高的要求。月坛街道在以往对流动人口和出租房屋的管理和服务工作的基础上，结合区域特点，建设“三维数字街道”，创新街道流动人口和出租房屋管理新模式，实现精细化管理。

二 建立“三维数字流管系统”，加强对流动人口的管理机制建设

为进一步满足北京城市精细化管理的需求，月坛街道在以往对流动人口和出租房屋的管理和服务工作的基础上，结合辖区定位和“数字化”月坛发展目标，于2012年建设月坛街道三维数字地理信息指挥应用平台，形成月坛应急预警指挥处置响应系统体系，进一步完善月坛街道社区城市管理应急保障机制，以适应街道社区发展、指导政府社区服务、实现有效管理、辅助政府决策。

建成后的月坛街道三维数字地理信息指挥应用平台基于街道已有国产三维软件平台进行开发。该平台采用地理信息系统（GIS）技术、数据库管理技

术以及地理信息Web发布技术，采用三维地理信息系统技术、虚拟现实技术以及数据库管理技术，整合月坛辖区三维精细模型、卫星影像、监控视频以及街道流管工作专题数据，实现三维场景浏览、专题数据浏览与查询统计、空间分析、图层管理、三维辅助分析汇报、信息维护与更新等功能，实现街道整体概貌展示和流管动态专题信息的展示、管理和发布，街道业务科室和地区职能站、队、所服务对象的数字信息的专业化管理、发布和共享。包括诸如社区违章建筑拆改建过程、电子探头的治安防控和监控视频的调用、社区消防通道测量、建筑物地下空间用途、出租房屋、流动人口分布，重要安保路线、交通、治安、安全生产事故易发区域等专业管理数据的二维平面表现以及三维虚拟空间图层定位表达，便于街道日常基础工作的梳理留存。

通过建立“三维数字流管系统”，街道实现了四大管理目标，一是直观准确掌握社区流动人口和出租房屋各项信息的时空变化；二是为“两会”、十八大等重要活动提供应用指挥平台；三是为街道及其他相关领导进行宏观决策提供科学的辅助手段；四是提高社区流动人口和出租房屋管理的精细化水平。

（一）九大流动人口信息数据库，实现数据实时更新和安全共享

为强化流动人口服务管理，月坛街道在前期充分调研的基础上，多次与“三维数字流管系统”建设公司沟通，确定将地区流动人口、出租房屋、群租房、重点人（含特殊人群）、外籍人口、企租房、有隐患的出租房屋、煤火取暖户、社区流管服务站和管理员等9项内容数据汇入该系统库，将前期多方采集的数据导入该系统，使以上数据可以在该系统中准确反映（见表1）。

表1　月坛“三维数字流管系统”数据统计

序号	类别	数量及分布
1	流动人口	20071人
2	出租房屋	3618户
3	群租房	81户
4	重点人(含特殊人群)	32人

续表

序号	类别	数量及分布
5	外籍人口	78 人
6	企租房	100 家
7	有隐患的出租房屋	分布在月坛社区、复北社区、南礼士路社区
8	煤火取暖户	263 户
9	社区流管服务站和管理员	社区流管服务站 26 个,管理员 38 名

通过以上数据库的建设，月坛街道将流动人口和出租房屋管理的基本数据情况全部纳入数据库，并且通过流管员的信息采集手持终端可及时进行相关数据的更新。从该系统可以随时查阅地区流动人口和出租房屋等相关信息，尤其做到了查询与定位相结合与统一，一旦有关部门需要确定某个数据的时候，可以很快显示该数据的各种属性及地理位置坐标。月坛街道流管办还为此专门培训了相关的数据录入人员，今后该系统完全完成后，街道流管办可以自主随时更新相关数据。月坛街道在设计此系统的时候，就将相关的保密工作考虑进去，目前该系统的管理是分权限管理，只有街道的主要领导可以有权去查看内容，其他部门只能查看与自己工作有关的内容，而且必须要经过授权才可以查看有关具体内容。

（二）三维定位让流动人口信息和出租房屋分布情况更加直观，为决策提供科学参考

在流动人口管理上，北京市早在几年前就已经开始建立“北京市流动人口和出租房屋综合管理软件检测信息平台”，目前平台已经升级为二期。

月坛街道“三维数字流管系统”基于北京市流管二期的要求，更进一步地将原来静态的数据变成了动态，将原来平面的数据变成了立体、直观的数据，用三维立体化的方式呈现在用户眼前，在查获信息的同时即可显示该地址的确切坐标，而且可以非常清晰地了解其周边的情况，例如道路、密集人群、高层建筑等，相关情况一目了然，可以更直观地了解本地区流动人口和出租房屋的分布等情况。同时该系统与街道的图像信息系统相通，可以随

时在该系统上调用的探头来了解每时每刻的情况。“三维数字流管系统”可以更好地提高相关领导和部门的决策效率，使相应的决策更加有针对性，为更好地服务流动人口和对出租房屋的管理打下了基础。

（三）三大机制实现流动人口和出租房屋管理常态化、长效化

1. 完善流动人口和出租房屋的发现和登记机制

一是常规性的流管员管理队伍走访登记。月坛街道专门成立了安全健康志愿者队伍，共有管理员 55 人，专门负责登记流动人口信息、下户检查出租房屋和流动人口、开具暂住证证明、宣传出租房屋管理的规定，配合社区和派出所其他人口相关工作，如实有人口登记等。

二是常住居民发现后主动报告。月坛街道开发了楼门（院）长信息沟通系统，运用技术手段实现语音和文字信息间的实时转化和收发，通过与楼门（院）长家里的固定电话相连，楼门（院）组长在发现自己所在楼院出现新的租住外来人口时可以及时向社区和街道进行反映，搭建起了流动人口和出租房屋的三级发现和报告机制。

三是在对流动人口相对集中的行业、企业的检查过程中及时发现问题。月坛街道针对“六小门店”比较容易聚集外来流动人口这一特性，结合安全生产办的安全检查工作，及时了解流动人口的动态变化情况，及时更新流动人口和出租房屋相关数据。

2. 建立流动人口法制宣传和安全教育培训机制

一是安全生产办除了对企业进行安全生产的培训外，也对在企业中工作的流动人口进行安全教育和培训，包括人身安全，防火、防盗、防灾常识，需要遵守的基本法律法规等，强化流动人口的法律意识和安全意识。

二是在流动人口集中的企业设立公益图书角，同时也丰富了他们的精神文化，要有意识地增加相关法律法规等方面书籍，在潜移默化中提高流动人口的法制观念。

三是在对流动人口的服务过程中普及相关知识，如定期在街道数字电影厅为流动人口放映免费电影；为流动人口子女积极开展各种有益的活动，鼓

励少年儿童树立公益意识，积极参加公益活动；开展“外来人口计划生育咨询活动”等，宣传计划生育政策法规。

3. 建立安全隐患排查机制

一是针对流动人员相对集中的“六小门店”，维稳办和安全生产办合作，每月进行一次排查，在工作检查中对流动人员情况进行摸底，及时发现并掌握流动人员的思想动向及问题并予以及时解决。

二是城管科和人防办等科室在对人防工程、违建房屋的检查过程中及时发现流动人口违法租住和群租现象，防止用火用电等引发安全问题。

三　创新流动人口管理方式的几点启示

1. 以沟通信息为发力点，提高管理手段的适应性

流动人口最为显著的特征就是其动态性，原有的人盯人、人控人的老旧管理方式显然无法满足当前动态的社会环境。月坛街道依托“数字月坛”建设，加强信息化建设，运用最新的三维地理信息技术，建立了流动人口立体化信息数据库，并依托互联网技术进行管理。实现了对流动人口及时性、网络化、直观化的管理；解决了管理信息沟通不畅，难以及时准确掌握流动人口数量变化、地点变化、类型变化和生活特点等问题，进而提高了管理者决策依据的针对性、科学性，提高了应急管理的处置能力。

2. 以解决问题为着力点，整合力量扫除管理盲区

流动人口的管理工作具有开放性和全面性的特点，要求在工作中做到横向到边、纵向到底。然而在实际的工作过程中，管理上往往存在盲区和死角。就街道管理层面而言，流管办、计生办、安全生产办、维稳办等各科室管理的对象或内容都涉及流动人口，而以往的工作方式，街道各科室大都严格的“各司其职”，相互的衔接、协调不够紧密，造成了管理上的盲区；在日常管理工作中，各部门职能的交叉或孤立，致使工作中的效力无法发挥。月坛街道在试行“大部制”的基础上，工作中及职能上有关联的科室间衔接的更为紧密，在对流动人口的管理过程中发挥这一优势，针对流动人口治

安管控难、法制和安全意识薄弱、群租现象严重等问题，将相关职能科室的工作进行了整合优化，联合推进流动人口管理和出租房屋的管理工作。

3. 以完善服务为出发点，在优质服务中提升管理水平

一是通过统筹地区资金，同时加大资金投入用于流动人口的职业技能培训、法制讲座、互助活动和慰问救助等一系列优质服务，构建起有组织、有计划、持续性的流动人口服务体系；二是加大对用工单位的劳动保障情况的监察力度，进一步完善企业劳动关系的协调和预警机制，加强企业外来人口和农民工合法权益的保障；三是依托流动党员服务站，科学规划、整合资源、完善项目，积极从流动人口需求入手，建立多方位、便利快捷的流动人口服务平台。

参考文献

蔡昉：《中国人口与劳动问题报告 No. 7：人口转变的社会经济后果》，社会科学文献出版社，2006。

刘秀梅、田维明：《我国农村劳动力转移对经济增长的贡献分析》，《管理世界》2005 年第 1 期。

徐水源：《关于流动人口问题的几点思考》，《人口与计划生育》2005 年第 5 期。

魏成：《中国农民工调查》，法律出版社，2008。

王红艳：《现阶段流动人口犯罪的现状及防控对策》2006 年 4 月。

B.15
月坛街道组建社会调查队实现政府职能向社会转移

摘　要：党的十八届三中全会提出，要激发社会组织的活力，要把适合由社会组织提供的公共服务和解决的事项，交由社会组织承担。社会组织在弥补政府工作人员和一些具体工作专业性不足方面能起到积极的作用，月坛社会调查队作为北京市第一家统计调查领域的注册类社会组织，先后承接国家、市、区、街道下达的调查任务120余项，参与调查的队员900多人次，有效弥补了基层政府统计人员的缺口，在一定程度上提高了源头数据的准确性、可靠性和及时性，已成为西城区统计战线的重要生力军，并且为探索政府职能如何向社会转移提供了经验与借鉴。本文以北京市西城区月坛街道的月坛社会调查队为研究对象，系统分析月坛街道社会调查的困境、月坛街道组建社会调查队的具体情况、社会调查队对月坛街道工作开展的积极作用，并对此做出一些思考。

关键词：月坛社会调查队　社会组织　政府职能转移

月坛街道地处西城区中西部，中央国家机关及家属区比较集中，人员素质普遍较高，人口老龄化问题相对突出，社区功能较为成熟。这一切，对月坛地区的社会服务水平和精细化管理提出了更高的要求。新时期的调查工作，必须以居民需求为导向、以社区诊断为起点，充分发挥广大群众在城市管理、民生服务、社会保障、社区建设中的积极作用，因此迫切需要建立一只专业强、业务精的调查队伍，提高调查质量、探索工作方法、拓展项目领域，为政府工作减负、为地区发展服务。

月坛社会调查队是北京市第一家统计调查领域的注册类社会组织，主要由社区退休和未就业人员组成。作为承接政府统计调查任务的一种崭新尝试，月坛社会调查队不仅能够在一定程度上解决政府基层统计力量不足的问题，又能够充分利用社区强大的行政动员能力，发挥退休专业人员的余热，对于提高基层的统计能力、数据质量和政府统计公信力都具有良好的促进作用。

一　基层调查统计工作任务“金字塔”和人员力量“倒金字塔”的矛盾日益突出

（一）调查任务增多，统计专职人员与工作量不匹配

伴随着我国社会发展规模的壮大以及社会发展水平的提高，调查统计任务不断增多，涉及经济、社会、生态、文化等各个领域，既有月报、季报、年报，又有普查和各项调查，而这一切的调查任务都要靠基层统计人员来完成。“上面千条线，下面一根针”，统计专职人员与工作量不匹配的问题日益凸显。基层统计部门的统计人员一般都要身兼数职，工作任务多、压力大是常态，数据质量很难保障。此外，当开展大规模统计调研时，街道只能抽调其他科室的人员参与调查，这不仅难以保证数据质量，还影响本职工作，制约了统计服务的能力，因而迫切需要政府转变工作职能、创新管理模式，培育发展新的调查力量。

（二）及时、准确地了解社情民意是做好街道工作的基础

西城区社会建设发展水平一直居于全国前列，社会服务也不断趋向精细化，街道工作越来越多的注重满足地区需求。满足需求的前提在于准确了解需求，因此及时、准确地了解社情民意是做好街道工作的基础。鉴于基层政

府的调研力量有限，成立一支专业强、业务精、独立于街道体系之外的调查队伍将有效提高政府的决策水平，推动地区的和谐发展。

经过两年的调研论证，2006 年 7 月，月坛社会调查队在西城区统计局，月坛街道工委、办事处的大力扶持下正式成立。为应对市场的发展需求，月坛街道调查队于 2008 年 7 月申办了民办非企业独立法人资格，成为北京市在统计调查领域注册的第一家街道层面的社会组织，同时也是西城 15 个街道社区调查队中唯一具有法人资格的民办非企业单位。

二　健全的机构设置和完善的管理模式助推月坛社会调查队稳步发展

月坛街道社会调查队是由月坛社区建设协会管理并承接政府和社会调查事务成立的专业项目部门，接受月坛街道统计科的业务指导，由统计科负责日常业务培训及对承接项目的质量把关。协会运作调查队与政府直接组织调查队相比具有灵活性和拓展性。这一形式，使统计调查工作与市场相结合，实现政府职能转变、管干分开，使统计调查与服务质量得以提高，同时使地区民间组织通过项目运作得以发展壮大，达到双赢。

经过多年的发展，月坛社会调查队已经具备了完善的组织架构，建立健全了培训机制，形成了团队文化。月坛社会调查队完成的任务质量和专业化程度也已经远远超出了以往街道包办、四处抽调人员的模式，街道不需再为其提供资金支持、安排项目，使其成为组建、帮扶、自我发展、独立生存的典型。社会调查队的成功实践，促使街道各职能科室在培育社会组织的实践中不断拓展或转变职能。

（一）调查队的机构设置

月坛社会调查队按照民办非企业单位的章程要求设理事长 1 名、理事成员 5 名、监事成员 3 名、队长 1 名、副队长 2 名。下设项目部和培训部（部长分别由两名副队长兼任），同时设若干调查组并任命组长。项目部主要负责承揽项目，制订项目实施方案，组建调查组，委任组长，选择组员，监督质量；培训部主要负责团队建设，日常培训活动，人才考核评价；各调查组则负责协调和完成各项调查任务，根据组内人员的构成，为调查员分配任务，确保调查任务的圆满完成。此外，组建调查组时应考虑不同人才、不同能力的互补，考虑善于交流、擅长数据管理和不同年龄层的人员搭配并实行包干责任制，确保责任到人、数出有据。实行调查任务分配制度，不但锻炼了队员的能力，也避免了因为任务分配不均造成的人员矛盾。

随着调查队伍的壮大、调查任务的增多，迫切需要一个坚强有力的核心组织，将队员团结在一起。经过深入的调研，在月坛街道工委的大力支持下，月坛社会调查队率先成立了自己的党支部，目前共有党员 31 人。党的路线方针的贯彻、组织生活的规范，有利于提升调查队的核心领导力，有利于推动调查队的健康发展。广大党员以党组织为依托，充分发挥先锋模范作用，带动其他队员真干、实干，大大增强调查队的战斗力和凝聚力。

（二）调查队的制度建设

队伍管理是组织发展的重要环节。调查队从成立之初，就制定了《月坛社会调查队章程》《月坛社会调查队管理实施细则》等管理办法，并经调查队全体成员集体讨论，一致通过了相关规定。

社会调查队按照社会组织管理规定的要求完成换届工作，选举产生了理事成员、监事成员、队长、副队长。新一届组织机构改选为调查队增添了新的活力、积蓄了新的力量。随着调查队的发展壮大，其管理制度也做了进一步修订。新修订的管理制度内容完善、条款明晰，涵盖组织机构、学习制度、会议制度、出勤制度、调查任务分配制度等 11 项内容，使调查队的队员进一步明确了组织的责任和义务。

（三）调查队的人员构成

调查队本着“广结益友、爱好统计、自愿参与、不计利益”等选任原则，向社会公开招募队员。社会组织的特性决定了调查队人员具有地域性强、流动性强的特征，为不断充实队伍，适应日益增长的调查需求，几年来，经笔试、面试等考核程序，并切实尊重广大队员的流动需求，调查队选出了一大批优秀的调查队员。目前调查队共有队员 82 名，其中大学学历 16 人、大专学历 27 人、中专学历 10 人、高中及以下学历 29 人，有职称的队员 18 人。

为了保障调查队的队伍稳定和组织的可持续发展，月坛社会调查队还建立了调查员人才库，把所有考试合格的调查员列入人才库，并将调查员的专业技能、工作业绩、思想作风、团队合作等情况记录为个人成长档案，作为调查员奖励评价和筛选骨干的依据。

（四）调查队的培训机制

鉴于调查项目的随机性和调查队员的流动性，调查队采取了依据调查项目对调查员实行阶梯式培养和滚动式培训的机制。全体队员每年都要参加 3 ~ 4 次西城区统计局和街道统计所组织的培训。

首先是全面基础培训。为了解决调查员对社区不熟悉、居民“门难进”的问题，调查队采取了“委托授课、专项培训、实例演练、座谈交流”等形式，先后组织全体调查员进行入户技巧、入户礼仪、调查问卷模拟练习、实例演示和统计专业知识等培训。为了解决与不同层面居民的沟通方法问题，调查队给每个队员购置了《入户调查手册》《调查技巧》等书籍，并参照西城区《公务员礼仪规范》和《统计职业道德规范》等进行培训教育。

其次是专项专业培训。在每个调查项目开展前和结束后，组织调查员“以会代培”，即调查项目开始前，该调查工作的负责人要组织相应队员进行业务的再培训，提出具体的工作要求，同时，队员们对工作的重点、疑点、难点问题相互探讨、交流，以便更好地完成调查任务；调查项目结束后，再次组织参加调查的队员，召开小结会，对本次调查工作进行点评，将队员的经验做法进行分享，拓宽大家的思路，以便更好展开今后的调查。这种“以会代培”的方法形成制度后，不但没有增加队员负担，反而帮助广大队员理清了工作思路、理顺了工作方法，在兼顾质量的同时能够高效完成调查任务。

（五）调查队的资金来源和工资支出

调查队工作、活动的资金主要依靠承接项目获得，以及争取政府和社会单位的支持。一方面，调查队主动面向社会积极寻求各种调查项目，通过自身努力取得成绩、扩大影响，使资金得以良性循环并保留一部分日常积累作为公共活动项目的支出。另一方面，西城区统计局、月坛街道办事处每年都给调查队划拨专项经费，大大扶持了调查队的成长。

对于调查员工资性费用的支付，调查队采取按劳取酬的方法，除区统计局支付的调查费外，在承接社会其他调查项目时，提前与实施调查的项目方谈好支付标准，再根据调查项目内容、范围、数量、时间综合考虑，采取按调查问卷单价、数量支付和按月支付两种方式。这种公平、公正、公开的付酬方式有效地打破了“干多干少一个样”的“大锅饭”的弊病，激励了所有队员主动争取任务、优质完成任务的积极性。

（六）调查队的团队文化

几年来，调查队还注重培养团结和谐、无私奉献的团队文化。无论是调查工作小结会、培训会，还是每季度召开的队管会，大家都畅所欲言、交流思想，大大启发了工作思路、凝聚了智慧和人心。由于调查工作的特殊性，经常需要加班加点或与态度不好的拒访居民打交道，但队员们都能做到心态平和、不急不躁、顾全大局。

为增进调查员之间的友谊，凝聚团队精神，队员们还通过总结会、联谊会、座谈交流、征文比赛、合唱队、外出参观等多种形式进行思想沟通。队员生病了，大家同去探视慰问；逢年过节时大家聚集一堂联谊同乐，大大增进了调查员之间的感情交流，提高了队员们的归属感、增强了队员们的凝聚力。

三　解决社会组织发展壮大“四缺”难题

月坛社会调查队能够取得成功，离不开组织自身的发展，更离不开月坛街道对调查队发展壮大的鼎力支持。月坛社会调查队在成立之初，就面临着缺少办公场地、缺少资金来源、缺少领军人物、缺乏专业指导的“四缺”难题，月坛街道工委、办事处在人力、物力、财力、项目保障、专业指导等方面，对社会调查队予以重点培育、扶持，使调查队的工作稳步推进、人员队伍稳定发展。在实际操作层面，解决了社会调查队有心无力，不熟悉社团规律；培育无核，缺少领军人物；运行无钱，经费渠道相对狭窄；活动没地，漂泊心态严重等问题。

（一）缺少办公场所：免费提供工作场地

2006 年，月坛街道建立地区社会组织服务楼，并成立了社会组织服务楼项目办公室，用以培育、扶持社会组织的成立和发展。为保证地区内新兴的、生存能力较弱的社会组织能够进入街道的视野，得到街道的扶持，社会组织服务楼面向月坛地区所有社会组织开放，对有发展潜力或能够为月坛地区提供有益补充的社会组织提供办公用房、活动场地、物业服务等保障。月坛街道将社会组织为社会和居民群众提供服务创造的社会效益，折算成需投入的财政奖金数额，再借此换算成可以提供的办公空间、活动场所及其他支持服务。社会组织服务楼不仅向社会组织提供办公用房和活动场地，还积极扶持社会组织拓展服务领域，做到“以空间换服务，以服务促培育”。月坛社会调查队的成功正是得益于月坛街道社会组织服务楼的建立。

（二）缺少资金来源：建立资金保障机制

为解决社会组织创办之初缺乏资金支持的难题，月坛街道一方面从财政上给发展社会组织工作提供资金支持，设立社区文化项目基金 30 万元，作为开展各类活动的项目委托费用。从财政上提供资金支持，设立社区文化项目基金30万元，作为开展各类活动的项目委托费用。另一方面在月坛地区社会组织服务楼成立了社会组织服务楼物业管理中心，统筹社会组织所有的日常事务，使之纳入有序管理、高效使用。

近年来，月坛街道逐年加大资金投入用于项目购买，每年从200万元的社区公益经费中抽出60%～70%用于支持和扶持社会组织。2013年，市、区、街共投入400万元购买社会组织服务项目，投入700万元用于培育社会组织的基础性建设。

正是月坛街道的资金扶持，才让月坛社会调查队不断发展壮大，成为社会组织的一个标杆。

（三）缺少领军人物：通过培养推动发展

在培育社会组织的实践中，月坛街道领导充分认识到，一个好的社会组织领导者，对于社会组织的生存同样具有重要作用。因此，月坛街道十分重视在工作中发现人才、培养人才、锻炼人才、使用人才，并使之带领组织成员形成自己的组织文化，打造出科学化、正规化的，服务社会、居民，遵纪守法的团队。除了社会调查队的杨殿起外，汽南社区建设协会的王士良、悦群社会工作事务所的郭昊、星月艺术团的方晓辉等，都是月坛街道发现、培养并在社会组织的发展、生存中起到关键作用的“领军人物”。

（四）缺乏专业指导：共建共享提供指导

针对调查队缺乏专业指导这一问题，月坛街道统计所在加强对调查队的业务指导的基础上，借助社区与驻区单位共建共享的契机，充分利用“好邻居”——国家统计局的优势资源，邀请国家统计局工作人员为调查队成员做专业的指导。在2013年，国家统计局主要领导就深入月坛街道为社区居民和调查队成员讲解统计知识，并在了解到调查队设备落后、项目不足后，指示相关部门向调查队捐献10台电脑和两套专业统计软件，在捐献的同时，由统计局的工作人员亲自向调查队成员演示软件的操作方法。

四　迈上可持续发展的良性轨道，为地区发展发挥更大作用

（一）月坛社会调查队成为西城区统计战线的重要生力军

几年来，调查队先后承接国家、市、区、街道下达的调查任务120余项，参与调查的队员900多人次。如北京市房屋普查、第一次全国污染源普查、第二次全国经济普查、第六次全国人口普查、城镇居民基本情况调查、千家评政府调查、环境秩序调查、安全感调查、水务普查等。特别是第二次全国经济普查和第六次全国人口普查，调查队一部分骨干被任命为普查指导员，成为普查过程中的重要力量。从确认街道、社区普查区，到绘制普查区域图、编制和录入建筑物编码，到清查登记、查遗补漏、数据输入等工作流程，绝大部分都由调查队员独立承担，整个过程流程清晰、分工明确，最终使两大普查工作得以高质高效地完成。月坛社会调查队的成立，有效弥补了基层政府统计人员的缺口，在一定程度上解决了政府统计系统因人员不足、任务繁重、时间紧迫带来的压力，提高了源头数据的准确性、可靠性和及时性，其已成为西城区统计战线的重要生力军。

在调查队全体队员和街道的共同努力下，2007年，月坛社会调查队被评为西城区“百支先进民间组织”，同年还被评为西城区“优秀社区民间组织”，2008年被西城区民政局、区人事局评选为“先进社会组织”。调查队队长杨殿起被西城区民政局、区人事局评为2007～2008年度“先进个人”。调查队2009年、2010年连续两年被区统计局评为“优秀组织管理先进集体”，2011年被区统计局评为“优秀调查队”，并获“全国水务普查组织工作一等奖”。

此外，作为一个公益组织，月坛社会调查队也会参与很多公益活动，为困难个人、家庭、群体捐款捐物。例如，自2012年起，调查队开始为太阳村①做

① 太阳村是一个慈善机构，致力于无偿救助服刑人员无人照顾的未成年子女。

义工，并通过捐赠、义卖等方式来帮助太阳村的孩子们。调查队的公益行动也得到了月坛街道办事处的鼎力支持。

如今，月坛社会调查队作为一支质量上信得过的社会调查队伍，已经成为政府的得力助手，并逐步迈上了可持续发展的良性轨道，为地区发展发挥更大、更积极的作用。

（二）不断提升发展空间和动力，推动社会调查队可持续发展

在西城区统计局，月坛街道工委、办事处的培育、扶持和帮助下，调查队在承接调查项目中生存、在项目中锻炼、在项目中发展，队员的综合素质、调查技巧、服务能力不断提高，队伍的凝聚力不断加强、管理也不断完善。调查队得到了社会认可，赢得了公众信誉，拓展了市场空间，为今后的可持续发展打下了坚实基础。

首先，发挥支部优势，加大调查队党建工作力度。党支部可以充分发挥党组织的政治优势、组织优势和群众工作优势，团结全体队员，增强团队合力；健全党员们的组织生活，充分发挥支部党员大会和支部书记的作用，做到重要问题由支部研究、集体活动以支部名义、解决困难由支部出面。为调查队的长足发展建立了强大的组织保障和思想保障。

其次，提升队员素质，强化调查队专业技能技巧。在新时期新形势下，调查工作任务量增加、专业性增强、调查标准提高，迫切需要将调查队打造成一支组织强、业务精的人才队伍。将队员素质细化归档，强化其专业技能，如项目规划、问卷设计、信息收集、数据录入、资料分析等，让调查队员不仅参与调查项目，还能汇总分析调查数据，为街道决策服务，为地区发展服务。

最后，主动寻求市场，拓展调查队工作空间模式。市场化运作模式的深入和北京市大力扶持社会组织政策的增多，给调查队提供了非常广阔的生存空间。尤其是北京市出台的“政府购买服务”和“费随事转”的相关政策，使调查队等社会组织“有活干、能生存、能发展”。近年来，调查队始终以“寻找市场机遇、接受调查项目、获得调查经费”作为组织运行和生存的基

础，打破街道和统计局派活、调查队被动接活的模式，充分发挥调查队的主观能动性，扩大社会认可，增强自身“造血功能”。

五 发挥社会组织作用，推动政府职能向社会组织转移

（一）转变政府管理理念，提高对政府职能向社会组织转移的认识

当前，我国各类社会组织如雨后春笋般大量涌现。社会组织既是相对独立的社会团体，又是与政府保持密切的合作或依附关系，这种独特性决定了它可以成为政府与市场、政府与社会、政府与公民之间的桥梁。因此，社会组织是创新社会治理体制、提高社会治理水平、增强社会发展活力的重要力量，是承接政府职能转移的重要载体。

首先，政府部门要转变观念。当今的社会治理已经逐渐从一元治理过渡到多元共治，政府部门必须要转变治理观念，创新社会治理体制。要加强对社会形势的分析，将社会治理摆在重要位置；要给社会组织更多的机会参与地区治理；要理顺政府各部门之间的关系，提高社会治理的效能，克服职能履行过程中出现的越位、错位、不到位的问题。其次，要明确社会组织的社会主体地位。党的十八届三中全会从政策层面上保证了社会组织具有与政府组织、企业组织同等的地位，享有平等的权利。但是，社会组织享有的法人主体资格待遇并没有得到真正落实，政府扶持资金优惠、社会保障优惠、税收优惠等政策也没有全部到位。此外，过去我们总是过于强调社会组织的非政府性、非营利性，忽略了社会组织的主体地位，从而将社会组织误认为是提供无偿服务的草根组织，淡化了其在推动社会治理中的重要作用。

（二）完善政府职能向社会组织转移的体制机制

推进和落实政府向社会组织购买公共服务是政府职能向社会组织转移的有效途径，实质上是为社会组织参与社会治理让渡空间、提供平台。目前，在具体的实施过程中，政府一方面是要制定向社会组织购买服务的指导意见

和指导目录，更加明确购买事项和标准，并采取公开招标的方式确定中标单位；另一方面是要健全监管机制和评估制度，保证服务质量。要在目前对社会组织本身加强监管的基础上，完善社会组织提供公共服务方面的评估机制，对于政府购买的公共服务项目，鼓励引入第三方组织进行项目评估与验收，以确保服务项目的质量。

（三）培育和扶持社会组织发展，提升社会组织承接政府职能的能力

社会组织作为承接政府职能的重要力量，必须具有较强的服务能力和发展能力，要不断提高社会组织管理的规范化、制度化和民主化。目前，有两个方面的工作值得重视。首先是要加强社会组织的党建工作，确保社会组织沿正确的方向发展；其次是加强社会组织人才队伍建设。社会组织要制定完善的工作人员职业标准和职业操守，并通过自身良好的组织文化、薪酬待遇、职业规划和团队建设吸引人才的加入。政府可以设立针对优秀社会工作者和社会组织的扶持奖励资金，以充分调动社会工作者的主动性和积极性，同时可以稳定社会组织的资金链条。

参考文献

月坛社会调查队：《顺应政府职能转变推动调查队稳步发展》2013 年 3 月 14 日。

单之卉：《比邻而居话统计》，http：//data. bjstats. gov. cn/2013/yxtj/201304/t20130409_ 246792. htm，2013 年 4 月 9 日。

乔亚南：《政府职能向何处转移》，http：//www. chinareform. net/show. php？ id = 21376，2015 年 2 月 9 日。

刘鹏：《促进政府职能向社会组织转移的路径探析》，《新东方》2014 年第 5 期。

杨凯萍、杨朔：《政府向社会组织转移职能问题研究》，《机构与行政》2015 年第 2 期。

B.16

月坛街道：成立发展服务办公室构建地区单位协同共建的组织平台

摘　要：为驻区单位做好服务是街道办事处的一项重要的工作。月坛街道驻区单位不仅多，而且相对比较特殊，辖区内仅副部级以上单位就达23个。如何才能更有针对性地为辖区内的机关与单位做好服务，进而实现街道服务保障的功能和作用，并让辖区居民得到更多的方便和实惠？月坛街道的做法是，组织辖区内36家驻区单位成立月坛地区管理委员会，组建了发展服务办公室，专门负责沟通、服务驻区单位，整合驻区单位的资源和需求，推动地区管委会由虚变实，引导辖区内社会单位向附近居民开放食堂、停车场、礼堂、浴室等资源，为居民生活提供便利，推动区域共建共享，促进了街道与辖区单位的协同发展。本文以月坛街道为例，分析该地区共建共享的模式、意义，并结合月坛街道存在的问题进行了一些思考。

关键词：共驻共建　资源共享　社会协同

共建共享是实现基层和谐稳定、提升社区居民获得感的一个重要手段，早在2006年，国务院印发的《关于加强和改进社区服务工作的意见》，就明确提出鼓励和支持相关单位（主要指政府机构、事业单位以及遍布社区的学校）内部食堂、浴池、科教和文体等服务设施向社区居民开放。2009年，民政部再度印发《关于进一步推进和谐社区建设工作意见》，鼓励社区或周边单位向社区居民开放内部食堂等公共设施。西城区作为北京功能核心区，社会资源非常丰富。西城区共有驻区单位 3 万余家，其中中央单位有 2400 多家，市属单位 1400 多家。中央国家机关和驻区单位聚集着行政、科技、教育、卫生、人才等高端优质资源，如何进一步提高为中央国家机关与驻区单位服务的针对性和服务水平，实现社会资源共享是街道需要解决的一个重要问题。

早在几年前，西城区就已经开始了与驻区单位共建共享的工作，西城区 15 个街道已全部启动社会单位参与社区资源共享的合作计划，并且初步形成了区域社会资源共享新格局。而包含了 20 余个中央部委机关的月坛街道单位互助共建制度更是推行了长达 10 余年，经过长期的沟通和交流，月坛地区共享资源的驻街单位已超过 80 家，其中，10 余个中央部委机关向月坛街道的社区敞开了食堂、礼堂。

一　街企资源协同共建是提升居民获得感的重要抓手

政府机关为人民服务，不能只表现在法律规定的条款上，更应该体现在服务功能附着在人民生活的方方面面上。政府的权力和所掌握的资源都是人民赋予的，为民所用是理所应当的。国外的一些政府部门“欢迎到市政府如厕”已成为常态，而在国内，城市文明要共建、社会资源要共享，也早已成为社会共识。

在我国，各机关单位为让干部职工更好的安心工作，内部都配备了一些方便生活的设施，如食堂、活动室、运动场等，不过大多数机关内部设施利用率相对较低，在一定程度上造成了资源的浪费。而在城市中生活的居民，特别是那些收入水平较低，需要经济、实惠、安全的用餐地点或者活动场所的居民，由于空间限制、配套不足等原因，不容易实现。这就导致内部掌握着丰富生活资源的机关、学校、企事业单位虽然与所在社区是比邻而居，彼此之间却呈现一种“老死不相往来”的局面。机关单位资源浪费“吃不了”，损害了正在大力建设的服务型政府形象；城市居民服务不足“吃不饱”，影响社会安定和谐。其实，让一些企事业单位的内部设施满足更多的人使用，不会降低内部员工的服务质量与效率，增加的运营成本也相对有限，从这种意义上来说，放开企事业单位的内部设施，让更多的城市居民分享这些公共资源，增加民众的社会获得感，不仅是对全面建成小康社会的一种遵循，而且也是提高基层治理能力和水平的一种体现。

二　资源共享推动地区和谐发展

（一）“好邻居”凝结共享理念

1. “部长进社区”行动为群众答疑解惑

2009 年，党的十七届四中全会明确指出，领导干部要定期深入基层开展调研，了解群众疾苦，倾听群众呼声。月坛街道充分发挥自身的地域优势，积极主动地为领导干部深入基层联系群众开辟渠道，为部委领导了解社情民意、进行科学决策搭建平台。在为驻区中央国家机关服务、为社区居民和各界群众服务的过程中，月坛街道提出了社会服务管理创新的核心理念“好邻居”。2011 年 7 月 29 日，月坛街道开展“部长进社区”系列活动启动仪式暨首次交流活动。作为“好邻居”系列行动的开篇，“部长进社区”行动从 2011 年 7 月下旬到 2011 年底，每个月都有 1 名在职部级领导走进社区为居民开展专题讲座。国家工商总局、中国地震局、国家统计局、国家测绘地理信息局等单位的领导都陆续走入社区，为居民百姓宣讲国家政策，解读群众关心的热点问题，从而宣传群众、动员群众，共同参与社会建设。为形成长效机制，2015 年 5 ~ 6 月，月坛街道再次组织了“部长进社区”活动。除“部长进社区”以外，月坛街道还陆续开展了“月坛是我家”“认领责任区”“门店结对子”等以社会单位为主体的社区服务活动。

2. “广电新302餐厅”

月坛街道常住人口近 14 万，其中老年人占 23%，是北京市老年人比例较高的区域，老年人服务需求量较大。结合月坛地区国家部委多、街道资源不足的特点，为有效解决老年人就餐不便问题，月坛街道通过资源共享的方式，协调广电总局开放机关食堂，并为地区老人开展送餐服务。2009 年 6 月 25 日，“广电新 302 餐厅”正式加入月坛街道搭建的居家养老服务平台，成为月坛地区首个向社区开放服务资源的中央国家机关以及“月坛地区居家养老供餐示范点”，为月坛地区的老人提供就餐、送餐的服务。2014 年，食堂就餐老人有 800 余人，送餐覆盖到 26 个社区，每天 500 余份，对行动不便的老人提供送餐入户服务达到每天 60 余次，为就餐老人办理餐卡 5000 余张。为了进一步做好居家养老供餐工作，机关服务中心把做好广电老年职工供餐服务与社区服务结合起来，携手共建、资源共享，共同构建老年人居家养老温馨模式。街道加强居家养老、爱老敬老的宣传，通过座谈会、宣传栏、人文月坛、广电后勤报纸、网站等媒体，在食堂内部居家养老工作人员、广电职工、社区群众中宣传居家养老的重要性、迫切性，形成街道、社区、群众、驻区共建单位共同关注养老服务的合力，从方方面面共同围绕居家养老这个主题出主意、想办法、做贡献。

“广电新 302 食堂”作为最早一批资源共享单位，在月坛地区形成了巨大的影响，代表了国家部委资源向地方开放、资源共享的决心，具有示范推动作用。这一做法也得到了北京市和西城区政府的充分肯定，“广电新 302 食堂”2009 年获得西城区民政局奖励 15 万元；2010 年被北京市政府评为“为老服务先进单位”荣誉称号。继广电总局食堂开放之后，国家发改委也于 2010 年向社区老年人开放了一个餐厅。此外，月坛街道还与财政部、铁道部、国家工商总局、国家统计局、国家海洋局等 10 多个部委机关联合组建了月坛社区建设协会。随着地区协同共建的深入发展，部委机关的展厅、礼堂、会议室、健身场所等都可以提供给社区居民使用。

（二）“好模式”开创共享新路

如何更好地利用地区资源为居民服务，将社会资源的开放共享最大化，一直是政府机构必须面对和解决的问题。2013 年 3 月，国家统计局领导深入月坛街道调研，为街道的居民讲解统计知识，在了解月坛社会调查队存在设备落后、项目不足的情况后，决定给予项目和技术的支持。同年4月，国家统计局向月坛社会调查队捐赠了10台电脑、电子数据管理系统和企业统计电子台账。这次捐赠使月坛街道和驻区单位街企共建更加深入。月坛街道统计所还依靠国家统计局的资源，不断展开探索，通过交流合作，形成了“区域型、协调型、服务型”的资源共享模式，为街企协同共建开辟了新路子。

1. 资源有效整合，开辟资源共享“区域型”路

立足于区域定位和特点，月坛街道统计所把握好“贴近居民需求，服务社区大众”的目标，加强与国家统计局沟通、协调，打开了“区域型”资源共享的新路。以举办“部长进社区”活动为抓手，把国家统计局的局长请进街道、社区，为工作人员、社会组织成员和社区居民答难题、解困惑，让辖区大众都能共享资源整合的成果。这不仅使区域内的资源有效的流动了起来，增强了辖区内单位之间的交流与配合，还推动了大众对专业知识的认知，促进了区域内的和谐发展。

2. 搭好沟通桥梁，开辟资源共享“协调型”路

辖区内的资源布局不均衡，往往导致区域与区域、层级和层级沟通和交流存在一定的障碍。为破除这种障碍，月坛街道统计所着力在推动上下资源协调和补足发展短板上下功夫，开辟了街企共建的“协调型”路。通过与驻区各大部委开展活动，让辖区的单位也享有街企共建的资源，不仅提高了基层工作人员的技术水平，建立了部委与基层力量的紧密联系，还创立了“部委—街道—街道部门—企业—社会组织—社区”的资源共享格局，为驻区机关与企业、社会组织协调做出了有益的探索和尝试。

3. 把准需求脉络，开辟资源共享“服务型”路

月坛街道相关部门以辖区各种需求为导向，把社区诊断作为工作的起点，在把居民日益增长的需求和辖区不断变化的情况掌握得更及时、更准确的基础上，确定工作方向和重点，不仅为居民提供各种服务，也为辖区部委提供来自基层的建议。以月坛街道统计所为例，2013年4月起，在充分掌握居民对统计数据需求的基础上，统计所通过与国家统计局协调，让国家统计局及时将社会发展的各类主要指标数据和图表通过月坛街道的户外显示屏

幕向居民展示，月坛街道的居民可以第一时间了解到最新的统计数据，这一做法提高了数据的透明度，满足了居民的知情权，提高了政府部门的社会公信力。在服务居民的同时，统计所也积极为国家统计局工作的完善提供建议。通过测试企业统计电子台账应用，收集归纳了不同人使用软件的个体差异，并提出相应人性化的工作建议，为统计电子台账的充实和完善做出了贡献。

（三）“好机制”集聚共享资源

1. 成立月坛地区管理委员会，加大服务工作统筹协调力度

为了更好地整合资源，做好“四个服务”工作，使街道、社区和驻区单位间信息沟通更加畅通、需求对接更加密切，月坛街道专门组建了发展服务办公室，组织辖区 36 家驻区单位成立月坛地区管理委员会，管委会由街道工委书记担任主任，驻区单位选举 7 位局级领导任名誉主任。管委会就地区发展大事、街道中心工作和重点工作不定期召开会议，发展服务办公室专门负责沟通、服务驻区单位，整合驻区单位的资源和需求，有力地推动地区管委会由虚变实，使其真正起到共驻共建共享的作用。

2. 建立健全联系紧密、沟通顺畅的工作机制

建立情况通报和意见建议征求工作机制，主动了解服务需求、广泛听取意见建议，切实为地区单位办实事、解难事；坚持和完善街道领导联系中央单位制度，就服务事项落实过程中需要解决的问题及共享共建方面的工作进行沟通交流；不定期召开地区管委会工作会，通报阶段性工作、政策举措，争取得到地区单位的理解与支持；以社区党建工作联席会为纽带，组建社区资源共建共享协调小组，定期召开党建联席会议，研究社区资源共建共享中遇到的各方面的问题，组织辖区内机关、社会团体和企事业单位开展资源共享活动，逐步走出一条依靠社区整体力量促进社区自我发展、自我完善的新路子。密切同地区单位的关系，每逢重大节日前走访慰问地区单位，加深了解与信任；聘请领导出席重大活动，强化驻区单位的主体意识、属地意识、责任意识和归属感；召开城市建设及综合治理重点问题推进会、名誉主任座

谈会等工作会议；加强对存在的问题分析落实，弥补职能部门工作薄弱点，切实改善城市管理水平；同各部门建立信息通报制度，做到每月常态报、重点工作及时报的工作机制；收集地区建设发展和城市管理等方面的意见建议，形成《工作情况通报》，使地区单位对办事处工作由不了解到了解，从不熟悉到熟悉，从被动应付到主动支持配合。

3. 加大服务工作统筹协调力度

建立服务事项协调机制，对涉及多部门配合的事项，由对口科室提出，领导小组专题协调，召开专题会议进行研究，由相关单位进行落实。建立快速反应机制，对能够立即办理的，指定专人负责，确保落实；对依照政策规定不能办理的事项，及时答复需求单位，并耐心做好解释工作，取得单位的理解。为提高地区整体水平，促进各职能站所能够更好的按照地区实际需要，持续性的开展工作，有效提升执法动力、潜力和效力，月坛街道制定了《以项目支持推动地区职能部门工作开展的办法》，并协助月坛工商所完成了6处宣传设施的建设维修工作。在街道十大公益项目中，制定了《月坛街道社会单位资源开放共享奖励办法》，加大单位参与地区建设力度，使其主动承担社会责任，鼓励和推动更多的社会资源向社会开放。探索建立补偿机制，给予提供服务资源的驻区单位一定形式的补偿，形成良性互利的合作关系。

三　月坛街道地区单位协同共建不仅要共建，更要共享

（一）协同共建机制建立还需“两头都要热”

地区单位、社区协同共建是加强社区建设的有效途径。近年来，月坛街道深入开展社区共建活动，充分利用社区资源，大力培育驻区单位、各类组织和全体成员的地域意识、参与意识、公共服务意识，呈现“共驻社区、共建社区、共享社区资源”的良好态势。但是，城市驻区单位参与社区建设，主要是在街道办事处的指导下，依靠社区工作者不厌其烦，一遍又一遍

向辖区单位征求意见、汇报情况、提供服务来争取支持，驻区单位与社区“一头热、一头冷”的现象非常明显，从而制约了社区资源的共享。主要表现在四个方面。

一是拥有资源的单位对参与社区建设没有热情。由于中央政府并没有对驻区单位参与社区建设做出硬性的规定和要求，更没有出台详细具体的实施细则，一些单位没有将社区建设看成自己的责任和义务，也没有将其纳入工作计划之中。

二是由于单位资源向社会开放的实际操作中会存在一些困难，辖区单位对资源共享存在一定的顾虑。比如，内部食堂向社区开放就具有了营利性质，是否需要向工商部门申请营业执照？如果外来用餐人员增加，会不会影响本单位工作人员使用食堂？如果居民在驻区单位用餐、活动的过程中出现了意外，那么安全责任由谁来承担？这些问题如果得不到合理解决，那么驻区单位就不会轻易开放自己的公共设施。

三是社区对驻区单位平时提供的服务少，要求实行的多，致使一些单位对共驻共建的积极性不高。

四是社区资源共享的制度体系还尚未形成。

（二）月坛街道单位协同共建要做好三个坚持

月坛街道资源共享工作开展得好，一方面在于辖区内中央机关单位和社会单位数量多、资源丰富；另一方面在于月坛街道重视资源开放等社会治理工作，且做得较为完善。月坛街道在实践中探索出的“资源共享模式”，实现了社会资源的充分利用，让辖区居民就近享受到了生活的实惠和便利，相关经验值得全面总结和大力推广。

1. 坚持国家部委、街道、社区“三位一体”的资源闭环流动

进一步理顺街道、社区治理体制，完善月坛地区管理委员会组织建设和职能建设，在社区成立共管会，凝聚社区各社会单位资源共享共治，搭建社区共治的平台，倡导各职能部门、地区单位、社会组织、社区居民共同参与辖区建设；构建信息互通、共建共赢、协同联动的社会服务治理体

系，形成共同商议地区事、共同享有区域资源的格局。促进国家部委、街道、社区“三位一体”的资源闭环流动，为国家部委、市区单位参与地区社会建设，社会资源服务国家部委、市区机关单位搭建良好平台，为多元参与社区建设助力。

2. 坚持企事业单位、街道、社区、社会组织、居民互利共赢的原则

单位对社区开放资源，管理成本必然会增加。这个问题不能得到很好的解决，势必会影响参与单位的积极性。对此，月坛街道在制订方案时进行了充分的考虑。对于低偿或无偿向社区开放内部优秀资源的各级各类单位，西城区政府划拨专款进行奖励，以补贴单位的成本损耗，保障开放的资源能够持续良性运转。奖励的标准按照成本贡献度、群众满意度和社会效益三个维度进行综合考量。近年来，月坛街道先后制定了《月坛街道社会单位资源开放共享奖励办法》《以项目支持推动地区职能部门工作开展的办法》，为各职能部门、社会单位、社会组织、社区居民共同参与辖区建设提供了有力的支持和保障。此外，2014 年 12 月 4 日，在“2014 年社会治理创新 · 西城论坛”上，北京市委社会工作委员会书记宋贵伦表示，2015 年起，北京市政府将参与引导资源开放共享，完善相关政策。通过“组织对组织”的资源共享模式，即以街道、社区或协会等组织机构为载体，与社会单位对接，明确开放资源的责任主体，避免矛盾纠纷。同时，将采用“购买服务”的方式，统计资源成本和管理成本，适当向居民收取费用，同时政府也将继续给予相关单位资金补贴。在机关单位资源共享的模式中，如何防止“免费”或“优惠”的政府资源被人赚取利益，如何保证享受政府全额拨款的机关单位不会因此增加运营成本，这些问题都需要进一步研究。只有在这些问题都得到解决后，机关单位的资源才能够得到充分合理的利用，才有可能成为构建和谐社区理念主导下的一个新趋势。

3. 坚持政府参与引导资源开放共享

机关单位坐落在社区中，本身也是社区一员，把食堂、停车场等资源向民众开放，相当于创造了更大的共享价值，同时也避免了资源浪费。下一步，如果能够辐射到更多机构乃至学校的资源，将会更加造福民众。当政府

机关开放资源之后，其他类似的单位，比如事业单位和学校是否也可以开放。月坛街道“资源共享模式”的成果显示，只要切实考虑老百姓的真实需求，肯花心思、动脑子解决问题，就可以因地制宜的实现为老百姓谋福利的目标，从而建成一项又一项的民生工程、民心工程。

参考文献

西陵区政协办公室：《关于推进社区资源共享的建议》2010 年 7 月 1 日。

王欲然：《机关内部设施如何实现社区共享》，《新京报》2011 年 2 月 13 日。

王惠敏：《单位资源社区共享中央机关“开门”破冰》2011 年 2 月 14 日，中国政经信息网，http：//www. ccngov. cn/shengbujilingdaoguanzhushime/2011/0308/29951. html。

耿博文：《北京：“部长进社区”行动为群众答疑解惑》，新华网北京频道，2011 年 7 月 30 日。

西城区月坛街道：《西城区月坛街道统计所利用地区资源打造资源共享模式》2013 年 9 月 5 日，北京市西城区统计信息网。

月坛街道发展服务办：《地区单位共建材料》2014 年 9 月 18 日。

B.17

月坛街道关于社区文化建设的探索与实践

摘　要：　社区文化建设作为社区建设的重要内容，对改善社区居民的生活质量、提升社区居民的精神境界、维护社会和谐稳定、筑牢国家治理体系都具有重要的意义和作用。月坛街道按照西城区“文化兴区”战略要求，立足居民群众需求的实际，在提炼月坛精神、打造文化标识、凝聚地区居民共同理想信念和价值追求、构建社区精神家园、推进地区精神文明建设方面，做了许多有益的尝试和探索，不断提升月坛地区社区文化建设的水平。本文将月坛街道社区文化建设作为研究对象，在分析社区文化建设背景的基础上，系统梳理月坛街道在社区文化建设方面的实践和经验，并由此得出强化社区建设的启示。

关键词：　社区文化　社区建设　社区精神　精神文明

党的十八大以来，中央多次强调，要弘扬社会主义先进文化，深化文化体制改革，推动社会主义文化大发展大繁荣，增强全民族文化创造活力，推动文化事业全面繁荣、文化产业快速发展，更好地保障人民群众的基本文化权益，让社会文化生活更为丰富多彩，让人民群众以昂扬向上的精神风貌生活和工作。作为我国社会主义文化的重要组成部分，社区文化是社区建设的重要内容。加强社区文化建设对改善社区居民的生活质量，提升社区居民的精神境界，维护社区的和谐稳定都具有重要的意义。因此，在新时期加强社区文化建设就显得尤为重要。

月坛街道立足居民群众需求的实际，认真学习和落实中央关于“文化大繁荣大发展”和西城区“文化兴区”战略要求，坚持“月文化、悦生活”这条主线，围绕“人文型、数字型、学习型、服务型”四型月坛目标，积极开展全地区多部门参加的群众性文化活动，以打造自己街道特色文化品牌为抓手，形成了每周有排练、每月有讲座、每季度有演出的经常性和持续性的良好文化氛围，表明基层群众性文化事业也能深耕细作、有质有量。

一 社区文化建设是丰富国家治理体系内涵的重要内容

（一）社区文化是城市社区现代化的重要标志

社区文化是社会发展到一定阶段的产物，它的形成和发展并非偶然，而是我国市场经济发展的客观需要和社会不断前进的必然要求，同时也是城市社区建设和现代化发展的重要内容。

社区文化的内涵有广义和狭义之分。广义的社区文化是指在特定的区域内，社区居民经过长期的实践而创造出的精神文化和物质文化的总和；狭义的社区文化是指社区价值观念、行为模式、生活方式和群体意识等文化现象的集成。综合对广义和狭义内涵的理解，可以看出，社区文化包括四项基本内容，即物质生活条件、精神风貌、生活规范以及社会团体。

社区文化的物质生活条件主要包括社区内的文化场所和文化设施，如社区图书馆、文化活动室、公园、人文景观、市政建设等，以及社区居民生活中的服饰、用具和所有的生活用品，这些物质财富凝聚着社区居民的劳动智慧和价值观念，具有深刻的文化特色；精神风貌是社区文化中最活跃的因素，是社区组织开展积极向上的文化活动的力量源泉，它包括影响社区居民生活目标和生活方式的价值观念、伦理道德、艺术修养、宗教信仰、生活情趣等；生活规范是社区居民总体价值观的外在体现，不仅包括保证社区活动良性运行的规章制度，也包括社区内部约定俗成的风俗习惯；社会团体是社区其他文化存在的基础和保证，是社区物质文化和精神文化的双重结合。社区文化的四个基本构成要素相辅相成，共同实现社区文化在社区建设中发挥积极有力的影响和作用。

（二）社区文化在社区治理中发挥着重要作用

社区文化包含了社区各个方面的文化，不仅对社会政治、经济的发展具有促进作用，对强化社区建设、筑牢社会治理基层基础的作用更大。

一是培养社区精神。社区精神一般是指社区居民在一定时期内表现出来占据主导性的总体风貌和集体意识，是社区居民高度认同的共同价值理念。社区文化建设的实质与核心就是培养社区精神。具体来说，社区文化倡导健康向上的世界观、人生观和价值观，引导居民群众自觉追求真、善、美，抵制假、恶、丑，有利于提升人们的精神境界；社区文化作为群众性的公共活动，为居民搭建了相互了解和相互沟通的平台，有利于增进居民之间的感情，创造和谐、友善的良好人际关系；社区通过组织不同形式的演出活动，尤其是组织居民代表本社区外出比赛或演出，有利于增强社区成员对本社区强烈的认同感和归属感；社区文化活跃、生动，贴近群众，有利于居民缓解压力、调剂生活，满足自身的精神需求和情感需要。

二是提升社区综合竞争力。社区综合竞争力是一种新的发展理念，强调社区经济、文化、社会、自然等发展要素均衡、持续、协调的发展。社区文化作为社区的软实力，不仅能够为提升社区综合实力提供精神动力，还可以提供智力支持。经济学家舒尔茨认为，在当代经济发展中，“人力资本”比“物质资本”发挥的作用更为重要，而社区文化能够有力地推动社区居民综合素质的提高。社区文化在提高居民综合素质方面的主要作用在于提供社会性的自我教育。社区根据不同服务对象的特点，开展形式多样且具有针对性的文化活动，例如，开设书法、舞蹈、太极等兴趣小组，可以使居民的精神得到慰藉；组织烹调、缝纫、机修等培训班，可以使居民学到各种技能；开展医疗、卫生保健等知识的宣传讲座，可以增强居民的健康意识，提高他们的身体素质。

三是营造良好的生活环境。良好社区生活环境的营造，除了要依靠强有力的法律制度保障外，发挥社区文化维护社区和谐稳定的重要作用也是必不可少的。社区文化是建立和谐社区关系的精神纽带，能够孕育社区居民对本社区的认同感、归属感和责任感，不仅有利于增进居民之间的相互了解、相互沟通，还有利于减少邻里摩擦和社区犯罪，形成社区成员之间互帮互助、团结友爱的生活氛围，构筑环境优美、秩序文明的生活环境。因此，社区文化作为影响社区生活环境的一项因素，其作用是独特的、无可替代的。

二 月坛街道立足群众需求，“五化并进”打造地区文化品牌

（一）项目化运作：挖掘地区历史文化，结合时代新要求，形成一街一品的特色文化

一是以月坛公园“夕月坛”为阵地，利用中秋“颂月祭月”文化传统，从2010年开始在月坛公园举办中秋游园系列活动，通过“邀月抒怀”书画笔会、“月色怡人”文艺演出暨中秋赏月茶话会、“国泰民安”民间祈福、“夕月盛典”祭月演礼、“缘定终生”民间拜“月老”、赞月颂月诗会、戏剧歌舞表演等形式，让古老的祭月传统文化，演变成全民参与、雅俗共赏、引领风尚、切合时代的大众文化活动。

为营造氛围，2009年街道梳理出“月文化的脉络”、“唐诗与月文化”、“宋词与月文化”、“艺术与月文化”等四节讲座，在街道范围内广泛传播。同年中秋节前，《月坛便民手册》和“数字便民卡”发布仪式在月坛公园东门内举行。2010年9月，市、区、街共同举办了首届“月圆·团圆”游园赏月活动；2011年9月，市、区、街举办了第二届“月圆中秋夜”中秋祭月赏月活动；2012年中秋赏月活动继续由市、区、街联合举办，月坛街道在月华池举办“喜迎十八大，月坛颂月度中秋”暨月坛街道第一届中秋诗会，形成了月坛街道自己的文化名片。2013年9月，街道在参与组织中秋游园活动的同时，在月华池举办“月圆中国梦，颂月度中秋”第二届中秋

诗词颂月晚会，进一步巩固了品牌和阵地；2014 年 9 月 8 日中秋佳节，街道与市区共同承办“月圆中秋浓情西城”中秋游园赏月系列活动，继续在月华池举办“核心价值引领风尚　月圆中秋浓情月坛”第三届中秋诗会，保持了街道文化品牌项目。

二是利用中国北方道教的中心——北京白云观这个国家重点文物保护单位阵地，以太极文化为引领，全面展示全球体育锻炼人数最多的健身文化活动。2012 年 6 月 6 日，在牌楼前小广场，举办月坛街道第一届“白云杯”太极拳邀请赛，西城区 15 个街道 18 支太极拳队参加；2013 年 6 月 21 日，在山门前广场，举办了月坛街道第二届“白云杯”太极拳（剑）市区邀请赛，西城区 15 个街道的 15 支太极拳队和东城、海淀、朝阳、丰台四个区的 4 支代表队参加；2014 年 5 月 30 日，月坛街道联合中央人民广播电台老年之声栏目组和西城博大公益社会组织，在山门前广场共同举办月坛街道第三届“白云杯”太极拳（扇）市区邀请赛，东城、西城、朝阳、海淀、丰台、通州、昌平、房山 8 个区县和西城区 15 个街道共 30 支太极拳代表队参赛。2015 年这项赛事扩大到全国部分省市太极拳队参加。

为了增加比赛的看点和提高社区居民对太极文化的认识，月坛街道先后邀请了清虚派王明山道长，武当张三丰派熊占山、覃瑶政道长，崆峒派第十一代掌门人白义海先生、武当玄武派第十六代传人清风子先生的高徒、陈氏太极拳第十一代嫡宗传人高成林先生和邓小霞女士、青城派掌门弟子丁朝霞女士，以及杨式太极拳第六代传人罗子真女士，演示了正宗的太极拳（剑、扇），让参赛队员和太极拳爱好者观赏到太极高手功夫。

（二）规范化管理：梳理社区院落文化，开展社区自治，形成具有小区居民职业特点的一居一特的特色文化

从 2011 年开始，月坛街道挖掘和梳理社区文化，根据小区居民职业特点，梳理出部队大院文化、社区楼门文化、部委廉政文化以及铁路大院文化、汽车大院文化、广电大院文化、回民大院文化等，帮助社区设计了有社区文化内涵的标识（logo）和共同愿景；建成广一社区真武家园科普健身院

落文化、三里河社区民族团结回民文化，铁三社区铁路文化和楼门文化正在建设中；一区社区廉政文化和汽北社区养老文化正在按照统一社区门牌和名称、设计社区标识和印章、建立光荣称号墙、规范多部门宣传栏、建设一处文化雕塑墙等模式设计打造。月坛街道还按照“改造老社区、规划新社区、利用成型社区”的要求，力争经过多年的持续建设，改善了社区门口无名号、社区院内杂乱、社区无特色等现状。

同时，通过开展休闲娱乐文化、民俗文化、建设胡同（楼门）文化等活动，开办“社区邻里节”“社区跳蚤市场”“社区千家宴”等形式，激发社会力量参与社区文化建设，扩大多元参与，推进文化资源共建共享。

（三）立体化推动：聚集地区文化优势，实现全方位合作，立体式开展群众性文化活动

通过地区运动会、篮球、门球、扑克牌、乒乓球等比赛，以及夏日文化广场、中小学幼儿园文艺和地区单位文艺汇演等文体活动，拉近驻区单位与街道办事处的距离，促进了地区单位之间的融合和交流，实现了驻区单位的共驻共建。截止到2014年底，街道共举办了5届由26个社区优秀团队参加的由歌舞、合唱、太极等项目构成的“社区文体擂台赛”；3届由12所中小学、3所幼儿园参加的“地区中小学幼儿园文艺汇演”；6届由26个社区居民广泛参加的“社区夏日文化广场”；8届由驻区23个部委、10多家市属单位参加的“地区单位文艺汇演”；3届市、区、街30个太极拳队参加的“月坛街道‘白云杯’太极拳邀请赛”；4届每年5000多人次参与的月坛公园“中秋游园及演出”活动。另外，还创作7类文艺节目（琴书《月老的传说》、舞蹈《千里寄相思》、快板《月坛街巷故事》、诗词《月坛小孩》、二人小调《逛月坛》、单弦《文化养老》、相声《赞社工》）；编辑8种文化读物［《四型月坛手册》、《月坛街道社区志》、《月坛街巷故事》、《穿越幸福时差》（3册）、《月坛文化画册春华秋实》（5册）、《月文化特色教材》（一套5本）、《可持续发展五年回顾》、《金辉故事》］等文化作品，用于歌颂党和祖国、歌唱月坛典型模范、弘扬社会主义核心价值观。

（四）社会化参与：指导社会组织建设，培育各类兴趣班，实现文化活动全民参与

探索与研究月坛街道和谐社区建设中的文化养老，通过组织培训、专题研讨、举办文化养老论坛，以及举办摄影、手工艺、声乐、舞蹈、太极、棋类、模特、书画等多项小教员培训班等形式，动员更多的居民参加1~2项文化活动兴趣组。据不完全统计，到2013年底，街道和社区各类备案和注册社会组织共有251家，参与人数7162人。利用社区公益金扶持社区各类文化团队，现在各社区有太极拳队、合唱队、舞蹈队、模特队、柔力球队、京剧队、民乐队、书画压花班、摄影班、社区诗社等10多支社区骨干文化团队，坚持常年活动。街道每年组织社区文体擂台赛、夏日文化广场等活动，为社区各类文化团队搭台子；培育7支精品团队，创编新节目、参加各级比赛，走出月坛街道进行展示交流，每年都能夺得40多项区级以上的奖牌奖杯，不仅提升了社区文化的水平，而且扩大了月坛文化团队的知名度。

（五）专业化发展：发挥专业型社会组织作用，通过承接政府项目，实现团队自我成长进步

采取“政府主导、社团运作、全民参与”方式，利用专业类团队和社区社会组织承接项目，减轻政府负担、培育社区社会组织，走出了政府完成项目不专业、社会组织无事做的瓶颈。街道利用专业的文化公司，编制7部宣传片，即《和谐人文新月坛》、《争做文明有礼的月坛人》、《金辉老人故事》、《红丝带》、《防灾减灾科普知识》、《月坛街道“白云杯”太极拳邀请赛》和《月坛中秋赏月颂月》等，很好展示了街道文化建设成果。近几年，街道部分社会组织在政府资金扶持下，从草根型逐渐成长为专业型，在承担街道大量的文化活动中，不仅锻炼和提高了自己，而且基本上摆脱了依靠政府发放劳务生存的状态，形成了靠自身优势争取政府项目经费和参加公益性演出获取奖金养活自己的良好态势。如月坛街道银帆艺术团承办3届“社

区文体擂台赛”、月坛社区教育协会承办3届“地区中小学幼儿园文艺汇演”和2届的月坛—首博“社区文博学苑”、月坛文联连续4年承担社区文体小教员培训、月坛建设协会和老年协会承办6届“地区单位文艺汇演”、铁三社区乒乓球协会承办3届“街道社区‘和谐杯’乒乓球比赛”、月坛老年协会连续4年承办月坛“金辉老人”评选表彰等。除了专业团队承接比赛外，优秀团队的传帮带也发挥了重要的作用。例如，月坛月之上合唱团下社区教练合唱、银帆艺术团到社区教练老年模特、金韵艺术团到社区教练舞蹈、星月艺术团到社区教练健美体操等。

三　关于加强社区文化建设的几点启示

月坛街道社区文化建设地区特色鲜明，其品牌化建设、立体化推动、社会化参与和专业化发展的探索，对于特大城市基层文化建设具有多方面的启示。

（一）社区文化建设需要党建引领

社区党建文化作为社区文化建设的重要组成部分，既关系到社区文化建设的总体进程，也在一定程度上影响着社区的稳定与繁荣，是社区文化健康发展的重要保障。伴随着社会发展的现代化和经济发展的全球化，社会上各种思潮不断出现，人们的价值观念也日益多元化，其中有一些不利于个人身心健康与社会发展稳定的社会思潮也沉渣泛起。这对社区文化建设的方向提出了巨大考验。2012年，党的十八大报告明确提出，要“倡导富强、民主、文明、和谐，倡导自由、平等、公正、法治，倡导爱国、敬业、诚信、友善，积极培育社会主义核心价值观。”因此，在社区文化建设过程中，必须以党建文化引领其他各种文化，充分将社会主义核心价值观的内容渗透进具有实践性的社区文化活动中去，通过开展内容丰富、形式多样、喜闻乐见的大众文化活动，推动严肃、深奥的价值理论内化于心、外化于行，从而形成文明和谐、乐观向上的健康社区文化环境。

（二）文化的本土化是最有内涵的

社区文化建设不能盲目效仿其他社区，而是应该从社区固有的文化资源和社会基础入手，发展本社区赖以生存的个性化的文化。社区的历史文化是社区的宝贵资源，也是令社区成员引以为傲的优势与特色。通过积极挖掘社区的历史传统，将富有特色的传统文化资源融入社区文化建设的活动中，形成既有历史文化底蕴，又有时代精神的文化品牌，使其成为提升社区品位、凝聚社区精神、促进社区认同的载体，不仅更容易调动居民参与社区文化建设的热情和积极性，还能够传承与弘扬我国优秀的传统文化，实现党的十八大提出的“建设优秀传统文化传承体系”的伟大任务。

（三）要具备促成“熟人社区”的基因

改革开放以来，伴随着市场经济的发展和城市化的不断推进，我国的社会关系和生产结构发生了翻天覆地的变化，无论是城市还是乡村，人们的日常生活逐渐从“熟人社会”向“生人社会”或“半熟人社会”转变。尤其是在城市社区，邻里互助、邻里互信的睦邻文化更是严重萎缩，有的甚至是荡然无存，居民各自“躲进小楼成一统”，对门邻居相见不相识成为常态。但是，宜居的生活环境，不仅仅是物质条件的提升，更是“远亲不如近邻”的温暖。因此，社区文化建设应该打造培养守望相助、疾病相扶的睦邻文化，营造“以德为邻、以邻为伴、与邻为善”的社区氛围，推动社区成员之间的交往，解决社区人际关系疏离的问题。

（四）社区文化建设要契合多元文化需求

面对当前多样化的群众精神文化需求和多元化的文化形态，社区文化建设的内容和方式也要日益丰富。在举办社区文化活动时，要在内容和形式上不断进行摸索和创新。在活动内容上，要坚持以人为本，兼顾艺术文化、收藏文化、民俗文化、健康文化、体育文化等，为居民提供多层次、多样化的精神文化服务；在活动形式上，要探索文化艺术讲座、培训、比赛、健身、展览、游艺，以及茶话会、读书会、联欢会、文艺晚会、社区文化艺术节等多种方式。

（五）社区文化要构建多方参与建设机制

“多元共治”是治理实践的新要求。在社区文化建设的过程中，也要注重构建职责明确、合作共赢的建设机制，引导政府、社会、企业、公民共同参与社区文化建设，建立共建共享的资源整合机制。社区文化所需要的社会资源可以概括为人、财、物三个方面。在人力方面，主要是要整合专业人员、专家学者、文艺骨干、社区志愿者等；在财力方面，要通过多种渠道筹集资金，除了政府给予必要的财力支持外，还要鼓励社会赞助，形成多元化的“投资主体”；在物力方面，要充分利用辖区内机关、学校、企业、家庭的文化资源，弥补政府财政投入的不足，避免重复建设和资源浪费。有条件的还可以开展社区之间的合作，实现资源的合理配置和利用。

参考文献

月坛街道办事处：《构建社区精神家园　打造社区文化品牌》2014 年 10 年 9 日。

刘庆龙、冯杰：《论社区文化及其在社区建设中的作用》，《清华大学学报》（哲学社会科学版）2002 年第 5 期。

何斌：《关于社区文化建设的思考》，《人民论坛》2011 年第 14 期。

黄家亮：《社区文化建设与社会生活共同体构建》，《中国文化报》2010 年 7 月 23 日。

杜染：《社区文化建设重在多元化社会化》，《北京日报》2007 年 9 月 18 日。

B.18

月坛街道关于非公企业党建的探索与实践

摘　要：　非公有制企业是坚持和发展社会主义市场经济的重要力量。党的十八大以及十八届三中全会都对做好非公有制企业工作做出强调，要“支持非公有制经济健康发展”“毫不动摇鼓励、支持、引导非公有制经济发展，激发非公有制经济活力和创造力。”加强和改进非公企业党建工作，发挥好非公企业党组织的实质性作用，是扩大党的群众基础、促进社会安定和谐的必然要求。本文通过对月坛街道非公有制企业党建工作开展情况梳理分析，基本摸清了非公党组织在发挥作用方面的途径和存在的主要问题，并就如何建立非公有制企业党组织发挥作用的工作机制进行了探索和思考。

关键词：　非公党建　党建工程　“两新”组织

非公有制企业党建是党在非公企业内部工作和保持战斗力的基础。月坛街道辖区内共有“两新”经济组织3040家，从业人数45000余人。其中规模以上非公有制经济组织40家，党员528名，已建党组织的有40家；规模以下非公经济组织建立党组织的有10家，党员78名。在非公企业大量涌现、蓬勃发展的新形势下，月坛街道把如何提升非公有制企业党建工作的层次和水平，促使非公有制企业党组织充分发挥推动发展、服务群众、凝聚人心、促进和谐的作用，作为一项迫切需要研究解决的重大课题，不断探索和完善非公有制企业党组织发挥作用的工作机制，扩大党的组织覆盖和工作覆盖，推进非公企业党建工作健康有序发展。

一 非公企业党建工作面临“三难”困境

非公企业是党建工作的新领域。月坛街道非公有制企业党的建设在探索中前进、在创新中加强，在企业生产经营、企业形象提升、员工能力素质提高等方面都发挥了一定的作用。如作为党建工作试点的七彩云南党支部是一个规模以上的非公企业，党建基础好、经济状况好，又是党政交叉兼职，党建工作开展情况良好、各项机制落实比较好，党建工作对企业发展有一定推动作用。不过，从总体上看，非公企业党建工作还存在一些突出的难题，尤其是辖区内的一些小型企业，包括改制后的一些企业，虽然保存了党的组织，但党组织和党员活动开展难度比较大。这些问题具体表现在以下几个方面。

一是缺乏工作职权，开展党建工作难度大。非公企业党组织有工作要求，没有工作职权，开展工作受企业行政负责人的影响和制约很大。党组织活动在一定程度上依赖于非公业主的支持，并受各种因素的影响，虽然有目标化要求，但在实践过程中难度比较大。

二是人力资源不足，提升党建工作质量难度大。非公企业的用人制度高度灵活、开放，工作人员流动性大，党员人数较少，党员流动成为常态，综合素质较高的党务干部更是缺乏，这就给党建工作的开展增添了难度。

三是思想认识不够充分，党建工作推动难度大。非公企业党建工作能够推进，取决于两个重要条件，一方面是非公企业主认可，另一方面是党员认同。目前，有些非公企业主存在不愿意在企业中建立党组织的倾向，存在开展党建工作就是给自己脖子上套上绳索的认识误区，没有真正认识到党建工作对企业生产经营所具有的推动作用。同时，一些党员也不同程度地存在政治观念淡薄、政治热情较低、对党建工作不重视等问题。当然，也有一些企业在开展党建工作时，没有找准切入点，使得一些非公企业的党建工作游离在生产经营之外，党建工作脱离了生产经营，难以发挥推动企业发展的作用。

二　月坛街道非公党建“五制”破“三难”

面对存在的“三难”问题，月坛街道非公党建围绕着用发展抓党建，再用党建促进发展的思路，创新五个工作机制，推动非公党建工作从“建党”到“党建”的转变，实现了企业发展和党建工作的互促共赢。

（一）发挥协作机制的作用，建好整体环境

一是发挥好区域化大党建的协作机制的作用。月坛街道协调辖区内各级各类相关职能部门的工作力量，以推进党的建设与社会同步联动为抓手，通过整合区域化党建的组织领导力量，组建起由组织、共青团、工会、妇联和税务、工商等相关职能部门共同参与的党建联席会，形成了“党建工作部门与经济工作部门互相配合、齐力推进”的良好局面。

二是发挥好“支部书记一肩挑”选派机制的作用。组建非公企业党组织，选好配强党支部书记至关重要，实践证明，由能参与企业决策管理的人员来担任党支部书记的非公党组织发挥的作用更加高效。月坛街道高度重视非公党组织党支部书记的选派工作，选派的党支部书记基本上都是企业的负责人，在街道工委资管的20个非公企业当中，党支部书记是业主或者法人的有9家单位，占到总数的45%。

三是发挥好党建工作指导员派遣机制的作用。企业党员流动性比较大，管理困难，非公企业党建工作指导员与企业联系非常密切，对非公党组织党建工作开展的作用巨大，其工作干得好不好，直接影响非公党组织党建工作的效果。如何派遣好指导员，让指导员在企业中更好地发挥作用意义重大，月坛街道采取了“指导员去熟悉的企业，企业选择认可的指导员”的方式，极大地提高了党建指导工作的有效性和针对性。同时，月坛街道针对不同的企业将指导员进行了分类，由街道社会工作党委办公室负责规模以上非公企业的党建指导工作，其他社区辖区内的企业由社区党建工作指导员负责指导。

四是发挥好“党群工作一体化”工作机制的作用。月坛街道工委非常重视对辖区企业文化的引导工作，充分发挥党支部的引领作用，按照团建铺路、工建搭桥、党建通车的思路，实现“党群工作一体化”。支持工会按照章程开展工作，指导工会开展生产竞赛和文化体育活动，利用传统节日和员工生日等机会，加强员工之间的交流、学习，增进员工之间的感情，激发员工的工作热情。针对青年人的特点和实际需求，在团员青年中开展读书演讲、志愿服务、争先创优等活动，努力搭建青年员工学习、提高、展示的平台，使党的影响力更广，使党组织的工作更加深入人心。七彩云南党支部以“同心协力，共谋发展”为主题，带动全体党员、员工，凝聚智慧与力量，共同服务于企业生产经营大局，促进企业经济效益与社会效益的双丰收，推动企业健康发展。光发酒店党支部坚持员工工间操、员工谈话制度，激发了员工对企业的认同感。

（二）发挥管理机制的作用，管好党员队伍

一是加强党员队伍建设，从外引、内培上下功夫，不断壮大非公有制企业党的力量。北京光发酒店党建曾经是非公党建的一面旗帜，2009 年“北京市新经济新社会组织党建专刊”第 4 期转发了北京光发酒店党建工作纪实。但随着人员的流动，企业党员人数逐渐减少，为加强企业党建工作的力度，光发酒店老董事长张光美专门把组织关系从宜昌公司总部转到北京，增强党组织的领导力量，推动企业党建工作的发展。七彩云南、顺峰金阁酒店等企业，在员工招聘时向党员倾斜，壮大了非公企业的党员队伍。同时加大发展党员工作力度，工委在非公企业中坚持“三个倾向于”工作方针，即倾向于在非公企业领导管理层中发展党员；倾向于从非公企业一线技术骨干中发展党员；倾向于从非公企业高级知识分子中发展党员。2011 年，共发展新党员 6 人，预备党员转正 3 人，培养发展对象 4 人，8 名积极分子参加了街道举办的脱产培训。确保每年培养一批入党积极分子，培养发展一定数量的培养对象，是改变非公有制企业党建力量薄弱状况的有效途径。

二是全面实施党内关爱工程。通过建立群众评议党员、党员评议支部、

党员生日祝福等制度，着力构建党内关爱机制，切实维护党员的各项民主权利，进一步激发党员发挥先锋模范作用的积极性和主动性，以党组织的关爱来激发非公企业党员的责任感和荣誉感。通过一帮一、多帮一和集体帮等形式，在思想上、工作上、生活上对困难员工进行长期、细致、有针对性的帮扶。七彩云南党支部的“书记信箱”、光发酒店党支部的员工日记，成为企业决策者倾听群众呼声，加强员工沟通的渠道。七彩云南党支部还牵头成立员工救助会，尽心竭力为员工解决生活难题，成为员工遇到困难时的主心骨，有效增强了党组织在全体员工中的凝聚力与亲和力。

（三）发挥服务机制的作用，用好党组织

一是开展岗位建功活动。广泛设立党员示范岗、党员责任区、技术攻关小组，在企业生产经营中做到“关键岗位有党员，危难时刻有党员，技术攻关有党员”。七彩云南党支部党员陶云川是公司采供部经理，他将科学发展理念与实际工作有机结合，减少采购成本、精简采购流程，为公司节约了人力、物力和财力；东方宫党支部在公司内开展“和谐东方”主题活动，公司的党员、积极分子努力工作，发挥以一当十、以一带十的作用，为企业的发展做出了突出的贡献。

二是开展技能培训活动。定期对广大员工进行劳动技术、法律法规、市场经济知识等培训，是企业党组织的一项重要工作职责。工委在对企业的指导中，将党员发展与人才培养结合，确定了“把骨干培养成党员，把党员培养成骨干”的基本导向。通过开展岗位练兵、技能比武、提合理化建议等措施，抓人才、抓素质、抓管理、抓质量使党组织作用得到有效发挥，有力推动了企业的健康快速发展。2010 年，七彩云南党支部 10 余名积极分子通过“公开竞聘”走上管理岗位。同时，支部将党员教育与技能培训结合起来，打破组织关系所在地以及党内、党外的界限，确定了“小型、灵活、多样”的学习方式，成立积极分子研讨班、文化研讨小组、骨干小组，组织技能竞赛，激发党员、员工自主学习的热情。在第六届中国国际茶业博览会上，茶庄员工刘晓玲等 4 人，包揽两项茶艺表演特金奖。

三是开展系列文化活动。通过开展寓教于乐、健康向上的文娱体育活动，培养员工爱企如家的意识和积极向上的精神，切实转变员工的思想观念，提升企业在员工心目中的地位，增强企业发展的驱动力和凝聚力。光发酒店党支部着力加强党组织活动载体建设，每月组织一项主题活动，先后开展了员工跳绳比赛、迎新春联欢会、“才艺大比拼”、餐饮部早会观摩等活动，积极参与社区党员志愿者活动；利用总部《沙龙宴通讯》这一平台，通过和总部党支部及其他旗舰店党组织的沟通互动，培养员工树立正确的人生观、世界观、价值观；建立起《职工周记》制度，通过周记了解掌握员工的工作、生活、思想状况，为党员职工成长发展创造了良好的环境。实践证明，党的活动只有融入企业经营管理的各个环节，贯穿到党员和职工的工作、学习、生活当中，才能使党组织“活”起来、“动”起来，使党组织真正成为企业生产管理的黏合剂。

（四）发挥保障机制的作用，增强党建活力

加强非公企业党组织阵地建设，力争使每个企业党组织实现“五个有”目标，即有党组织牌子、有党员活动场所、有党建工作宣传栏、有党建工作指导员、有一笔启动经费，为党组织发挥作用创造条件。工委每年按照支部1000元、党员100元的标准及时下拨活动经费，成立党员服务中心、流动党员服务中心，社区成立党员服务站，为非公企业党员提供活动的场地；积极探索企业党务工作者的工作补贴办法，从2009年开始，工委为非公企业党支部书记发放每月50元的工作补贴，协调在非公企业建立一室多用的党建活动室，为党建工作的开展提供场地。七彩云南党支部建立党支部生活园地，入党誓词、组织设置、党员的权利和义务、党员名单、党费收缴情况和有关工作活动制度等全部上墙。2011年，街道建立党建网络服务平台，为广大党员和支部提供网上学习、交流，通过实体和虚拟的平台，扩大党组织的覆盖面。

（五）发挥考评机制的作用，实现健康有序发展

一是建立科学完善的考评体系。建立常规考核的长效机制，在内容设置

上，包括基础工作、重点工作、特色工作三个部分。基础工作即政策性、原则性、制度性的要求，比如三会一课制度是否坚持等，属于相对固定的内容；重点工作依据年度而变化，比如学习实践科学发展观、创先争优、建党90周年，是依据大环境、大形势来确定的；特色工作即党组织充分挖掘自身特色，在某一个方面做出突出成效，比如七彩云南支部在社会公益事业方面的努力等。

二是突出考评的导向作用，推动党建工作开展。考评的目的不在于考评，而是通过考评细则的设置，使基层党组织明确上级党组织的要求、明确自身的职责，看到优点、看到差距、看到努力的方向。目前，非公企业党建工作才刚刚开始，还面临种种困难。因此，在考评中，将党组织作用的发挥放在突出重要的位置，引导党组织充分发挥战斗堡垒作用，为企业发展建言献策，切实维护职工权益，建立党组织的威信，增强党组织的凝聚力与战斗力，为党的工作的开展奠定良好基础。

三是实现考评与表彰联合联动，提高非公企业党建工作的科学化水平。考评是对党组织、党员履职情况的考评，是基于日常工作一点一滴的积累。将党组织和党员的考评结果作为表彰奖励的依据，实质就是为表彰奖励提供量化指标参考。这就在很大程度上激发了党组织和党员的积极性与创造性，促使他们在日常工作中开拓创新、形成强大合力，推动非公企业党建工作的科学化发展。

三　推动非公党建发展需进一步完善工作机制

月坛街道非公有制企业党建工作取得了一定的成绩，但总体看来，还处于一个边实践、边探索的阶段，在对非公企业党组织发挥作用机制的探索过程中，上级党组织的支持、企业主的理解和配合以及企业良好的发展状态是党组织有效持久发挥作用不可或缺的因素。做好非公党建工作还需要进一步深化四个方面的内容。

（一）进一步深化领导干部联系点制度

街道工委是辖区非公企业党建工作的组织领导者和具体责任者，必须要进一步明确党建工作责任制，深化街道领导干部“一对一”联系点制度，利用所分管科室的资源优势，指导和督促企业抓好党建工作，从而加强工委抓党建工作的力量；要建立非公企业党建的相关工作制度，如企业党组织书记例会制度和“业主联谊会”制度，形成定期研究非公企业党建工作制度的机制，积极探索区域性党建工作的新路径，依托行业协会等组织，进一步加强对党建工作的领导和指导。

（二）进一步深化党建意识的导向机制

加强对企业业主的引导，让企业党组织书记充分认识到上级部门对非公有制企业党建工作的重视程度，自觉地把实践党的基本路线、促进企业发展作为企业党建工作的立足点，紧紧围绕企业生产经营这个中心开展党建工作，以党建工作凝聚企业发展核心力量。强化党员的角色意识和先锋意识，在职务提拔、培训等方面，向党员倾斜，提高党员的荣誉感；积极主动地关心职工的工作生活，帮助职工解决实际困难；积极开展企业文化建设活动，提高广大员工的思想素质和岗位技能，增强他们对党建工作的认同度。

（三）进一步深化企业党员的主体意识

党的工人阶级先锋队性质和党员的主体地位，决定了必须在增强非公企业党员的主体意识上下功夫。党组织是由一个个党员组成的，党员队伍的状况直接影响着党组织作用的发挥。要认真贯彻落实党的十八大，十八届三中全会、四中全会的精神，坚持全面从严治党的发展战略，对非公企业党员在能力上培养、生活上关心、权利上保障、利益上维护，提升党员的主体意识，增强其对党组织的认同感和归属感，使非公企业党员始终把发挥主体作用作为自身的一种神圣职责和自觉行动，进而不断增强党组织在非公企业中的影响力。

（四）进一步深化分类指导的推动机制

对行业相近的非公有制企业，依托行业协会建立党组织，纳入统一管理。加大同行业协会组建党组织力度，对生产经营场所相对集中、业内企业联系密切的产业，将其会员企业党支部统一归协会党组织直接管理。建立会员企业党组织联动互助机制，向会员企业开放，实现资源共享。对小型、分散的非公有制企业，通过建立与社区党组织的联动机制，推进非公有制企业党建工作。

参考文献

刘成孝：《加强非公企业党建　提升服务企业能力》，《共产党人》2014 年第 9 期。

戴红梅：《砀山县多措并举扎实推进非公企业党建工作》，安徽先锋网，2010 年 5 月 26 日。

郝青、康建民：《扎实推进非公企业党建工作》，《实践：党的教育版》2014 年第 8 期。

方志敏：《多措并举推进非公企业党建工作》，婺城新闻网，2011 年 8 月 15 日。

包建国：《非公企业党建工作要注重实效》，《青岛日报》2011 年 12 月 10 日。

中共喀左县委组织部：《喀左县多措并举扎实推进非公企业党建工作》，中华先锋网，2012 年 3 月 31 日。

皮书起源

“皮书”起源于十七、十八世纪的英国，主要指官方或社会组织正式发表的重要文件或报告，多以“白皮书”命名。在中国，“皮书”这一概念被社会广泛接受，并被成功运作、发展成为一种全新的出版形态，则源于中国社会科学院社会科学文献出版社。

皮书定义

皮书是对中国与世界发展状况和热点问题进行年度监测，以专业的角度、专家的视野和实证研究方法，针对某一领域或区域现状与发展态势展开分析和预测，具备原创性、实证性、专业性、连续性、前沿性、时效性等特点的公开出版物，由一系列权威研究报告组成。

皮书作者

皮书系列的作者以中国社会科学院、著名高校、地方社会科学院的研究人员为主，多为国内一流研究机构的权威专家学者，他们的看法和观点代表了学界对中国与世界的现实和未来最高水平的解读与分析。

皮书荣誉

皮书系列已成为社会科学文献出版社的著名图书品牌和中国社会科学院的知名学术品牌。2011 年，皮书系列正式列入“十二五”国家重点出版规划项目；2012~2015 年，重点皮书列入中国社会科学院承担的国家哲学社会科学创新工程项目；2016 年，46 种院外皮书使用“中国社会科学院创新工程学术出版项目”标识。

中国皮书网

www.pishu.cn

发布皮书研创资讯，传播皮书精彩内容
引领皮书出版潮流，打造皮书服务平台

栏目设置：

- ☐ 资讯：皮书动态、皮书观点、皮书数据、皮书报道、皮书发布、电子期刊
- ☐ 标准：皮书评价、皮书研究、皮书规范
- ☐ 服务：最新皮书、皮书书目、重点推荐、在线购书
- ☐ 链接：皮书数据库、皮书博客、皮书微博、在线书城
- ☐ 搜索：资讯、图书、研究动态、皮书专家、研创团队

中国皮书网依托皮书系列“权威、前沿、原创”的优质内容资源，通过文字、图片、音频、视频等多种元素，在皮书研创者、使用者之间搭建了一个成果展示、资源共享的互动平台。

自 2005 年 12 月正式上线以来，中国皮书网的 IP 访问量、PV 浏览量与日俱增，受到海内外研究者、公务人员、商务人士以及专业读者的广泛关注。

2008 年、2011 年中国皮书网均在全国新闻出版业网站荣誉评选中获得“最具商业价值网站”称号；2012 年，获得“出版业网站百强”称号。

2014 年，中国皮书网与皮书数据库实现资源共享，端口合一，将提供更丰富的内容，更全面的服务。

法律声明

“皮书系列”（含蓝皮书、绿皮书、黄皮书）之品牌由社会科学文献出版社最早使用并持续至今，现已被中国图书市场所熟知。“皮书系列”的LOGO（ ）与“经济蓝皮书”“社会蓝皮书”均已在中华人民共和国国家工商行政管理总局商标局登记注册。“皮书系列”图书的注册商标专用权及封面设计、版式设计的著作权均为社会科学文献出版社所有。未经社会科学文献出版社书面授权许可，任何使用与“皮书系列”图书注册商标、封面设计、版式设计相同或者近似的文字、图形或其组合的行为均系侵权行为。

经作者授权，本书的专有出版权及信息网络传播权为社会科学文献出版社享有。未经社会科学文献出版社书面授权许可，任何就本书内容的复制、发行或以数字形式进行网络传播的行为均系侵权行为。

社会科学文献出版社将通过法律途径追究上述侵权行为的法律责任，维护自身合法权益。

欢迎社会各界人士对侵犯社会科学文献出版社上述权利的侵权行为进行举报。电话：010－59367121，电子邮箱：fawubu@ssap.cn。

社会科学文献出版社

权威报告·热点资讯·特色资源

皮书数据库

ANNUAL REPORT(YEARBOOK) DATABASE

当代中国与世界发展高端智库平台

皮书俱乐部会员服务指南

1. 谁能成为皮书俱乐部成员？

- 皮书作者自动成为俱乐部会员
- 购买了皮书产品（纸质书/电子书）的个人用户

2. 会员可以享受的增值服务

- 免费获赠皮书数据库100元充值卡
- 加入皮书俱乐部，免费获赠该纸质图书的电子书
- 免费定期获赠皮书电子期刊
- 优先参与各类皮书学术活动
- 优先享受皮书产品的最新优惠

3. 如何享受增值服务？

（1）免费获赠100元皮书数据库体验卡

第1步 刮开附赠充值的涂层（右下）；

第2步 登录皮书数据库网站（www.pishu.com.cn），注册账号；

第3步 登录并进入“会员中心”—“在线充值”—“充值卡充值”，充值成功后即可使用。

（2）加入皮书俱乐部，凭数据库体验卡获赠该书的电子书

第1步 登录社会科学文献出版社官网（www.ssap.com.cn），注册账号；

第2步 登录并进入“会员中心”—“皮书俱乐部”，提交加入皮书俱乐部申请；

第3步 审核通过后，再次进入皮书俱乐部，填写页面所需图书、体验卡信息即可自动兑换相应电子书。

4. 声明

解释权归社会科学文献出版社所有

WWW.PISHU.COM.CN

皮书俱乐部会员可享受社会科学文献出版社其他相关免费增值服务，有任何疑问，均可与我们联系。

图书销售热线：010-59367070/7028
图书服务QQ：800045692
图书服务邮箱：duzhe@ssap.cn

数据库服务热线：400-008-6695
数据库服务QQ：2475522410
数据库服务邮箱：database@ssap.cn

欢迎登录社会科学文献出版社官网（www.ssap.com.cn）和中国皮书网（www.pishu.cn）了解更多信息

社会科学文献出版社 SOCIAL SCIENCES ACADEMIC PRESS (CHINA) 皮书系列

卡号：084783370889

密码：

S 子库介绍
Sub-Database Introduction

中国经济发展数据库

涵盖宏观经济、农业经济、工业经济、产业经济、财政金融、交通旅游、商业贸易、劳动经济、企业经济、房地产经济、城市经济、区域经济等领域，为用户实时了解经济运行态势、把握经济发展规律、洞察经济形势、做出经济决策提供参考和依据。

中国社会发展数据库

全面整合国内外有关中国社会发展的统计数据、深度分析报告、专家解读和热点资讯构建而成的专业学术数据库。涉及宗教、社会、人口、政治、外交、法律、文化、教育、体育、文学艺术、医药卫生、资源环境等多个领域。

中国行业发展数据库

以中国国民经济行业分类为依据，跟踪分析国民经济各行业市场运行状况和政策导向，提供行业发展最前沿的资讯，为用户投资、从业及各种经济决策提供理论基础和实践指导。内容涵盖农业，能源与矿产业，交通运输业，制造业，金融业，房地产业，租赁和商务服务业，科学研究，环境和公共设施管理，居民服务业，教育，卫生和社会保障，文化、体育和娱乐业等 100 余个行业。

中国区域发展数据库

以特定区域内的经济、社会、文化、法治、资源环境等领域的现状与发展情况进行分析和预测。涵盖中部、西部、东北、西北等地区，长三角、珠三角、黄三角、京津冀、环渤海、合肥经济圈、长株潭城市群、关中—天水经济区、海峡经济区等区域经济体和城市圈，北京、上海、浙江、河南、陕西等 34 个省份及中国台湾地区。

中国文化传媒数据库

包括文化事业、文化产业、宗教、群众文化、图书馆事业、博物馆事业、档案事业、语言文字、文学、历史地理、新闻传播、广播电视、出版事业、艺术、电影、娱乐等多个子库。

世界经济与国际政治数据库

以皮书系列中涉及世界经济与国际政治的研究成果为基础，全面整合国内外有关世界经济与国际政治的统计数据、深度分析报告、专家解读和热点资讯构建而成的专业学术数据库。包括世界经济、世界政治、世界文化、国际社会、国际关系、国际组织、区域发展、国别发展等多个子库。